LE MAITRE D'HOTEL FRANÇAIS.

A PARIS,

Chez L'AUTEUR, rue Caumartin, n° 20;
FIRMIN DIDOT, libraire, rue Jacob, n° 24;
DELAUNAY, libr., Palais-Royal, galerie de bois;
BOSSANGE, libraire, rue de Richelieu, n° 60;
MONGIE, libraire, boulevard Poissonnière, n° 18.

LE
MAITRE D'HOTEL
FRANÇAIS,

OU

PARALLÈLE DE LA CUISINE ANCIENNE ET MODERNE, CONSIDÉRÉE SOUS LE RAPPORT DE L'ORDONNANCE DES MENUS SELON LES QUATRE SAISONS.

OUVRAGE CONTENANT UN TRAITÉ DES MENUS A SERVIR A PARIS, A SAINT-PÉTERSBOURG, A LONDRES ET A VIENNE.

PAR M. A. CARÊME, DE PARIS.

TOME DEUXIÈME.

A PARIS,
DE L'IMPRIMERIE DE FIRMIN DIDOT,
IMPRIMEUR DU ROI ET DE L'INSTITUT, RUE JACOB, N° 24.

M DCCC XXII.

Costumes parallèles du Cuisinier ancien & moderne.

Carême . Barr

LE MAITRE D'HOTEL FRANCAIS.

CHAPITRE XI.

Observation.

Nous voilà arrivés à la fin de septembre, cette saison de l'été si désagréable pour la cuisine, est enfin derrière nous; déja les chasses sont ouvertes, et le gibier commence à nous offrir ses variétés : la volaille est abondante; le poisson de mer et d'eau douce nous arrive, et plus frais et plus varié. Si l'automne nous offre plus de ressources pour les grosses pièces; les entrées et les plats de rôts, les entremets printaniers ne sont plus. Les fraises, framboises, groseilles, cerises, abricots, tout cela a passé avec la belle saison, ainsi que les asperges, les petits pois, les fèves de marais, les haricots verts et autres légumes et racines potagères. Cependant, malgré ces pertes, nous voilà arrivés au plus beau moment de la cuisine, et cette pensée ranime notre zèle pour achever cette trop longue et pénible tâche que nous nous sommes imposé dans cette rédaction de plus de cinq cents menus. Les amphitryons et les praticiens pourront se faire aisément une juste idée de la persévérance que nous apportons dans ce travail difficile; jamais matière ne fut plus insupportable à traiter : l'esprit se rebute aisément sitôt que les détails sont stériles, et plus encore par une fastidieuse répétition des mêmes objets. Mais c'est précisément par les difficultés et l'originalité de ce traité, que nous nous sommes décidé à l'entreprendre, ne voulant donner à notre état que des choses neuves et utiles à ses progrès; ainsi, nous allons reprendre nos grands diners de 32 et 24 entrées, et quelques grands menus de bals et soupers, et les détails d'un grand thé.

LE MAITRE D'HOTEL FRANÇAIS.

PREMIER TRAITÉ DES MENUS DE LA CUISINE MODERNE.

1er OCTOBRE, *Mardi*. Menu de 60 à 70 couverts.

QUATRE POTAGES.

Le potage à la tortue au vin de Madère,	Le potage à la Condé,
Le potage à la jardinière,	Le vermicelle à la d'Orléans.

QUATRE RELEVÉS DE POISSONS.

Les filets de turbots, sauce aux crevettes;	Le brochet à la royale,
Le saumon à la Génoise,	Le cabillaud à la Hollandaise.

QUATRE GROSSES PIÈCES.

Les poulardes à la Périgord,	Le quartier de sanglier mariné,
Le rosbif d'aloyau à l'Anglaise,	Les perdreaux au chasseur.

TRENTE-DEUX ENTRÉES.

1. Les pigeons innocents au beurre d'écrevisses,	16. Les balotines de poulets à la tomate,
2*. Les petites cassolettes de riz à la reine,	15*. Les petits pâtés de foies gras à la Monglas,
3. Les filets de lapereaux à la Vénitienne,	14. Les filets de volaille à la Chevalier,
4. Les côtelettes de mouton à la Soubise.	13. Les côtelettes de perdreaux à la Pompadour.
LES POULARDES A LA PÉRIGORD.	LE QUARTIER DE SANGLIER MARINÉ.
5. Le sauté de perdreaux au fumet,	12. Le salmis de cailles au gratin,
6**. La darne d'esturgeon au beurre de Montpellier,	11**. La fricassée de poulets à la gelée,
7. Les filets de canetons à la bigarade,	10. Les tendons de veaux glacés aux laitues,
8. Le faisan à la Montmorency.	9. Le pain de gibier à la dauphine.
LE SAUMON A LA GÉNOISE.	LE BROCHET A LA ROYALE.
9. Le turban de quenelles au suprême,	8. Les poulets à la reine, à la Chevry;
10. Les ailerons de dindons à la Macédoine,	7. Le sauté de canetons à la Bourguignotte,
11**. La galantine d'agneau à la gelée,	6**. La galantine d'anguilles à la magnonaise,
12. Les escalopes de levrauts aux croûtons farcis.	5. Les filets de volaille à la d'Orléans.
LE ROSBIF D'ALOYAU A L'ANGLAISE.	LES PERDREAUX AU CHASSEUR.
13. Les filets de volaille glacés à la Toulouse,	4. Les côtelettes de pigeons à la chicorée,
14. Les noisettes de veaux glacées à la purée de champignons,	3. La blanquette de volaille aux concombres,
15*. Les petits vols-au-vent à la Béchamel,	2*. Les petites croustades de mauviettes au gratin,
16. Les petits canetons à la Conti.	1. Les papillottes d'agneau aux fines herbes.

POUR EXTRA, DIX ASSIETTES VOLANTES, CINQ DE PETITS SOUFFLÉS DE GIBIER, CINQ DE FILETS MIGNONS A LA ORLY.

QUATRE GROSSES PIÈCES D'ENTREMETS.

Le pâté de perdreaux aux truffes,	La ruine d'Athènes dans une île,
La cascade demi-circulaire,	Le babas au vin d'Espagne.

QUATRE PLATS DE ROTS.

Les perdreaux rouges bardés,	Les dindonneaux bardés,
Les poulets gras au cresson,	Les faisans d'eau piqués.

TRENTE-DEUX ENTREMETS.

1. Les epinards à l'essence,	16. Les champignons à la Provençale,
2**. Le flan de pêches glacées,	15**. Les pannequets à la crème,
3. Les œufs pochés à la sauce tomate,	14. Le buisson d'écrevisses au vin de Madère,
4*. Les petits gâteaux d'abricots à la Condé.	13*. Les rosasses glacées au gros sucre.
LES PERDREAUX ROUGES BARDÉS.	LES DINDONNEAUX BARDÉS.
5*. Les gimblettes printanières,	12*. Les petits gâteaux aux amandes,
6. Les artichauts à la barigoule,	11. Les navets à la Chartres,
7**. Le fromage bavarois aux noix vertes,	10**. La gelée d'épines-vinettes moulée,
8. Les concombres au velouté.	9. Les choux-fleurs à la magnonaise.
LA CASCADE DEMI-CIRCULAIRE.	LA RUINE D'ATHÈNES DANS UNE ÎLE.
9. Les petits choux de Bruxelles au beurre,	8. Les haricots blancs à la maître d'hôtel,
10**. La gelée de verjus garnie de fruits,	7**. La crème française au café moka,
11. Les haricots verts à l'Anglaise,	6. Les tomates à la Provençale,
12*. Les petits gâteaux à la gelée de groseilles.	5*. Les petits paniers aux pistaches.
LES POULETS GRAS AU CRESSON.	LES FAISANS D'EAU PIQUÉS.
13*. Les gaufres au raisin de Corinthe,	4*. Les génoises en diadème,
14. Le buisson de crevettes en hérisson,	3. Les œufs pochés à la purée de champignons,
15**. Le pouding de riz à l'Anglaise,	2**. La charlotte de pommes glacées,
16. Le céleri à l'Espagnole.	1. Les pommes de terre frites à la Lyonnaise.

POUR EXTRA, DIX ASSIETTES VOLANTES.

5. De fondus,	5. De soufflés aux marasquins.

Suite de la page 2, Tome II.

LE MAITRE D'HOTEL FRANÇAIS.

2 OCTOBRE, *Mercredi*. Menu de 10 à 12 couverts.

DEUX POTAGES.

Le potage de choux à la Russe,
Le potage d'orge perlé au consommé.

DEUX RELEVÉS DE POISSONS.

Les perches à la Hollandaise,
La hure d'esturgeon à la broche.

DEUX GROSSES PIÈCES.

La longe de veau de Pontoise,
Les filets de bœuf à l'Anglaise.

QUATRE ENTRÉES.

Le karic de poulets à l'Indienne,
Les quenelles de gibier au velouté,
Les perdreaux à la Maquignon,
Les langues de moutons à la Bretonne.

DEUX PLATS DE RÔTS.

Les faisans piqués,
Les canetons de Rouen.

DEUX RELEVÉS DE PLATS DE RÔTS.

Le flan à la Milanaise,
Les gâteaux à la Parisienne.

QUATRE ENTREMETS.

Les tomates aux fines herbes,
Les haricots verts à la Lyonnaise,
La gelée de verjus garnie de fruits,
Les pêches glacées au gratin.

3 OCTOBRE, *Jeudi*. Menu de 40 à 45 couverts.

QUATRE POTAGES.

Le potage à la bisque d'écrevisses,
Le potage de santé au consommé de volaille,
Le potage de sagou à la Crécy,
Le potage de levrauts au vin de Porto.

QUATRE RELEVÉS DE POISSONS.

Les carpes du Rhin à la Chambord moderne,
Le cabillaud à la crème, Béchamel;
Les filets de turbots, sauce aux huîtres;
Les tronçons d'anguilles à la Tartare.

QUATRE GROSSES PIÈCES.

Le jambon glacé à la financière,
Les canetons à la choucroute française,
Les poulets gras à la Maquignon,
La selle de mouton à la Bretonne.

VINGT-QUATRE ENTRÉES.

1. Les cailles braisées à la financière,
2*. La timbale de macaroni à l'Italienne,
3. La blanquette de lapereaux à l'Allemande.

LE JAMBON GLACÉ A LA FINANCIÈRE.

4. Le sauté de volaille à la royale,
5**. Le noix de veau glacée au beurre d'écrevisses,
6. Les boudins de gibier à la moderne.

LE CABILLAUD A LA CRÈME, BÉCHAMEL.

7. Les filets de perdreaux à la d'Orléans,
8**. La salade de filets de brochets aux laitues,
9. La fricassée de poulets à la Chevalier.

LES CANETONS A LA CHOUCROUTE FRANÇAISE.

10. L'épigramme d'agneaux au concombres,
11*. Les croquettes de volaille en cremeskis à la Polonaise.
12. Les pigeons innocents au monarque.

12. Les petits canetons contis en haricots vierges,
11*. Les petits pâtés d'escalopes de mauviettes,
10. Les côtelettes de levrauts à l'Anglaise.

LES POULETS GRAS A LA MAQUIGNON.

9. Les filets de chevreuil piqués, glacés, à la poivrade;
8**. Le salmis de perdreaux à la gelée,
7. Les escalopes de poulardes aux champignons.

LES FILETS DE TURBOTS AUX HUÎTRES.

6. Le faisan à la Périgueux,
5**. La galantine de volaille à la gelée,
4. Le sauté de saumon à la maître d'hôtel.

LA SELLE DE MOUTON A LA BRETONNE.

3. Les filets de poulardes à la maréchale,
2*. Le pâté chaud de lapereaux à l'ancienne.
1. La caisse de foies gras à la Monglas.

POUR EXTRA, SIX ASSIETTES VOLANTES.

3. De filets de perdreaux à la Orly,
3. De filets de perdreaux mignons.

QUATRE GROSSES PIÈCES D'ENTREMETS.

Le biscuit de Savoie en sultane,
Le congloffe à l'Allemande,
La brioche à la crème et en caisse,
Le croque-en-bouche à la royale.

QUATRE PLATS DE ROTS.

Les poulets à la reine,
Les canetons de Rouen,
Les faisans d'eau piqués,
Le dindonneau au cresson.

VINGT-QUATRE ENTREMETS, DONT QUATRE DE PATISSERIES MONTÉES.

1. Le buisson de petits homards,
2*. L'entremets de pâtisserie montée,
3. Les artichauts à la Provençale.

LE BISCUIT DE SAVOIE EN SULTANE.

4. Les épinards à l'Anglaise,
5*. Le pâté de pommes à l'Anglaise,
6**. La gelée d'ananas garnie de fruits.

LES POULETS A LA REINE.

7**. La charlotte à l'Américaine,
8*. Les beignets de brugnons glacés,
9. Les haricots verts à l'Anglaise.

LE CONGLOFFE A L'ALLEMANDE.

10. Les pommes de terre à la Bretonne,
11*. L'entremets de pâtisserie montée,
12. Les œufs à l'aurore.

12. Les œufs brouillés aux truffes,
11*. L'entremets de pâtisserie montée,
10. La croûte aux champignons.

LA BRIOCHE A LA CRÈME.

9. Les concombres en cardes à la Béchamel,
8*. Les petits diablotins de crème de riz,
7**. Le blanc-manger aux avelines nouvelles.

LES FAISANS D'EAU PIQUÉS.

6**. La gelée de verjus garnie de fruits,
5*. Le pouding à la moelle et Madère,
4. Les laitues braisées à l'Espagnole.

LE CROQUE-EN-BOUCHE A LA ROYALE.

3. Les tomates aux fines herbes,
2*. L'entremets de pâtisserie montée,
1. Le buisson de crevettes montées.

POUR EXTRA, SIX SOUFFLÉS EN CROUSTADES, AU CAFÉ ET A LA VANILLE.

4 OCTOBRE, *Vendredi.* Menu de 10 à 12 couverts.

Deux potages.

Le potage à la purée de pois aux petits croutons,
Le potage à la julienne ou consommé.

Deux relevés de poissons.

Le brochet à l'Espagnole,
L'anguille à la régence.

Deux grosses pièces.

Le quartier de chevreuil mariné,
Le chapon à la Piémontaise.

Quatre entrées.

Les petits pâtés de bœuf à la Russe,
Le sauté de faisans aux truffes,
La blanquette de poulardes aux concombres,
Les tendons de veau à la Villeroy.

Deux plats de rôts.

Le dindonneau au cresson,
Les perdreaux rouges.

Deux relevés de plats de rôts.

Le flan de pommes à la Portugaise,
Le gâteau de riz au cédrat et soufflé.

Quatre entremets.

Les choux-fleurs à la ravigote,
Les œufs pochés à la chicorée,
La gelée de quatre fruits moulée,
Le fromage bavarois aux macarons amers.

5 OCTOBRE, *Samedi.* Menu de 10 à 12 couverts.

Deux potages.

Le potage de vermicelle au consommé,
Le potage à la chiffonnade au blond de veau.

Deux relevés de poissons.

La carpe à la marinière,

La truite de Seine, sauce à l'Italienne.

Quatre entrées.

Le pâté chaud à la ciboulette et ris d'agneaux,
Le sauté de perdreaux rouges aux truffes,
Les ailerons de dindons à la Macédoine,
Les cailles au gratin à l'Espagnole.

Deux plats de rôts.

Le dindonneau au cresson,
Les perdreaux piqués.

Deux relevés de plats de rôts.

Le gâteau de mille-feuilles,
Le flan de pêches au gratin.

Quatre entremets.

Les épinards au velouté,
Les cardes à la moelle,
La gelées d'épines-vinettes moulée,
Le pouding de cabinet, au rhum.

6 OCTOBRE, *Dimanche.* Menu de 10 à 12 couverts.

Deux potages.

La croûte gratinée aux choux,
Les pâtes d'Italie au consommé.

Deux relevés de poissons.

Les soles frites panées à l'Anglaise,
Le saumon au bleu.

Deux grosses pièces.

La tête de veau à la Périgueux,
La poularde à la Macédoine.

Quatre entrées.

La timbale de macaroni au chasseur,
Les côtelettes de porc frais à la sauce Robert,
Le salmis de perdreaux rouges à la Bourguignotte,
Le fritôt de poulets à la Marengo.

Deux plats de rôts.

Les pigeons de volière,
Le coq de bruyère.

Deux relevés de plats de rôts.

La tourte à la crème et aux rognons,
Le gâteau de Pithiviers glacé.

Quatre entremets.

Les pommes de terre à la Hollandaise,
Les artichauts à la barigoule,
La gelée de verjus garnie d'une macédoine,
Le fromage bavarois au café.

7 OCTOBRE, *Lundi.* Menu de 10 à 12 couverts.

Deux potages.

Le potage à la purée de pois,
Le potage de poisson à la Russe.

Deux relevés de poissons.

Le brochet à l'Espagnole,
Le cabillaud à la crème.

Deux grosses pièces.

La noix de veau en bedeau à la chicorée,
Le quartier de chevreuil, sauce poivrade.

Quatre entrées.

Le vol-au-vent à la Béchamel,
Le chapon au consommé,
Les pigeons au beurre d'écrevisses,
Les filets de levrauts à la dauphine.

Deux plats de rôts.

Les faisans bardés,
Les poulets à la reine.

Deux relevés de plats de rôts.

Le croque-en-bouche aux pistaches,
Le babas au raisin muscat.

Quatre entremets.

Les laitues à l'essence,

Les haricots blancs au beurre,
La gelée de crème de vanille renversée,
Le blanc-manger au café.

DEUXIÈME TRAITÉ DES MENUS

DE LA CUISINE MODERNE.

8 OCTOBRE, *Mardi.* Menu de 30 à 36 couverts.

Deux potages.

Le potage de sagou à la purée de navets,
Le potage de santé au blond de veau.

Deux relevés de potages.

La hure d'esturgeon au vin de Madère,
La dinde à la financière, entrée de broche.

Deux grosses pièces.

La longe de veau à la Monglas,
La pièce de bœuf à la maréchale.

Seize entrées.

Les quenelles de faisans au fumet,
* Les croquettes de volaille à la Béchamel,
** Le pain de gibier à la gelée,
Le sauté de poulardes à la d'Artois.

La hure d'esturgeon au vin de Madère.

Les côtelettes d'agneaux glacées à la Toulouse,
Les poulets à la reine à la Montmorency,
* Les petites timbales de nouilles à la Milanaise,
Les petits canetons en haricots vierges.

Les filets de pigeons glacés aux concombres,
* Les petits pâtés aux crevettes,
Les perdreaux à la Périgueux,
Les langues de moutons à la Provençale.

La dinde à la financière, entrée de broche.

Les filets de volaille à la Pompadour,
** L'aspic garni de cervelles de veaux.
* Les ailerons de volaille à la Villeroy,
Les cailles braisées à la Macédoine.

Quatre grosses pièces d'entremets.

Le pâté de jambon et volaille,
La grosse méringue à la moderne,
Le flan de pommes au riz,
La brioche au fromage.

Quatre plats de rôts.

Les canetons de Rouen,
Les faisans bardés,
Les perdreaux rouges piqués,
Les poulets gras au cresson.

Seize entremets.

Les concombres farcies au velouté,
* Les gâteaux à la royale.

Les canetons de Rouen.

** Le fromage bavarois aux pistaches,
Les pommes de terre à la Lyonnaise.

La grosse méringue à la moderne.

Les épinards à l'Anglaise,
* Les darioles à la crème.

Les faisans bardés.

** La gelée de café Moka renversée,
Les choux-fleurs au Parmesan.

Les artichauts à l'estoufade,
** La gelée de verjus garnie de fruits.

Les perdreaux rouges piqués.

* Les génoises au gros sucre,
Les cardes à l'Espagnole.

Le flan de pommes au riz.

Les haricots verts à l'Anglaise,

** Le blanc-manger aux noix vertes.

Les poulets gras au cresson.

* Les gâteaux glacés à la dauphine.

Les œufs pochés à l'essence de champignons.

Pour extra, *six assiettes volantes de fondus.*

9 OCTOBRE, *Mercredi.* Menu de 6 à 9 couverts.

Un potage.

Le potage de riz au consommé.

Une grosse pièce.

La selle d'agneau à la maître d'hôtel.

Deux entrées.

La darne de cabillaud à la Hollandaise,

Les poulets à la Maquignon.

Un plat de rôt.

Les cailles de vigne.

Deux entremets.

Les œufs brouillés au jambon,

La gelée de Madère moulée,

Pour extra, *les ramequins.*

10 OCTOBRE, *Jeudi.* Menu de 30 à 36 couverts.

Deux potages.

Le potage de macaroni à l'Italienne,

Le potage à la princesse.

Deux relevés de potages.

Le turbot, sauce aux homards;

Les poulets gras à la régence.

Deux grosses pièces.

Le cochon de lait à le Turque,

La pièce de bœuf à la Française.

Seize entrées.

Les balotines de volaille à Nivernoise,

* Le pâté chaud de pigeons à l'ancienne,

La chartreuse à la moderne,
Les filets de canetons à la bigarade.

Le turbot, sauce aux homards.

Les côtelettes de mouton glacées à la chicorée,
** Le salmis de perdreaux à la gelée.
* Le fritot de poulets à la Saint-Florentin,
Les filets de levrauts à la maréchale.

* Les cremeskis de volaille à la Polonaise,
** La noix de veau au beurre de Montpellier,
Les cailles au gratin à la financière,
Les boudins de carpe au beurre d'écrevisses.

Les poulets gras à la régence.

La blanquette de palais de bœufs aux concombres,
Le turban de filets de lapereaux à la royale,
* Le vol-au-vent de bonne morue à la crème,
Les poulets sautés aux fines herbes.

Quatre grosses pièces d'entremets.

La sultane à la Chantilly,
Le biscuit aux amandes,
Le poupelin aux confitures,
Le nougat à la Française.

Quatre plats de rôts.

Les poulets à la reine,
Les cailles de vigne,
Les perdreaux bardés,
Les dindonneaux au cresson.

Seize entremets.

La croûte aux champignons,
** La gelée d'épines-vinettes moulée.

Les poulets à la reine.

* Les bouchées d'abricots glacées,
Les artichauts à la barigoule.

La sultane à la Chantilly.

Les haricots blancs à la maître d'hôtel,
** La crème plombière.

Les cailles de vigne.

* Les madelaines en surprise,
Les épinards à l'Espagnole.

Les laitues braisées au consommé,
* Les cannelons pralinées aux cerises.

Les perdreaux bardés.

** Le fromage bavarois au chocolat,
Les navets à la Chartres.

Le nougat à la Française.

Les choux de Bruxelles au velouté,
* Les soufflés de riz au citron.

Les dindonneaux au cresson.

** La gelée de vin de Champagne rosé,
Les aubergines à la Provençale.

Pour extra, *six assiettes volantes de petis soufflés de pommes.*

11 OCTOBRE, *Vendredi.* Menu de 6 à 9 couverts.

Un potage.

Le potage de vermicelle au consommé.

Une grosse pièce.

Les petites truites au bleu.

Deux entrées.

La timbale de macaroni à l'Italienne,
La poularde à l'ivoire, aspic chaud.

Un plat de rôt.

Le levraut bardé.

Deux entremets.

Les concombres farcis au suprême,
La gelée d'Anisette de Bordeaux.

Pour extra, *les fanchonnettes à la crème.*

12 OCTOBRE, *Samedi*. Menu de 6 à 9 couverts.

Un potage.

Le potage à l'oseille à la Hollandaise.

Une grosse pièce.

Le brochet à la marinière.

Deux entrées.

La fricassée de poulets aux champignons,
Le filet de bœuf à la broche.

Un plat de rôt.

Les perdreaux piqués.

Deux entremets.

Les choux-fleurs au beurre,
La crème plombière garnie de fruits confis.

Pour extra, *les choux à la Mecque.*

13 OCTOBRE, *Dimanche*. Menu de 6 à 9 couverts.

Un potage.

Le potage de riz à la Crécy.

Une grosse pièce.

La pièce de bœuf garnie d'oignons glacés.

Deux entrées.

Les quenelles de volaille au consommé,
Les escalopes de cabillaud à la maître d'hôtel.

Un plat de rôt.

Les lapereaux bardés.

Deux entremets.

Les cardes au Parmesan,
La gelée de verjus garnie de pêches.

Pour extra, *les fondus.*

14 OCTOBRE, *Lundi*. Menu de 6 à 9 couverts.

Un potage.

La croûte gratinée à la jardinière.

Une grosse pièce.

La selle de mouton à la Bretonne.

Deux entrées.

La casserole au riz à la Polonaise,
La poularde à la Macédoine.

Un plat de rôt.

Les pigeons ramiers.

Deux entremets.

Les épinards à l'Espagnole,
La gelée de kirschwasser.

Pour extra, *les biscuits à la crème.*

LE MAITRE D'HOTEL FRANÇAIS.

PREMIER TRAITÉ DES MENUS DE LA CUISINE MODERNE.

15 OCTOBRE, *Mardi.* Menu de 60 à 70 couverts.

QUATRE POTAGES.

Le potage de perdrix au chasseur,
Le potage de semoule au consommé,
Le potage à la Brunoise au blond de veau,
Le potage de choux à la Russe.

QUATRE RELEVÉS DE POISSONS.

Le brochet à la marinière garni d'écrevisses,
Le saumon à la Génoise,
Les soles au vin de Champagne,
La queue d'esturgeon à la tortue.

QUATRE GROSSES PIÈCES.

Le rosbif de mouton à l'Anglaise,
Le jambon glacé aux épinards,
Les faisans à la Périgord,
Les filets de bœuf à l'Italienne.

TRENTE-DEUX ENTRÉES.

1. Les ailerons de dindons glacés à la Soubise,
2*. La croustade de pain garnie d'escalopes de faisans,
3. Les poulets sautés à l'Italienne,
4. Le sauté de perdreaux au velouté.

LE ROSBIF DE MOUTON A L'ANGLAISE.

5. Les cailles à la Mirpoix et à la Toulouse,
6**. La galantine de volaille à la gelée,
7. Les côtelettes de veau à la Polonaise,
8. Les filets de lapereaux en lorgnette.

LE SAUMON A LA GÉNOISE.

9. Les boudins de perdreaux au fumet,
10**. Le turban d'anguille froide à la Provençale,
11. L'émincé de volaille à la chicorée,
12. Les filets de canetons à la bigarade.

LE JAMBON GLACÉ AUX ÉPINARDS.

13. La poularde à la Maquignon,
14. Les oreilles d'agneaux en menu droit,
15*. Le vol-au-vent de bonne morue à la Béchamel,
16. La caisse de foies gras aux fines herbes.

16. Le sauté de canetons à la Bourguignotte,
15*. Les petites cassolettes de riz à la reine,
14. Les pigeons en homards au beurre d'écrevisses,
13. Les ris d'agneaux piqués, glacés aux concombres.

LES FAISANS A LA PÉRIGORD.

12. Les petits poulets aux huîtres,
11**. La salade de filets de lapereaux aux laitues,
10. Le turban de quenelles à la Béchamel,
9. Les filets de volaille à la d'Orléans.

LES SOLES AU VIN DE CHAMPAGNE.

8. Les papillottes de filets de cailles à la Duxelle,
7**. La fricassée de poulets à la gelée,
6. Les filets de perdreaux à la Pompadour,
5. Les escalopes de volaille aux truffes.

LES FILETS DE BOEUF A L'ITALIENNE.

4. Les tendons de veau glacés aux fines herbes,
3. Les filets de poulardes à la Chevalier,
2*. La timbale de cailles aux truffes,
1. Les petits canetons à la jardinière.

POUR EXTRA, DIX ASSIETTES VOLANTES.

5. De petits soufflés de volaille,
5. De filets de gibier à la Orly.

QUATRE GROSSES PIÈCES D'ENTREMETS.

Le grand cabinet chinois,
L'hermitage indien,
La grande chaumière russe,
Le pavillon arabe.

QUATRE PLATS DE ROTS.

Le faisan piqué,
Les poulardes bardées,
Les poulets gras au cresson,
Les perdreaux rouges bardés.

TRENTE-DEUX ENTREMETS.

1. Les carottes à la Flamande,
2**. La charlotte à l'Américaine,
3. Les œufs brouillés aux truffes,
4*. Les gâteaux d'amandes au gros sucre.

LES FAISANS PIQUÉS.

5*. Les mirlitons à la crème,
6. Les artichauts frits à la Provençale,
7**. La gelée de crème de vanille,
8. Les pommes de terre à la Lyonnaise.

L'HERMITAGE INDIEN.

9. Les haricots verts à la Française,
10**. La gelée de verjus garnie de raisins muscats,
11. Le buisson d'écrevisses de Seine,
12*. Les petites cadrilles aux quatre fruits.

LES POULARDES BARDÉES.

13*. Les méringues à la marmelade d'abricots,
14. Les épinards au beurre à l'Anglaise,
15**. Le fromage bavarois aux framboises,
16. Les choux de Bruxelles au velouté.

16. Les haricots blancs à la crème,
15**. Le blanc-manger aux noix vertes,
14. Les choux-fleurs à la ravigote,
13*. Les diadèmes aux pistaches.

LES POULETS GRAS AU CRESSON.

12*. Les nougats de pommes,
11. Le buisson de crevettes en hérisson,
10**. La gelée d'ananas garnie de fruits,
9. Les cardes à la Palerme.

LA GRANDE CHAUMIÈRE RUSSE.

8. Les champignons à la Provençale,
7**. La gelée d'épines-vinettes moulée,
6. Les salsifis frits à la Villeroy,
5*. Les petits gâteaux de Pithiviers.

LES PERDREAUX ROUGES BARDÉS.

4*. Les couronnes pralinées aux avelines,
3. Les œufs pochés à la tomate,
2**. Les pannequets à la crème,
1. Les artichauts à la Lyonnaise.

POUR EXTRA, DIX ASSIETTES VOLANTES DE PETITS SOUFFLÉS AU CAFÉ ET A LA VANILLE.

TABLEAU N° II.

Suite de la page 12, Tome II.

LE MAITRE D'HOTEL FRANÇAIS.

16 OCTOBRE, *Mercredi.* Menu de 10 à 12 couverts.

DEUX POTAGES.

Le potage à la garbure,
Le potage à la purée de pois.

DEUX RELEVÉS DE POISSONS.

Le cabillaud à la maître d'hôtel,
Le turbot, sauce aux huîtres.

DEUX GROSSES PIÈCES.

Le dindon à l'Anglaise,
La noix de veau à la Saint-Cloud.

QUATRE ENTRÉES.

La chartreuse à la Mauconseil,
La tourte de godiveau à l'ancienne,
Les langues de moutons à la d'Armagnac,
Les poulets poêlés à l'estragon.

DEUX PLATS DE RÔTS.

Les canetons de Rouen,
Les pigeons ramiers.

DEUX RELEVÉS DE PLATS DE RÔTS.

Le flan de pommes méringuées,
Le babas à la Polonaise.

QUATRE ENTREMETS.

Les pommes de terre frites au beurre,
Les épinards aux croûtons,
La gelée de citrons moulée,
La crème au bain-marie au caramel.

17 OCTOBRE, *Jeudi.* Menu de 40 à 45 couverts.

QUATRE POTAGES.

La croûte gratinée à la julienne,
Le potage de vermicelle à la régence,
Le potage de cailles au chasseur,
Le potage à la Provençale.

QUATRE RELEVÉS DE POISSONS.

Les filets de turbots grillés au beurre d'anchois,
La carpe du Rhin à la Polonaise,
Le saumon à la royale,
Les perches à la Waterfish.

QUATRE GROSSES PIÈCES.

Le rosbif d'agneau à la maître d'hôtel,
Les poulardes à l'Indienne,
Les perdreaux rouges à la régence,
La noix de bœuf au vin de Madère.

VINGT-QUATRE ENTRÉES.

1. Les cailles au gratin demi-glace,
2*. Les petits pâtés dressés à la Monglas,
3. L'épigramme de volaille à la chicorée.

LE ROSBIF D'AGNEAU A LA MAÎTRE D'HÔTEL.

4. Le faisan à la Maquignon financière,
5**. La darne d'esturgeon au beurre de Montpellier,
6. Les filets de veau piqués, glacés à la tomate.

LA CARPE DU RHIN A LA POLONAISE.

7. Les filets de poulardes à la belle vue,
8**. Les petits aspics à la moderne,
9. Le turban de filets de lapereaux à la royale.

LES POULARDES A L'INDIENNE.

10. Le sauté de perdreaux au suprême,
11*. Les petites timbales de nouilles à la purée de gibier,
12. Les balotines de poulets aux champignons.

12. Les ailerons de dindons glacés aux concombres,
11*. Les petits vols-au-vent à la marinière,
10. Les filets de volaille à la d'Artois.

LES PERDREAUX ROUGES A LA RÉGENCE.

9. Le pain de gibier à la dauphine,
8**. La noix de veau à la Saint-Cloud, à la gelée;
7. Le sauté de pigeons au sang.

LE SAUMON A LA ROYALE.

6. Les filets de lapereaux à la Vénitienne,
5**. La magnonaise de volaille à la gelée,
4. Les carbonades de mouton piquées, glacées à la purée d'oseille.

LA NOIX DE BOEUF AU VIN DE MADÈRE.

3. Les poulets à la reine, à l'ivoire, sauce tomate;
2*. Les petites croustades de mauviettes à l'Espagnole,
1. L'émincé de chevreuil au gratin.

POUR EXTRA, SIX ASSIETTES VOLANTES.

3. De croquettes à la Béchamel,
3. De filets de gibier à la Orly.

QUATRE GROSSES PIÈCES D'ENTREMETS.

La grosse méringue à la moderne,
Le nougat à la Parisienne,
Le croque-en-bouche au gros sucre,
Le biscuit de Savoie en surprise.

QUATRE PLATS DE RÔTS.

Les perdreaux bardés,
Les coqs vierges au cresson,
Les poulets au cresson,
Les cailles de vigne bardées.

VINGT-QUATRE ENTREMETS, DONT HUIT DE PATISSERIES MONTÉES.

1**. Les croquettes de riz aux confitures,
2. Le buisson de homards,
3*. Les petits paniers sur un gradin.

LES PERDREAUX BARDÉS.

4*. Les tartelettes d'abricots sur un gradin,
5. Les concombres farcis au velouté,
6**. La macédoine de fruits à la gelée de citrons.

LE NOUGAT A LA PARISIENNE.

7**. La crème française au cacao,
8. Les haricots verts à l'Anglaise,
9*. Les gaufres sur un gradin.

LES COQS VIERGES AU CRESSON.

10*. Les panachés sur un gradin,
11. Les œufs pochés au Parmesan,
12**. Les beignets de pommes glacés.

12**. Le pouding à l'Anglaise,
11. Les œufs à la dauphine,
10*. Les génoises perlées sur un socle.

LES POULETS AU CRESSON.

9*. Les gâteaux à la d'Artois sur un gradin,
8. Les artichauts à la barigoule,
7**. Le fromage bavarois aux abricots.

LE CROQUE-EN-BOUCHE AU GROS SUCRE.

6**. La gelée d'épines-vinettes,
5. Les choux-fleurs à la ravigote,
4*. Les mosaïques glacées sur un gradin.

LES CAILLES DE VIGNE BARDÉES.

3*. Les gâteaux d'amandes au gros sucre sur un diadème,
2. Le buisson de crevettes moulées,
1**. Les petites omelettes à la Célestine.

POUR EXTRA, SIX ASSIETTES VOLANTES.

3. De biscuits à la crème,
3. De soufflés au citron.

18 OCTOBRE, *Vendredi.* Menu de 10 à 12 couverts.

Deux potages.

Le potage de riz à la d'Orléans,
Le potage de céleri au consommé de volaille.

Deux relevés de poissons.

Le brochet à la marinière,
La truite gratinée aux champignons.

Deux grosses pièces.

Le dindonneau aux huîtres,
Le filet de bœuf à la broche, garni de pommes de terre.

Quatre entrées.

La croustade garnie d'une blanquette de volaille,
Les queues de moutons à la Chipolata,
Le salmis de perdreaux à la Bordelaise,
Le fritot de poulets à la Viennoise.

Deux plats de rôts.

Les canetons de ferme,
Les faisans d'eau piqués glacés.

Deux relevés de plats de rôts.

La brioche au raisin muscat,
Le poupelin glacé au four.

Quatre entremets.

Les artichauts à l'estoufade,
Les œufs pochés à la chicorée,
La gelée d'ananas renversée,
Le fromage bavarois aux framboises (conserve.)

19 OCTOBRE, *Samedi.* Menu de 10 à 12 couverts.

Deux potages.

Le potage aux choux de Bruxelles,
Le potage d'orge perlée à la royale.

Deux relevés de poissons.

Les perches à la Hollandaise ravigote,

La darne d'esturgeon à la broche, sauce poivrade.

Deux grosses pièces.

Le jambon à la Portugaise,
La queue de bœuf en hochepot.

Quatre entrées.

Le vol-au-vent à la Toulouse,
La poularde à la Maquignon,
Les pigeons au monarque,
Les ris de veaux glacés à la purée de champignons.

Deux plats de rôts.

Les vanneaux bardés,
Les poulets gras au cresson.

Deux relevés de plats de rôts.

La charlotte de pommes glacée,
Le flan à la Milanaise.

Quatre entremets.

Les champignons à la Provençale,
Les fonds d'artichauts à la Béchamel,
La gelée de vin de Lunel moulée,
Le blanc-manger aux avelines.

20 OCTOBRE, *Dimanche*. Menu de 10 à 12 couverts.

Deux potages.

Le potage de profitrolle à la Napolitaine,
Le potage à l'oseille claire.

Deux relevés de poissons.

Les merlans panés à l'Anglaise,
Le tronçons d'anguille glacée à la tomate.

Deux grosses pièces.

Le quartier de chevreuil mariné, sauce poivrade,
La pièce de bœuf garnie à la Française.

Quatre entrées.

Les petits pâtés de mauviettes aux fines herbes,
La blanquette de veau aux concombres,

La poularde à la Montmorency,
Le sauté de faisans aux truffes.

Deux plats de rôts.

Les cailles de vigne bardées,
Les poulets gras au cresson.

Deux relevés de plats de rôts.

La sultane garnie de crème à la Française.

Quatre entremets.

La croûte aux champignons,
Le céleri à l'Espagnole,
La gelée de crème de menthe moulée,
La charlotte à la Parisienne.

21 OCTOBRE, *Lundi*. Menu de 10 à 12 couverts.

Deux potages.

Le potage de riz à la Crécy,
Le potage à l'Espagnol.

Deux relevés de poissons.

Les grondins gratinés aux champignons,
Le cabillaud à la Hollandaise.

Deux grosses pièces.

Le cochon de lait à la Piémontaise,
La longe de veau marinée au chevreuil.

Quatre entrées.

La timbale de lazannes à la Napolitaine,
Les poulets dépecés à la Provençale,
Les côtelettes de pigeons à la maréchale,
Les boudins de faisans à la royale.

Deux plats de rôts.

Les lapereaux en accolade,
Les poulets gras au cresson.

Deux relevés de plats de rôts.

Le gâteau au riz soufflé,
La brioche à la crème.

Quatre entremets.

Les pommes de terre à la maître d'hôtel,
Les haricots blancs à la crème,
La gelée d'ananas garnie de fruits,
Les beignets de blanc-manger glacés.

DEUXIÈME TRAITÉ DES MENUS

DE LA CUISINE MODERNE.

22 OCTOBRE, *Mardi.* Menu de 30 à 36 couverts.

Deux potages.

Le potage de rossolis à la Polonaise,
Le potage à la Clermont.

Deux relevés de potages.

La carpe à la Chambord moderne,
Les poulardes poêlées à la Macédoine.

Deux grosses pièces.

Le rosbif d'aloyau à l'Anglaise,
Le rond de veau à la royale.

Seize entrées.

Les petits canetons à la Conti,
* Le fritot de poulets à la Saint-Florentin,
Les noisettes de veaux glacées à la purée d'oseille,
** La galantine de faisan à la gelée.

La carpe à la Chambord à la moderne.

Les filets de moutons glacés à la gelée,
Le sauté de poulardes aux concombres,
* La croustade de cailles au gratin,
Les ailes de pigeons à la Sainte-Menehould.

Les filets de chevreuil piqués, glacés à la tomate;
* Le pâté chaud de lapereaux à l'ancienne,
Les ailes de volaille en demi-deuil,

** Les petits aspics à la moderne.

Les poulardes à la Macédoine.

La salade de filets de soles à la magnonaise,
* Les filets de perdreaux à la royale,
Les hatelets de bœuf à la Villeroy,
Les ailerons de dindons à la Toulouse.

Quatre grosses pièces d'entremets.

Le congloffe à l'Allemande,
Le buisson d'écrevisses au vin de Madère,
Le buisson de ramequins,
Le biscuit aux amandes.

Quatre plats de rôts.

Les chapons au cresson,
Les cailles de vigne bardées,
Les perdreaux rouges piqués,
Les poulets à la reine.

Seize entremets.

Les épinards au jus,
** La crème plombière garnie de fruits.

Les chapons au cresson.

* Le gâteau de pommes de terre,
Les cardes à la moelle.

Le buisson d'écrevisses.

Les artichauts à la Provençale,
** La gelée de café à l'eau et renversée.

Les cailles de vigne bardées.

* Le flan de pommes glacées,
Les pommes de terre à la Lyonnaise.

Le céleri à l'Espagnole,
* Le flan de poires au beurre.

Les perdreaux rouges piqués.

** La gelée de citrons moulée,
Les laitues au consommé.

Le buisson de ramequins.

Les concombres à la poulette,

* La charlotte à la Française.

Les poulets à la reine.

** Le blanc-manger aux noix vertes,

La croûte aux champignons.

Pour extra, *quatre assiettes volantes, deux de fondus, deux de soufflés au chocolat.*

23 OCTOBRE, *Mercredi.* Menu de 6 à 9 couverts.

Un potage.

Le potage de santé au consommé de volaille.

Une grosse pièce.

La pièce de bœuf à la maréchale.

Deux entrées.

Le chapon au riz,

La darne de saumon grillée au beurre d'anchois.

Un plat de rôt.

Les perdreaux piqués.

Deux entremets.

Les laitues à l'essence,

La gelée d'anisette de Bordeaux.

Pour extra, *les choux à la Mecque.*

24 OCTOBRE, *Jeudi.* Menu de 30 à 36 couverts.

Deux potages.

Le potage de sagou à la d'Artois,

Le potage aux concombres à la Hollandaise.

Deux relevés de potages en terrine.

Les ailerons de dindons aux macaronis,

La tête de veau en tortue, au Madère.

Deux grosses pièces.

La pièce de bœuf à la Flamande,

Les perdrix aux choux et ramiers glacées.

Seize entrées.

Les ris de veaux glacés à la purée d'oseille,
* Le vol-au-vent de quenelles à l'Allemande,
Le sauté de poulardes à l'écarlate,
** La darne de bar au beurre de Montpellier.

Les ailerons de dindons aux macaronis.

Les poulets à la reine à la Périgueux,
Les côtelettes de mouton à l'Anglaise,
* Les petits canetons à la Villeroy,
Les pigeons au beurre d'écrevisses.

Les cailles braisées à la financière,
* Les filets de merlans à la Orly,
Les filets de levrauts à la Vénitienne,
La poularde à la Montmorency.

La tête de veau en tortue, au Madère.

** L'aspic garni de crêtes et rognons,
Les ailes de volaille à la Chevalier,
* La casserole au riz à la Polonaise,
L'émincé de filets de bœuf à la Clermont.

Quatre grosses pièces d'entremets.

Le pâté de faisans aux truffes,
Le gâteau de mille-feuilles,
Le babas au raisin muscat,
Le flan de pommes à la Portugaise.

Quatre plats de rôts.

Les perdreaux rouges piqués,
Les canetons de Rouen,
Les poulets à la reine,
Les pigeons de volière.

Seize entremets.

Les pommes de terre à la Béchamel,
* Les gâteaux glacés à la crème de pistaches.

Les perdreaux rouges piqués.

** La gelée de vin de Lunel moulée,
Les cardes à l'Espagnole.

Le gâteau de mille-feuilles.

Les choux de Bruxelles au velouté,
* Les petits pains à la paysanne.

Les canetons de Rouen.

** La crème plombière garnie de marmelade,
Les haricots à la maître d'hôtel,
Les pommes de terre à la Hollandaise,
* Les gaufres aux pistaches.

Les poulets à la reine.

** Le blanc-manger à la crème,
Le céleri à l'Espagnole.

Le flan de pommes à la Portugaise.

Les épinards à l'Anglaise,
** La gelée de rhum.

Les pigeons de volière.

Les gâteaux glacés à la Condé,
Les champignons grillés, demi-glace.

Pour extra, *cinq assiettes volantes de fondus.*

25 OCTOBRE, *Vendredi.* Menu de 6 à 9 couverts.

Un potage.

Le potage de vermicelle à la régence.

Une grosse pièce.

Le cabillaud à la Hollandaise.

Deux entrées.

Les petits pâtés à la Béchamel,
Le chapon à la Maquignon.

Un plat de rôt.

Les cailles de vigne bardées.

Deux entremets.

Les concombres farcis au velouté,
La gelée de marasquins fouettée.

Pour extra, *les biscuits de fécule.*

26 OCTOBRE, *Vendredi.* Menu de 6 à 9 couverts.

Un potage.

Le potage à l'oseille liée.

Une grosse pièce.

Le quartier de porc frais à l'Anglaise.

Deux entrées.

Les filets de truite à la Villeroy,
Le carré de veau à la Monglas.

Un plat de rôt.

Les bécassines bardées.

Deux entremets.

Les pieds de céleri au velouté,
La gelée d'anisette dans un bol.

Pour extra, *les biscuits à la crème.*

27 OCTOBRE, *Dimanche.* Menu de 6 à 9 couverts.

Un potage.

La croûte gratinée à la Provençale.

Une grosse pièce.

La selle d'agneau à l'Anglaise.

Deux entrées.

La blanquette de volaille aux champignons,
Les filets de soles à la Vénitienne.

Un plat de rôt.

Les canetons de ferme.

Deux entremets.

Les cardes à la moelle,
La gelée de crème de vanille renversée.

Pour extra, *les méringues à la crème française.*

28 OCTOBRE, *Lundi.* Menu de 6 à 9 couverts.

Un potage.

Le potage à la purée de pois.

Une grosse pièce.

La pièce de bœuf à la Flamande.

Deux entrées.

La darne de saumon à la Hollandaise,
Les perdreaux à la Périgueux.

Un plat de rôt.

Les lapereaux bardés en accolade.

Deux entremets.

Les épinards à l'Anglaise,
La crème plombière.

Pour extra, *les gâteaux pralinés.*

LE MAITRE D'HOTEL FRANÇAIS.

PREMIER TRAITÉ DES MENUS DE LA CUISINE MODERNE.

29 OCTOBRE, *Mardi.* Menu de 60 à 70 couverts.

QUATRE POTAGES.

Le potage karic à l'Indienne,
Le potage aux laitues braisées,
Le potage à la jardinière au consommé,
Les quenelles de faisans au fumet.

QUATRE RELEVÉS DE POISSONS.

La grosse anguille à la régence,
Les tronçons d'esturgeon à la marinière,
Les filets de turbots à l'Anglaise, sauce aux homards;
Les truites de Seine à l'Italienne.

QUATRE GROSSES PIÈCES.

Les dindonneaux à la financière,
La pièce de bœuf garnie à la Française,
La longe de veau à la Monglas,
Les faisans à la Périgord.

TRENTE-DEUX ENTRÉES.

1. Les filets de chevreuils glacés à la poivrade,
2. Les petits canetons en haricots vierges,
3*. La casserolle au riz à la Toulouse,
4. Les quenelles de faisans à la Périgueux.

LES DINDONNEAUX A LA FINANCIÈRE.

5. Les petites caisses de foies gras à l'Espagnole,
6. L'épigramme d'agneau aux concombres,
7**. Les galantines de cailles à la gelée,
8. Les filets de volaille à la Pompadour.

LES TRONÇONS D'ESTURGEON A LA MARINIÈRE.

9. Le sauté de perdreaux à la royale,
10**. La noix de veau au beurre d'écrevisses à la gelée,
11. Les escalopes de lapereaux à l'Allemande,
12. Le sauté de poulardes à la Lyonnaise.

LA PIECE DE BOEUF A LA FRANÇAISE.

13. Les pigeons en homards,
14*. Les croustades de grives au gratin,
15. Les poulets dépecés à la Provençale,
16. Les côtelettes d'agneau sautées à la Toulouse.

16. Les balotines à la Conti, sauce tomate;
15. Les cailles, entrée de broche, demi-glace;
14*. Les petits pâtés aux huîtres,
13. Les filets de volaille à la Chevalier.

LA LONGE DE VEAU A LA MONGLAS.

12. Le sauté de faisans à la d'Artois,
11. Les côtelettes de moutons à la d'Armagnac,
10**. La salade de volaille à la ravigote,
9. Le hachis de gibier à la Turque.

LES FILETS DE TURBOTS, SAUCE AUX HOMARDS.

8. Les papillottes de filets de volaille à la Duxelle,
7**. Le turban de filets de lapereaux à la gelée,
6. Les boudins de carpe à la Richelieu,
5. Les ailerons de dindons glacés à la Nivernoise.

LES FAISANS A LA PÉRIGORD.

4. Les ris de veaux glacés à la chicorée,
3*. La timbale de nouilles à la Napolitaine,
2. Les filets de canetons à la bigarade,
1. Les ailes de volaille à la Conti.

POUR EXTRA, DIX ASSIETTES VOLANTES.

5. De soufflés de gibier,
5. De orly de filets mignons de poulardes.

QUATRE GROSSES PIÈCES D'ENTREMETS.

Le schako à la Française,
Le trophée de la navigation,
Le trophée du palmier,
Le schako à la Polonaise.

QUATRE PLATS DE ROTS.

Les faisans piqués,
Les poulets gras au cresson,
Les bécassines bardées,
Les petites poulardes à l'Anglaise.

TRENTE-DEUX ENTREMETS.

1. Les œufs pochés au fumet de faisans,
2**. Les beignets de pêches glacés,
3. Les pommes de terre à la maître d'hôtel,
4*. Les gaufres à la Française.

LES FAISANS PIQUÉS.

5*. Les diadèmes glacés au sucre,
6. Le buisson d'abbesses en pâte d'amandes,
7**. La gelée d'ananas garnie de fruits,
8. Les tomates aux fines herbes.

LE SCHAKO A LA FRANÇAISE.

9. Les haricots blancs à la crème,
10**. La gelée d'épines-vinettes moulée,
11. Le buisson de crevettes,
12*. Les gâteaux d'abricots glacés.

LES POULETS GRAS AU CRESSON.

13*. Les génoises en croissant et perlées,
14. Les laitues à l'Espagnole,
15**. Le fromage bavarois aux pistaches,
16. Les œufs brouillés aux truffes.

16. Les petites omelettes au Parmesan,
15**. Le pouding de semoule aux raisins,
14. Les épinards à l'Anglaise,
13*. Les madelaines au cédrat.

LES PETITES POULARDES A L'ANGLAISE.

12*. Les mosaïques aux pistaches,
11. Le buisson de homards au Madère,
10**. La gelée de vin de Champagne moulée,
9. Les cardes à l'Espagnole.

LE SCHAKO A LA POLONAISE.

8. Les artichauts à la Provençale,
7**. La gelée de citrons renversée,
6. Le buisson d'abbesses en pâte d'amandes,
5*. Les gâteaux aux avelines à la Condé.

LES BÉCASSINES BARDÉES.

4*. Les mirlitons au café,
3. Les concombres farcis au velouté,
2**. Les beignets de fruits à l'eau-de-vie,
1. Les œufs pochés à la Béchamel.

POUR EXTRA, DIX ASSIETTES VOLANTES.

5. De petits soufflés à la vanille,
5. De soufflés de fondus.

TABLEAU N° III.

Suite de la page 22, Tome II.

LE MAITRE D'HOTEL FRANÇAIS.

30 OCTOBRE, *Mercredi*. Menu de 10 à 12 couverts.

DEUX POTAGES.

Le potage de santé,
Le potage de cailles au chasseur.

DEUX RELEVÉS DE POISSONS.

Le cabillaud à la maître d'hôtel,
Les soles panées à l'Anglaise.

DEUX GROSSES PIÈCES.

La selle de mouton à la Bretonne,
L'oie braisée aux racines glacées.

QUATRE ENTRÉES.

Les perdreaux à la Maquignon,
La fricassée poulets à la Chevalier,
Les quenelles de gibier au suprême,
Les cervelles de veaux à la magnonaise.

DEUX PLATS DE RÔTS.

Les perdreaux rouges bardés,
Les poulets à la reine.

DEUX RELEVÉS DE PLATS DE RÔTS.

Le gâteau de Pithiviers,
Le vol-au-vent glacé garni de pêches.

QUATRE ENTREMETS.

Les cardes à l'essence,
Les pommes de terre à la Bretonne,
La gelée de marasquins moulée,
Le fromage bavarois aux amandes.

31 OCTOBRE, *Jeudi*. Menu de 40 à 45 couverts.

QUATRE POTAGES.

Le potage à la tortue,
Le potage à la Napolitaine,
Le potage à la faubonne,
Le potage de mouton à l'Anglaise.

QUATRE RELEVÉS DE POISSONS.

Le brochet à la Chambord,
Le saumon à la Vénitienne,
La queue d'esturgeon à la régence,
Les perches au gratin au vin de Madère.

QUATRE GROSSES PIÈCES.

Le noix de bœuf à la royale,
Les poulardes à la Montmorency,
Le cochon de lait à l'Italienne,
Le rond de veau à l'Anglaise.

VINGT-QUATRE ENTRÉES.

1. Les côtelettes de levrauts à la maréchale,
2*. La croustade de cailles aux truffes,
3. Le turban de filets de soles à la Périgueux,

LA NOIX DE BOEUF A LA ROYALE.

4. Les poulets dépecés à la Lyonnaise,
5**. Les petits canetons contis à la gelée,
6. Les ailes de perdreaux rouges à la régence.

LE SAUMON A LA VÉNITIENNE.

7. Les escalopes de poulardes aux champignons,
8**. Les perdreaux en galantine à la gelée,
9. Les attereaux de palais de bœuf à l'Allemande.

LES POULARDES A LA MONTMORENCY.

10. Le faisan aux truffes, entrée de broche;
11*. Les petites timbales de nouilles à la Monglas,
12. Les côtelettes d'agneau glacées à la Toulouse.

12. Les pigeons innocents à la financière,
11*. Les petits pâtés garnis à la Nesle,
10. La poularde à la Maquignon.

LE COCHON DE LAIT A L'ITALIENNE.

9. Les oreilles d'agneaux au gratin,
8**. Les poulets à la reine, à la Chevry, à la gelée;
7. Le sauté de canetons, sauce salmis.

LA QUEUE D'ESTURGEON A LA RÉGENCE.

6. L'épigramme de volaille à la purée de céleri,
5**. Les cervelles de veaux à la Provençale et à la gelée,
4. Les filets de lapereaux à la Vénitienne.

LE ROND DE VEAU A L'ANGLAISE.

3. Le turban de filets mignons à la royale,
2*. Le vol-au-vent de turbots à la Béchamel,
1. Le sauté de volaille au suprême.

POUR EXTRA, SIX ASSIETTES VOLANTES.

3. De petits soufflés de volaille,
3. De orly de filets de gibier.

QUATRE GROSSES PIÈCES D'ENTREMETS.

La croquante de pâté d'amandes glacée,
Le croque-en-bouche aux pistaches,
Le nougat aux avelines,
Le gâteau à la Française.

QUATRE PLATS DE ROTS.

Les canetons de ferme,
Les perdreaux rouges piqués,
Les faisans bardés,
Les poulets gras au cresson.

VINGT-QUATRE ENTREMETS, DONT HUIT DE PATISSERIES EN GRADIN.

1**. Le fromage bavarois au chocolat,
2. Les petites pommes de terre à la Bretonne,
3*. Les petites bouchées à la Parisienne sur un gradin.

LES CANETONS DE FERME.

4*. Les gâteaux d'amandes pralinées sur un gradin,
5. Les cardes à l'essence,
6**. La gelée de framboises (conserve).

LE CROQUE-EN-BOUCHE AUX PISTACHES.

7**. La gelée de rhum renversée,
8. Les artichauts à la barigoule,
9*. Les petits paniers au gros sucre sur un gradin.

LES PERDREAUX ROUGES PIQUÉS.

10*. Les choux à la Mecque sur un gradin,
11. Les champignons à la Provençale,
12**. Le pouding de riz aux raisins muscats.

12**. La charlotte à l'Américaine,
11. Les tomates à l'Italienne,
10*. Les genoises perlées aux pistaches sur un gradin.

LES FAISANS BARDÉS.

9*. Les petits gâteaux au cédrat sur un gradin,
8. Les laitues braisées au consommé,
7**. La gelée de citrons moulée.

LE NOUGAT AUX AVELINES.

6**. La gelée d'épines-vinettes renversée,
5. Le céleri à l'Espagnole,
4*. Les tartelettes d'abricots sur un gradin.

LES POULETS GRAS AU CRESSON.

3*. Les fanchonnettes au cédrat sur un gradin,
2. Les choux-fleurs au Parmesan,
1**. Le fromage bavarois à la fleur d'orange grillée.

POUR EXTRA, SIX ASSIETTES VOLANTES.

3. De biscuits à la crème,
3. De soufflés au chocolat.

CHAPITRE XII.

1er NOVEMBRE, *Vendredi*. Menu de 10 à 12 couverts.

Deux potages.

Le potage à la royale,
Le potage à la Brunoise ou consommé.

Deux relevés de poissons.

Les petites truites au bleu à l'huile,
Le bar grillé à la Hollandaise.

Deux grosses pièces.

La dinde braisée à l'Anglaise,
Le quartier de sanglier mariné à la poivrade.

Quatre entrées.

Le carré de veau à la Périgueux,
Le pâté chaud d'anguille à la marinière,
Les perdreaux à la Maquignon,
Les petits poulets à la Dantzick.

Deux plats de rôts.

Les bécassines bardées,
Le chapon au cresson.

Deux relevés de plats de rôts.

La timbale de crème à la pâtissière,
Le congloffe à l'Allemande.

Quatre entremets.

Les épinards à l'Anglaise,
Les salsifis frits à la Villeroy,
La gelée de liqueur des îles,
La crème plombière.

2 NOVEMBRE, *Samedi*. Menu de 10 à 12 couverts.

Deux potages.

Le potage d'orge perlé au consommé,

La croûte gratinée au céleri.

Deux relevés de poissons.

Les merlans panés à l'Anglaise,
La hure de saumon à la Génoise.

Deux grosses pièces.

Le gigot de mouton à la Bretonne,
Les canetons à la Macédoine.

Quatre entrées.

La croustade garnie d'un salmis de grives,
Les quenelles de volaille aux concombres,
Les côtelettes de veau à la Provençale,
Le sauté de faisans au suprême.

Deux plats de rôts.

Les poulets à la reine au cresson,
Les cailles de vigne.

Deux relevés de plats de rôts.

Le flan de pommes méringuées,
Le biscuit de fécule aux pistaches.

Quatre entremets.

Les œufs à la Polonaise,
Les cardes à l'essence,
La gelée au thé et renversée,
La crème au bain-marie et au caramel.

3 NOVEMBRE, *Dimanche*. Menu de 10 à 12 couverts.

Deux potages.

Le potage à la julienne au blond de veau,
Le potage de riz lié au beurre d'écrevisses.

Deux relevés de poissons.

La carpe grillée, sauce italienne;
Les merlans à la Hollandaise.

Deux grosses pièces.

La tête de veau à la Chevalier,
Les perdreaux à la Périgueux.

Quatre entrées.

La poularde à la crème,
Le vol-au-vent à la Toulouse,
Les cailles au gratin, demi-espagnole;
Les langues de moutons à l'écarlate, sauce tomate.

Deux plats de rôts.

Les canetons de Rouen,
Les grives et les becfigues bardés.

Deux relevés de plats de rôts.

La brioche au fromage,
Le gâteau de riz soufflé aux cerises confites.

Quatre entremets.

Les œufs à la duchesse,
Les artichauts à la Provençale,
La gelée de vin d'Espagne moulée,
Les beignets de pommes en couronnes glacées.

4 NOVEMBRE, *Lundi.* Menu de 10 à 12 couverts.

Deux potages.

Le potage de choux à la Russe,
Le potage de vermicelle à la régence.

Deux relevés de poissons.

Les soles au gratin au vin de Champagne,
Les tronçons d'anguille à la Tartare.

Deux grosses pièces.

La noix de veau à la Guémené,
L'échine de porc frais à la sauce Robert.

Quatre entrées.

Le pâté chaud de mauviettes aux fines herbes,
Les canards aux navets en haricots vierges,
Le sauté de poulardes aux truffes,
Le gratin de lapereaux à la Turque.

Deux plats de rôts.

Les pigeons ramiers,

Les poulets gras au cresson.

Deux relevés de plats de rôts.

Le flan de poires au beurre,
La tourte de crème aux pistaches.

Quatre entrées.

La croûte aux champignons.
Les haricots blancs à la crème,
La gelée d'épines-vinettes moulée,
Le fromage bavarois à la vanille.

DEUXIÈME TRAITÉ DES MENUS

DE LA CUISINE MODERNE.

5 NOVEMBRE, *Mardi*. Menu de 30 à 36 couverts.

Deux potages.

Le potage à la Bernoise,
Le potage de riz à la Crécy.

Deux relevés de potages.

Le saumon à la régence,
La dinde à la Godard moderne.

Deux grosses pièces.

Le quartier de chevreuil mariné;
La longe de veau à la crème, Béchamel.

Seize entrées.

Les ailes de pigeons à l'Anglaise,
* La timbale de macaroni à l'Italienne,
L'épigramme de filets de volaille à la chicorée,
Les quenelles en turban au suprême.

Le saumon à la régence.

** L'aspic de cervelles de veaux à la ravigote,
Les filets de canetons à la bigarade,
* Les croquettes de volaille à l'Allemande,
Les filets de mouton piqués glacés à la Bretonne.

Les côtelettes d'agneaux sautées à la Toulouse,
* La fricassée de poulets à la dauphine,
Les petits canetons à la Nivernoise,
Le salmis de perdreaux à la gelée.

La dinde à la Godard moderne.

** Le turban de filets de merlans à la royale,
Les filets de volaille à la d'Orléans,
* La blanquette de ris de veaux, bordure de riz;
Les filets de lapereaux à la Vénitienne.

Quatre grosses pièces d'entremets.

Le buisson de petits homards,
Le biscuit de fécule aux amandes,
La croquante en pâte d'amandes,
Le buisson de ramequins.

Quatre plats de rôts.

Les faisans piqués,
Les poulets à la reine,
Les chapons au cresson,
Les cailles de vigne bardées.

Seize entremets.

Les laitues braisées au consommé,
* Les méringues à la Chantilly.

Les faisans piqués.

** Le fromage bavarois aux abricots (conserve),
Les cardes à l'Espagnole.

Le buisson de petits homards.

Les épinards à l'Anglaise,
* Les choux à la d'Artois.

Les poulets à la reine.

** La gelée d'anisette de Bordeaux,
Les pommes de terre frites au beurre.

Les œufs pochés à la purée d'oseille,

** La gelée de citrons moulée.

Les chapons au cresson.

* Les panachés aux pistaches,

Les concombres farcis au velouté.

Le buisson de ramequins.

Les petits choux de Bruxelles au beurre,

** Le blanc-manger aux noix vertes.

Les cailles de vigne bardées.

* Les génoises perlées en diadème,

Les salsifis au beurre, ravigote.

6 NOVEMBRE, *Mercredi.* Menu de 6 à 9 couverts.

Un potage.

Le potage à l'oseille à la Hollandaise.

Une grosse pièce.

La pièce de bœuf garnie de petits pâtés.

Deux entrées.

Les perches à la pluche verte,

Les poulets à la reine à l'estragon.

Un plat de rôt.

Les perdreaux bardés.

Deux entremets.

Les épinards au jus,

La gelée de café à l'eau renversée.

Pour extra, *les petits soufflés de riz.*

7 NOVEMBRE, *Jeudi.* Menu de 30 à 36 couverts.

Deux potages.

Le potage de riz à l'Italienne,

Le potage à la Brunoise.

Deux relevés de potages.

La carpe à la Polonaise,

Les poulardes à la Maquignon.

Deux grosses pièces.

Le jambon glacé à la Portugaise,
La selle de mouton à la Bretonne.

Seize entrées.

Les escalopes de saumons à l'Italienne,
* La croustade de bécassines à l'Espagnole,
Le boudin de gibier à la Richelieu,
** La salade de volaille à la gelée.

La carpe à la Polonaise.

La chartreuse à la minime,
Le sauté de perdreaux à la royale,
* Les petits pâtés à la Toulouse,
Les cuisses de volaille en fritot à la tomate.

Les papillottes de langues d'agneaux à la Duxelle,
* Les petites timbales de nouilles à la reine,
Le sauté de volaille aux truffes,
Le pain de foies gras à la dauphine.

Les poulardes à la Maquignon.

** Les hatelets de filets mignons à la belle vue,
Les cervelles de veaux à la maître d'hôtel,
* Le vol-au-vent de bonne morue à la crème,
Les petits canetons à la Conti.

Quatre grosses pièces d'entremets.

Le pavillon irlandais sur un pont,
La brioche à la crème,
Le gâteau de mille-feuilles,
Le pavillon persan sur un rocher.

Quatre plats de rôts.

Les lapereaux en accolade,
Les canetons de Rouen,
Les poulets gras au cresson,
Les grives bardées.

Seize entremets.

Les œufs à l'aurore,
** La gelée de fraises (conserve).

Les lapereaux en accolade.

* Les canapés aux abricots,
Les tomates à la Provençale.

Le pavillon irlandais.

Les épinards à l'essence,
** La crème plombière garnie de marmelade.

Les canetons de Rouen.

* Les madelaines au citron.
Les écrevisses au vin de Madère.

Les crevettes en hérisson,
* Les gaufres au gros sucre.

Les poulets gras au cresson.

** Le fromage bavarois aux noix vertes,
Les champignons grillés, demi-glace.

Le pavillon persan.

Les haricots blancs à la crème,
** La gelée de marasquins moulée.

Les grives bardées.

* Les choux glacés aux pistaches,
Les œufs pochés au fumet de gibier.

Pour extra, *six assiettes volantes de fondus.*

8 NOVEMBRE, *Vendredi.* Menu de 6 à 9 couverts.

Un potage.

Le potage d'orge perlé à la d'Orléans.

Une grosse pièce.

Le quartier de porc frais à l'Anglaise.

Deux entrées.

La fricassée de poulets à la bonne femme,
Les pains de carpe à la royale.

Un plat de rôt.

Les canetons de Rouen.

Deux entremets.

Les navets à la Chartres,
La gelée de citrons moulée.

Pour extra, *les biscuits à la crème.*

9 NOVEMBRE, *Samedi.* Menu de 6 à 9 couverts.

Un potage.

Le potage de céleri au blond de veau.

Une grosse pièce.

Le filet de bœuf à la broche.

Deux entrées.

Les harengs frais à la Hollandaise,
La poularde au riz.

Un plat de rôt.

Les perdreaux bardés.

Deux entremets.

Les concombres en cardes au suprême,
La gelée de kirschwasser et renversée.

Pour extra, *les choux à la d'Artois.*

10 NOVEMBRE, *Dimanche.* Menu de 6 à 9 couverts.

Un potage.

Le potage de semoule au consommé.

Une grosse pièce.

La pièce de bœuf à la maréchale.

Deux entrées.

Les perdreaux à la Périgueux,
Les poulets dépecés à l'Italienne.

Un plat de rôt.

Les merlans frits panés à l'Anglaise.

Deux entremets.

Les épinards au velouté,

La gelée au vin de Madère.

Pour extra, *les manons d'abricots.*

10 NOVEMBRE, *Dimanche.* Grand thé, ou soirée dansante. 300 invitations.

DEUX GRANDES TABLES POUR 60 A 80 PERSONNES.

Un plateau pour le milieu.

Quatre grosses pièces montées.

Le trophée militaire couronné d'un palmier,
Le casque français,
Le casque grec,
La lyre enlacée d'une couronne.

Quatre grosses pièces de fonds.

La brioche à la crème,
Le solilenne à l'Anglaise,
Le biscuit de savoie à la fécule,
Le congloffe à l'Allemande.

Huit assiettes de petites salades de volaille à la magnonaise, servies dans des petits pains en profiterole chapelée.

Huit assiettes de petits pains à la française, garnies de jambon et de galantine de gibier.

Seize assiettes de gelées et crèmes.

2. De gelées d'oranges en petits paniers,
2. De gelées de citrons en écorce à la belle vue,
2. De gelées de marasquins servies dans des cristaux,
2. De gelées de café à l'eau servies dans des cristaux,
2. De crème Plombière servies dans des soucoupes.
2. De fromage bavarois aux abricots (conserve).
2. De crème française à la vanille,
2. De fromage bavarois au chocolat.

Trente-deux assiettes de pâtisserie.

2. De kouques à l'Anglaise,

2. De gaufres au gros sucre,
2. De biscottes à la Parisienne,
2. De diadèmes perlés,
2. De choux à la Mecque,
2. De petits nougats à la Française,
2. De pains à la paysanne,
2. De madelaines au cédrat,
2. De gâteaux glacés aux pistaches,
2. De petits pains de châtaignes,
2. De panachés au gros sucre,
2. De méringues à la crème de vanille,
2. De petits pains glacés à la duchesse,
2. De génoises perlées en croissant,
2. De gâteaux à la royale,
2. De gâteaux d'amandes à la Condé,
200 glaces variées et des rafraîchissements pour 200 personnes.

Ces soirées dansantes sont très-agréables. La danse et les jeux ne sont point interrompus pour le placement d'un couvert; une seule table doit être couverte de 62 articles décrits dans ce menu, afin que les personnes invitées puissent jouir de la vue et de l'élégance de cette espèce de buffet, et les amphitryons sont toujours jaloux d'entendre citer leurs maisons comme des modèles de goût et d'élégance. Le thé se prépare dans les offices, et quelque temps après que la soirée est commencée, dans les interruptions de la danse, les officiers de bouche, ainsi que les valets de chambre doivent présenter sur des plateaux d'argent toutes ces friandises, ainsi que les rafraîchissements et le thé; mais il est très-essentiel d'apporter beaucoup de soins dans ce service, afin que les personnes invitées puissent se débarrasser de suite des tasses et cristaux qu'elles ont dans leurs mains. Ce service ne laisse pas que d'être difficile et pénible pour les personnes qui en sont chargées. Nous avons remarqué qu'il se commence peu de temps après les premières contre-danses, ce qui anime la société durant toute la soirée. Mais, si par un malentendu, le service est ordonné vers la fin de la soirée, une partie du monde se retire mécontente, et la monotonie même s'empare de ceux qui cherchent le plaisir dans la danse. D'un autre côté, il est important que le maître d'hôtel soit secondé par des personnes d'extra, afin que ce service se serve avec célérité, et l'amphitryon sera, par ce résultat, content d'avoir dépensé son argent.

11 NOVEMBRE, *Lundi.* Menu de 6 à 9 couverts.

Un potage.

Le potage de queneffe à l'Allemande.

Une grosse pièce.

Le dindonneau à l'Anglaise.

Deux entrées.

Les rougets grillés, sauce hollandaise;
L'émincé de langues à la Clermont.

Un plat de rôt.

Les pigeons romains.

Deux entremets.

Les laitues farcies frites à la Provençale,
La crème au bain-marie au citron.

Pour extra, *les ramequins à la crème.*

LE MAITRE D'HOTEL FRANÇAIS.

PREMIER TRAITÉ DES MENUS DE LA CUISINE MODERNE.

12 NOVEMBRE, *Mardi*. Menu de 60 à 70 couverts.

QUATRE POTAGES.

Le potage à l'Espagnole,
Le potage de santé,
Le potage de sagou à la purée de navets,
Le potage à la financière.

QUATRE RELEVÉS DE POISSONS.

Le cabillaud à la Hollandaise,
Le brochet en couronne à la Chambord,
La hure d'esturgeon à la royale,
Les filets de turbot à la maître d'hôtel.

QUATRE GROSSES PIÈCES.

L'aloyau garni de pommes de terre,
Les poulardes à la Montmorency,
Les canetons à la choucroute, bordure de racines;
Les filets de turbot à la maître d'hôtel.

TRENTE-DEUX ENTRÉES.

1. Les quenelles en côtelettes à l'Italienne,
2. La bigarrure de poulets à la ravigote,
3*. Le vol-au-vent de macaronis à la Milanaise,
4. La blanquette de lapereaux aux concombres.

L'ALOYAU GARNI DE POMMES DE TERRE.

5. Les papillottes de filets de carpes à la Duxelle,
6**. Les poulets à la reine, à la Chevry, à la gelée;
7. Le sauté de poulardes à la Lyonnaise.
8. Le faisan à la Périgueux.

LE BROCHET EN COURONNE A LA CHAMBORD.

9. La noix de jambon glacée aux épinards,
10. Les filets de volaille à la Chevalier,
11**. Le salmis de perdreaux rouges à la gelée,
12. Les côtelettes de mouton à la Singara.

LES POULARDES A LA MONTMORENCY.

13. Les pigeons au beurre d'écrevisses,
14*. La casserole au riz au chasseur,
15. Les poulets dépecés à la Provençale,
16. Les filets de canards sauvages à la Bourguignotte.

16. Les attereaux de palais de bœuf aux champignons,
15. L'épigramme de bécasses au fumet,
14*. La croustade garnie de cailles au gratin,
13. Les filets de volaille à la d'Artois.

LES CANETONS A LA CHOUCROUTE.

12. L'émincé de chevreuil à l'Espagnole,
11**. La salade de filets de soles à la magnonaise,
10. Les côtelettes de levrauts à l'Anglaise,
9. La noix de veau glacée à la chicorée.

LA HURE D'ESTURGEON A LA ROYALE.

8. La poularde à la belle vue,
7. Les ailerons de dindons à la purée de navets,
6**. Les galantines de cailles à la gelée,
5. La caisse de foies gras à la Monglas.

LA GRANDE SELLE D'AGNEAUX A L'ANGLAISE.

4. Les escalopes de volaille aux truffes,
3*. Le pâté chaud à la financière,
2. Le sauté de perdreaux au fumet,
1. Les petits canetons à la Macédoine.

POUR EXTRA, DIX ASSIETTES VOLANTES.

5. De filets mignons frits panés à l'Anglaise,
5. De soufflés de gibier en caisses.

QUATRE GROSSES PIÈCES D'ENTREMETS.

Le buisson de truffes sur un socle,
La cascade des palmiers,
La fontaine de Rome moderne,
Le buisson de homards sur un socle.

HUIT PLATS DE ROTS.

Les faisans piqués,
Les poulets à la reine,
Les pluviers et les ortolans,
Les canetons de Rouen,
Les petits dindonneaux au cresson,
Les bartavelles bardées,
Les poulets gras bardés,
Les perdreaux rouges piqués.

TRENTE-DEUX ENTREMETS.

1. Les tomates aux fines herbes,
2*. Les nougats à la Parisienne.

LES FAISANS PIQUÉS.

3*. Les gâteaux renversés à la gelée de pommes,
4. Les œufs pochés à la Béchamel,
5**. La gelée de marasquins moulée.

LES POULETS A LA REINE.

6**. Le fromage bavarois au café moka,
7. Les pommes de terre à la Hollandaise,
8*. Le flan de poires glacé.

LE BUISSON DE TRUFFES SUR SOCLE.

9*. Les panequets glacés au four,
10. Les laitues à l'Espagnole,
11**. La gelée de citrons renversée.

LES PLUVIERS DORÉS ET LES ORTOLANS.

12**. Le blanc-manger aux noix vertes,
13. Les œufs brouillés aux truffes,
14*. Les fanchonettes au chocolat.

LES CANETONS DE ROUEN.

15* Les panachés au gros sucre,
16**. Les champignons à la Provençale.

16**. Les artichauts à la Lyonnaise,
15*. Les gâteaux glacés aux pistaches.

LES PETITS DINDONNEAUX AU CRESSON.

14*. Les madelaines en surprise,
13. Les petites omelettes aux fines herbes,
12**. La charlotte à l'Américaine.

LES BARTAVELLES BARDÉES.

11**. La gelée d'ananas garnie de fruits,
10. Les cardes à la moelle, espagnole;
9*. Le pouding de riz à l'Anglaise.

LE BUISSON DE HOMARDS SUR UN SOCLE.

8*. Le flan de pommes à la Portugaise,
7. Les concombres farcis au velouté,
6**. Le fromage bavarois aux abricots.

LES POULETS GRAS BARDÉS.

5**. La gelée d'oranges nouvelles et moulée,
4. Les œufs pochés à la tomate,
3*. Les nougats de pommes.

LES PERDREAUX ROUGES PIQUÉS.

2*. Les gâteaux à la royale,
1**. Les épinards à l'Espagnole.

POUR EXTRA, DIX ASSIETTES VOLANTES.

De soufflés à la vanille en croustades,
5. De fondus en caisses.

Suite de la page 34, Tome II.

LE MAITRE D'HOTEL FRANÇAIS.

13 NOVEMBRE, *Mercredi*. Menu de 10 à 12 couverts.

DEUX POTAGES.

Le potage de riz à la purée de navets,
Le potage de santé au blond de veau.

DEUX RELEVÉS DE POISSONS.

Le turbotin grillé à la Hollandaise,
Les petites truites de Seine au bleu.

DEUX GROSSES PIÈCES.

La côte de bœuf aux oignons glacés,
L'oie à la cendre aux racines glacées.

QUATRE ENTRÉES.

La fricassée de poulets à la Chevalier,
Les cervelles de veaux au suprême,
Les boudins de faisans à la Richelieu,
Les filets de pigeons à la Pompadour.

DEUX PLATS DE RÔTS.

Les perdreaux rouges,
La poularde au cresson.

DEUX RELEVÉS DE PLATS DE RÔTS.

La grosse méringue à la crème française,
Le gâteau aux amandes glacées au blanc.

QUATRE ENTREMETS.

Les cardes à la moelle,
Les épinards à l'essence,
La gelée de framboises (conserve),
Les beignets à la dauphine.

14 NOVEMBRE, *Jeudi*. Menu de 40 à 45 couverts.

QUATRE POTAGES.

Le potage à la régence,
Le potage à la Provençale,
Le potage à la faubonne,
Le potage à la hussarde.

QUATRE RELEVÉS DE POISSONS.

La carpe à l'Anglaise,
Les merlans frits à l'Allemande,
Les perches, sauce aux huîtres;
Les filets de turbots à la Hollandaise.

QUATRE GROSSES PIÈCES.

La longe de veau marinée en chevreuil,
Les chapons au riz à la moderne,
Les perdrix aux choux et racines glacées,
Le jambon à la broche et garni.

VINGT-QUATRE ENTRÉES.

1. Les petits canetons à la Macédoine,
2*. Le fritot de poulets à la Viénoise,
3. Les boudins de gibier à la Troyenne.

LA LONGE DE VEAU MARINÉE EN CHEVREUIL.

4. Le sauté de perdreaux aux truffes,
5**. La galantine de poulardes à la gelée,
6. Les côtelettes d'agneaux à la purée de céleri.

LA CARPE A L'ANGLAISE.

7. La chartreuse garnie de cailles,
8**. La salade de lapereaux à l'ancienne, à la gelée;
9. Les filets de canetons à la Pompadour.

LES CHAPONS AU RIZ A LA MODERNE.

10. Les filets de moutons piqués, glacés aux champignons,
11*. La timbale de lozannes au chasseur,
12**. Les escalopes de levrauts liées au sang.

12. Les pigeons à la Mirpoix,
11*. La casserole au riz à la moderne,
10. Les ris de veaux piqués, glacés à la chicorée.

LES PERDRIX AUX CHOUX ET RACINES GLACÉES.

9. Les filets de volaille à la d'Orléans,
8**. La noix de veau au beurre d'écrevisses et à la gelée,
7. Le turban de filets mignons à la Périgueux.

LES FILETS DE TURBOT A LA HOLLANDAISE.

6. Les filets de canards à la bigarade,
5**. Le faisan en galantine à la gelée,
4. Le sauté de volaille à la royale.

LE JAMBON A LA BROCHE ET GARNI.

3. Le filet de bœuf au vin de Champagne,
2*. Les hatelets de palais de bœuf à l'Allemande,
1. La caisse de lapereaux aux fines herbes.

POUR EXTRA, SIX ASSIETTES VOLANTES.

3. De filets de perdreaux à la Orly,
3. De croquettes de volaille à la Russe.

QUATRE GROSSES PIÈCES D'ENTREMETS.

Le babas à la Polonaise,
Le casque français,
Le casque gaulois,
Le biscuit de Savoie à la fécule.

QUATRE PLATS DE RÔTS.

Le chapon au cresson,
Les bécasses bardées,
Les perdreaux rouges piqués,
Les poulets gras au cresson.

VINGT-QUATRE ENTREMETS.

1**. Le plum-bouding au vin de Madère,
2. Les concombres à l'Espagnole,
3*. Les choux à la d'Artois.

LE CHAPON AU CRESSON.

4*. Les gaufres garnies à la crème,
5. Les cardes à la Béchamel,
6**. La gelée d'ananas garnie de fruits,

LE CASQUE FRANÇAIS.

7**. La gelée de vin de Champagne rosé,
8. Les artichauts à l'estoufade,
9*. Les merlitons au cédrat.

LES BÉCASSES BARDÉES.

10*. Les tartelettes de pommes glacées,
11. Les tomates à l'Italienne,
12**. Le fromage bavarois aux abricots (conserve).

12**. La crème plombière moulée,
11. Les choux-fleurs au Parmesan,
10* Les biscottes à la Parisienne.

LES PERDREAUX ROUGES PIQUÉS.

9* Les méringues à la vanille,
8. Les épinards à l'Anglaise,
7**. La gelée de groseilles (conserve),

LE CASQUE GAULOIS.

6**. La gelée de citrons moulée,
5. Les pommes de terre à la Bretonne,
4*. Les nougats à la Française.

LES POULETS GRAS AU CRESSON.

3*. Les petits gâteaux aux pistaches,
2. Les navets glacés au sucre,
1**. La charlotte à la Parisienne.

POUR EXTRA, SIX SOUFFLÉS DANS DES CROUSTADES.

3. Au café moka,
3. A l'orange.

15 NOVEMBRE, *Vendredi.* Menu de 10 à 12 couverts.

Deux potages.

Le potage aux laitues braisées,
Le potage de nouilles à à l'Italienne.

Deux relevés de poissons.

Le cabillaud, sauce au beurre d'anchois;
Le bar grillé, sauce aux huîtres.

Deux grosses pièces.

Le filet de bœuf garni de petites pommes de terre,
Le dindonneau à l'Anglaise.

Quatre entrées.

Le vol-au-vent de quenelles de faisans au suprême,
Le sauté de sarcelles aux truffes,
Les tendons de veau à la Macédoine,
Les poulets à la reine à l'estragon.

Deux plats de rôts.

Les pigeons romains,
Les poulets normands au cresson.

Deux relevés de plats de rôts.

Le flan à la Milanaise,
La charlotte de pommes aux abricots.

Quatre entremets.

L'émincé de champignons à la Béchamel,
Les épinards à l'Anglaise,
La gelée d'épines-vinettes renversée,
La crème française à la fleur d'oranges grillée.

16 NOVEMBRE, *Samedi.* Menu de 10 à 12 couverts.

Deux potages.

Le potage de cailles à la jardinière,
Le potage de vermicelle au consommé.

Deux relevés de poissons.

Le brochet aux champignons à l'Espagnole,

Les tronçons d'anguilles glacés à l'Italienne.

Deux grosses pièces.

La selle de mouton à la maître d'hôtel,
Les poulets à la reine à l'ivoire.

Quatre entrées.

La bordure de riz garnie de blanquette de volaille,
Les côtelettes de veau à la Polonaise,
Les filets de lapereaux à la Vénitienne,
Les quenelles de perdreaux à la Périgueux.

Deux plats de rôts.

Le coq de bruyères,
Les ramiers bardés.

Deux relevés de plats de rôts.

Le croque-en-bouche à la reine,
Le nougat aux pistaches.

Quatre entremets.

Les cardes à l'Espagnole,
Les pommes de terre frites à la Lyonnaise,
La gelée d'essence d'Angelique moulée,
Le blanc-manger au café Moka.

17 NOVEMBRE, *Dimanche*. Menu de 10 à 12 couverts.

Deux potages.

Le potage de mouton à l'Anglaise,
Le potage de santé ou consommé de volaille.

Deux relevés de poissons.

Le turbotin à la crème,
La truite de Seine à la Génoise.

Deux grosses pièces.

La noix de bœuf à la royale,
La poularde à la Périgord.

Quatre entrées.

Les croquettes de riz à la Russe,

Les filets de volaille à la d'Orléans,
La croustade garnie d'escalopes de faisans,
Les filets de veaux à la Guémené.

Deux plats de rôts.

L'oison gras,
Les bécasses bardées.

Deux relevés de plats de rôts.

Le soufflé de pommes de terre à la vanille,
Le gâteau de mille-feuilles à la moderne.

Quatre entremets.

Les petites carottes à la Flamande,
Les artichauts à la Lyonnaise,
La gelée de fruits moulée,
La crème Plombière à la marmelade.

18 NOVEMBRE, *Lundi.* Menu de 10 à 12 couverts.

Deux potages.

Le potage aux choux de Bruxelles,
Le potage de riz à la d'Orléans.

Deux relevés de poissons.

La carpe de Seine à l'étuvée,
Les soles frites à l'Anglaise.

Deux grosses pièces.

La poitrine de veau farcie et à la broche,
Le quartier de sanglier mariné, sauce poivrade.

Quatre entrées.

Les hatelets de palais de bœuf à la dauphine,
Les poulets à la reine au vin de Madère,
Les foies gras à la Saint-Cloud, sauce Périgueux,
Le sauté de canards sauvages à la Bordelaise.

Deux plats de rôts.

Les lapereaux de garenne bardés,
Les chapons au cresson.

Deux relevés de plats de rôts.

Les méringues à la vanille,
Les truffes à la serviette.

Quatre entremets.

Les pommes de terre à la maître d'hôtel,
La croûte aux champignons,
La gelée de vin d'Espagne,
Les pannequets à la marmelade d'abricots.

DEUXIÈME TRAITÉ DES MENUS

DE LA CUISINE MODERNE.

19 NOVEMBRE, *Mardi*. Menu de 30 à 36 couverts.

Deux potages.

Le potage de levrauts au chasseur,
Le potage à la julienne au consommé.

Deux relevés de potages.

Les filets de turbots aux huîtres,
Les perdreaux à la Périgueux.

Deux grosses pièces.

La pièce de bœuf à la cuillère,
Le jambon à la Maillou.

Seize entrées.

Les filets de soles à la royale,
* Le pâté chaud de pigeons aux champignons,
Les filets de canetons à la bigarade,
La poularde à la Montmorency.

Les filets de turbots aux huîtres.

** Les cervelles de veaux à la magnonaise,
Les filets de lapereaux en lorgnette,
Les filets de volaille à la Chevalier,
Les langues de moutons glacées à la Bretonne.

Les pigeons innocents à la financière,
Les attereaux de filets de merlans,
Les oreilles de veaux à la tortue,
** L'aspic garni de blanc de volaille.

Les perdreaux à la Périgueux.

La noix de veau piquée à la purée d'oseille,
* La fricassée de poulets à la Villeroy,
Le salmis de bécasses aux croutons farcis,
Les ailerons de dindons en haricots vierges.

Quatre grosses pièces d'entremets.

Le gâteau de riz soufflé au raisin d'Espagne,
Le poupelin glacé au four,
La brioche à la crème,
Le soufflé à la Milanaise.

Quatre plats de rôts.

Les bécassines bardées,
Les poulets à la reine,
Les dindonneaux au cresson,
Les sarcelles garnies de citrons.

Seize entremets.

Les pommes de terre à la Béchamel,
** Le fromage bavarois au caramel.

Les bécassines bardées.

* Les manons d'abricots glacés à la Condé,
Les cardes à la Bernoise.

Le gâteau de riz soufflé.

Les épinards au beurre,
** La gelée d'oranges de Malte.

Les poulets à la reine.

* Les tartelettes de cerises glacées,
Les salsifis au beurre.

Les laitues au consommé,
* Les choux à la crème glacés au café.

Les dindonneaux au cresson.

** La gelée de marasquins moulée,

Les artichauts à la Provençale.

Le soufflé à la Milanaise.

Les navets à la Chartres,

* Les nougats de pommes pralinés.

Les sarcelles garnies de citrons.

** La crème à la Française aux zestes d'oranges,

Les œufs pochés à l'oseille.

Pour extra, *les biscuits à la crème.*

20 NOVEMBRE, *Mercredi.* Menu de 6 à 9 couverts.

Un potage.

Le potage d'orge perlée au consommé.

Une grosse pièce.

Le quartier d'agneau à l'Anglaise.

Deux entrées.

La darne de cabillaud à la crème, Béchamel;

Le chapon au gros sel.

Un plat de rôt.

Les reins de levrauts piqués.

Deux entremets.

Les cardes à l'Espagnole,

La gelée de vin de Champagne rosé.

Pour extra, *les darioles à l'orange.*

21 NOVEMBRE, *Jeudi.* Menu de 30 à 36 couverts.

Deux potages.

Le potage de riz à la d'Orléans,

Le potage à la Brunoise au consommé.

Deux relevés de potages.

La truite saumonée à la Génoise,

La dinde braisée à la Macédoine.

Deux grosses pièces.

La longe de veau à la crème,
Le quartier de mouton des Ardennes.

Seize entrées.

Les filets de merlans à la maître d'hôtel,
* Le vol-au-vent de macaroni à l'Italienne,
Les boudins de volaille à la moderne,
Les perdreaux à la Maquignon.

La truite saumonée à la Génoise.

** Les petits aspics garnis de crêtes et rognons,
Les ailes de poulardes à la Pompadour,
* Le fritôt de bonne morue à la Orly,
Les cervellles de veaux à la Béchamel.

Les filets de perdreaux à la Chevalier,
* Les croquettes de gibier au fumet,
Les petits canetons à la purée de champignons,
** Le filet de bœuf à la gelée.

La dinde braisée à la Macédoine.

Les pigeons au beurre d'écrevisses,
Le sauté de poulardes aux truffes,
* La timbale de lapereaux à l'ancienne,
Les côtelettes d'agneaux sautées aux concombres.

Quatre grosses pièces d'entremets.

Le nougat à la Française,
Le buisson de choux pralinés,
Le buisson de homards,
La sultane à la Chantilly.

Quatre plats de rôts.

Les poulets gras au cresson,
Les cailles de vigne,
Les bécasses bardées,
Les canetons de ferme.

Seize entremets.

Les épinards au velouté,
* Le flan de pommes méringuées.

Les poulets au cresson.

La crème française au moka,
Les choux-fleurs au Parmesan.

Le nougat à la Française.

Les pommes de terre au beurre,
** La gelée d'épines-vinettes moulée.

Les cailles de vigne.

* Les beignets de crème de riz,
Les artichauts à la barigoule.

✿✿✿✿✿✿✿

Les champignons grillés, demi-espagnole;
* Le pouding de cabinet au rhum.

Les bécasses bardées.

** La gelée d'anisette de Bordeaux,
Les cardes à la moelle.

La sultane à la Chantilly.

Les épinards à l'Anglaise,
** Le fromage bavarois aux citrons.

Les canetons de ferme.

* La gâteau de semoule aux raisins de Corinthe,
Les carottes à la Béchamel.

Pour extra, *les fondus, et les biscuits à la crème.*

22 NOVEMBRE, *Vendredi.* Menu de 6 à 9 couverts.

Un potage.

Le potage de civette à l'Allemande.

Une grosse pièce.

La pièce de bœuf à la Flamande.

Deux entrées.

Les poulets sautés à l'Italienne,
Les pigeons au monarque.

Un plat de rôt.

Les soles frites panées à l'Anglaise.

Deux entremets.

Les champignons grillés demi-glace,

La gelée de vin d'Espagne moulée.

Pour extra, *les manons fourrées d'abricots.*

23 NOVEMBRE, *Samedi.* Menu de 6 à 9 couverts.

Un potage.

Le potage à la Faubonne au blond de veau.

Une grosse pièce.

La noix de veau à la gendarme.

Deux entrées.

La timbale de lazannes à l'Italienne,

Les perdreaux à l'Espagnole, entrée de broche.

Un plat de rôt.

Les poulets gras au cresson.

Deux entremets.

Les épinards aux croûtons,

La gelée de citrons dans un bol.

Pour extra, *les gâteaux de Pithiviers.*

24 NOVEMBRE, *Dimanche.* Menu de 6 à 9 couverts.

Un potage.

Le potage de graines de melon au consommé.

Une grosse pièce.

Le bar grillé à la Hollandaise.

Deux entrées.

Les tendons de moutons à la purée de navets,

La fricassée de poulets à la paysanne.

Un plat de rôt.

Les cailles et mauviettes.

Deux entremets.

Le céleri à l'Espagnole,

La crème au bain-marie et au citron.

Pour extra, *les ramequins.*

25 NOVEMBRE, *Lundi.* Menu de 6 à 9 couverts.

Un potage.

Le potage à l'oseille lié.

Une grosse pièce.

La tête de veau à la Villeroy.

Deux entrées.

Le chapon au consommé,

Les attereaux de merlans aux fines herbes.

Un plat de rôt.

Les pigeons ramiers.

Deux entremets.

Les concombres au velouté,

La gelée d'anisette de Bordeaux.

Pour extra, *les biscuits de fécule.*

LE MAITRE D'HOTEL FRANÇAIS.

PREMIER TRAITÉ DES MENUS DE LA CUISINE MODERNE.

26 NOVEMBRE, *Mardi.* Menu de 60 à 70 couverts.

QUATRE POTAGES.

Le potage de quenelles de volaille au consommé,
Le potage à la Brunoise au blond de veau,
Le potage de lapereaux à la jardinière,
Le potage de macaronis à la Napolitaine.

QUATRE RELEVÉS DE POISSONS.

Le gros brochet à la Polonaise,
La truite saumonée à l'amiral,
Les filets de turbots, sauce aux homards;
La hure d'esturgeon, sauce au vin de Champagne.

QUATRE GROSSES PIÈCES.

Le cochon de lait à la Grecque,
Les poulardes à la régence,
Les faisans truffés à la Périgord,
La longe de veau à la Monglas.

TRENTE-DEUX ENTRÉES.

1. Les poulets dépecés à la Vénitienne,
2. Les noisettes de veaux glacées à la purée d'oseille,
3*. Les petits pâtés dressés à la Périgueux,
4. Les boudins de faisans au fumet à la moderne.

LE COCHON DE LAIT A LA GRECQUE.

5. Le sauté de canards sauvages à la Bordelaise,
6**. Les poulets à la reine, à la Chevry, à la gelée;
7. Les côtelettes d'agneau sautées aux concombres,
8. Les petites caisses de foies gras aux fines herbes.

LA TRUITE SAUMONÉE A L'AMIRAL.

9. Les filets de poulardes à la Chevalier,
10. Le sauté de bécasses au suprême,
11**. La magnonaise de filets de soles à la gelée,
12. Le turban de filets de lapereaux à la royale.

LES POULARDES A LA RÉGENCE.

13. Le hachis de gibier à la Polonaise,
14*. Le vol-au-vent à la Nesle, Béchamel;
15. Les petits canetons à la Macédoine,
16. Les filets de pigeons à la maréchale.

16. Les cailles à la Mirpoix sur un gratin,
15. Le sauté de volaille à la Provençale,
14*. La casserole au riz à la Toulouse,
13. La chartreuse à la Monconseil.

LES FAISANS TRUFFÉS A LA PÉRIGORD.

12. La blanquette de poulardes aux champignons,
11**. La galantine d'anguille à la gelée,
10. Les papillottes de ris d'agneaux à la Duxelle,
9. L'émincé de volaille à la chicorée.

LES FILETS DE TURBOTS, SAUCE AUX HOMARDS.

8. Les filets de chevreuil piqués, glacés, poivrade;
7. Les filets de poulardes à la belle vue,
6**. Le salmis de perdreaux à la gelée,
5. Le pain de foies gras à la Dauphine.

LA LONGE DE VEAU A LA MONGLAS.

4. Les aiguillettes de canetons à l'orange,
3*. Les petites croustades garnies d'escalopes de mauviettes,
2. Les ailerons de dindons en haricots vierges,
1. Les côtelettes de levrauts glacées au fumet.

POUR EXTRA, DIX ASSIETTES VOLANTES.

5. De croquettes de poissons aux truffes,
5. De filets de gibier à la Orly.

QUATRE GROSSES PIÈCES.

La tour de Bagdad,
La chaumière de Sainte-Marie,
Le belvédère anglais,
L'hermitage chinois sur un rocher.

HUIT PLATS DE ROTS.

Les canetons de Rouen,
Les poulets à la reine,
Le faisans piqués glacés,
Les cailles de vigne bardées,
Les lapereaux bardés,
Les perdreaux rouges piqués,
Les chapons au cresson,
Les gelinottes des bois.

TRENTE-DEUX ENTREMETS, DONT HUIT DE PATISSERIES MONTÉS SUR DES GRADINS.

1. Le céleri à la Béchamel,
2**. La suédoise de pommes glacées de gelée.

LES CANETONS DE ROUEN.

3**. Le fromage bavarois aux framboises,
4. Le buisson de petits homards,
5*. Les génoises perlées aux pistaches sur un gradin.

LES POULETS A LA REINE.

6*. Les petits paniers au gros sucre sur un gradin,
7. Les petits choux de Bruxelles au velouté,
8**. La gelée d'oranges de Malte moulée.

LA CHAUMIÈRE DE SAINTE-MARIE.

9**. La gelée de rhum renversée,
10. Les champignons à la Provençale,
11*. Les méringues sur un gradin.

LES FAISANS PIQUÉS GLACÉS.

12*. Les gâteaux aux pistaches glacées sur un gradin,
13. Les truffes au vin de Champagne,
14**. Les beignets d'abricots glacés.

LES CAILLES DE VIGNE BARDÉES.

15**. La crème plombière moulée,
16. Les laitues farcies au consommé.

16. Les concombres en cardes à l'Espagnole,
15**. Le pouding de cabinet aux cerises.

LES LAPEREAUX BARDÉS.

14**. Les beignets de crème frits à la Parisienne,
13. Les truffes au vin de Champagne en buisson,
12*. Les choux à la Mecque sur un gradin.

LES PERDREAUX ROUGES PIQUÉS.

11*. Les gâteaux à la dauphine sur un gradin,
10. Les cardes à l'essence de jambon,
9**. La gelée de marasquins fouettée.

L'HERMITAGE CHINOIS.

8**. La gelée d'ananas garnie de fruits,
7. Les épinards à l'Anglaise,
6*. Les diadèmes en croissant sur un gradin.

LES CHAPONS AU CRESSON.

5*. Les gâteaux d'amandes glacés sur un gradin,
4. Les écrevisses en buisson,
3**. Le fromage bavarois au cacao.

LES GELINOTTES DES BOIS.

2**. Les pommes au riz en pyramide,
1. Les navets à la Chartres.

POUR EXTRA, DIX ASSIETTES VOLANTES.

5. De soufflés en croustade,
5. De fondus en caisses.

TABLEAU N° V.

Suite de la page 44, Tome II.

27 NOVEMBRE, *Mercredi.* Menu de 10 à 12 couverts.

DEUX POTAGES.

Le potage d'orge perlée à la royale,
Le potage de santé au consommé.

DEUX RELEVÉS DE POISSONS.

Le cabillaud, sauce aux huîtres;
Les merlans frits à l'Allemande.

DEUX GROSSES PIÈCES.

Le rosbif de mouton à la Bretonne,
La dinde braisée à l'Anglaise.

QUATRE ENTRÉES.

La timbale de macaroni à la Milanaise,
Les cervelles de veaux à la magnonaise,
Les perdreaux à la Maquignon,
Les boudins de volaille au beurre d'écvevisses.

DEUX PLATS DE RÔTS.

Les faisans et ortolans,
La poularde du Mans.

DEUX RELEVÉS DE PLATS DE RÔTS.

Le soufflé aux pommes de terre à l'orange,
Le nougat à la Chantilly.

QUATRE ENTREMETS.

Les cardes à la moelle,
Les choux-fleurs à la ravigote,
La gelée d'ananas garnie de fruits,
Le pouding à la moderne.

28 NOVEMBRE, *Jeudi.* Menu de 40 à 45 couverts.

QUATRE POTAGES.

Le potage à la duchesse,
Le potage de riz à la Crécy,
Le potage de perdreaux à la Française;
Le potage à la Clermont, consommé.

QUATRE RELEVÉS DE POISSONS.

Les perches au vin de Champagne,
Le bar grillé, sauce aux crevettes;
Le saumon à la Génoise,
Les carpes à la marinière.

QUATRE GROSSES PIÈCES.

La selle de mouton des Ardennes,
Les perdreaux à la Saint-Cloud,
Les poulets à la reine à la Montmorency,
Le jambon à la Portugaise.

VINGT-QUATRE ENTRÉES.

1. Les côtelettes de pigeons à la Pompadour,
2*. Les petites timbales de nouilles à la Polonaise,
3. Les filets de volaille Conti aux truffes.

LA SELLE DE MOUTON DES ARDENNES.

4. Les grives braisées au vin de Champagne,
5**. La galantine de volaille à la gelée,
6. Le sauté de faisans au fumet.

LE BAR GRILLÉ, SAUCE AUX CREVETTES.

7. Les filets de volaille à la d'Artois,
8**. La blanquette de lapereaux dans une bordure de gelée,
9. L'émincé de filets de bœuf à la Soubise.

LES PERDREAUX A LA SAINT-CLOU.

10. Les filets de sarcelles, sauce aux huîtres;
11*. Les petits vols-au-vent à la Béchamel,
12. Les ailerons de volaille aux fines herbes.

12. Les petits canetons à la jardinière,
11*. Les petits pâtés de foies gras à la Monglas,
10. L'anguille roulée glacée au four.

LES POULETS A LA REINE A LA MONTMORENCY.

9. Les langues de moutons glacées à la chicorée,
8**. L'aspic garni de blanc de volaille à la ravigote,
7. Les quenelles de lapereaux aux concombres.

LE SAUMON A LA GÉNOISE.

6. Le salmis de bécasses au vin de Bourgogne,
5**. Les filets de moutons glacés à la gelée,
4. Le sauté de poulets aux truffes.

LE JAMBON A LA PORTUGAISE.

3. La noix de veau piquée glacée à la tomate,
2*. Les petites croustades d'ortolans aux truffes,
1. Les filets de perdreaux à la d'Orléans.

POUR EXTRA, SIX ASSIETTES VOLANTES.

3. De filets mignons à la Orly,
3. De soufflés de gibier.

QUATRE GROSSES PIÈCES D'ENTREMETS.

Le babas au vin de Madère,
Le buisson de truffes dans une croustade,
Le buisson de homards sur un socle,
Le biscuit de fécule aux avelines.

QUATRE PLATS DE ROTS.

Les canards sauvages,
Les poulets gras au cresson,
Les coqs de bruyères,
Les perdreaux rouges piqués.

VINGT-QUATRE ENTREMETS, DONT HUIT DE PATISSERIES MONTÉES.

1**. Le pouding de riz à l'Anglaise,
2. Les choux-fleurs au Parmesan,
3*. Le vase garni de noix en pâte d'amande.

LES CANARDS SAUVAGES.

4*. Le melon en nougat orné de sucre filé,
5. Les cardes à la moelle espagnole,
6**. La gelée d'épines-vinettes moulée.

LE BUISSON DE TRUFFES.

7**. La gelée de citrons renversée,
8. Les champignons à la Provençale,
9*. La corbeille en sucre filé garnie de méringues.

LES POULETS GRAS AU CRESSON.

10*. La cascade à deux gradins en nougats,
11. Les épinards à l'essence,
12**. Le fromage bavarois au café moka.

12**. La charlotte à l'Américaine,
11. Les laitues farcies au consommé,
10*. La coupe garnie de fleurons.

LES COQS DE BRUYÈRES.

9*. La corbeille de pommes d'apis en pâte d'amandes,
8. Les concombres au velouté,
7**. La gelée d'oranges de Malte et moulée.

LE BUISSON DE HOMARDS.

6**. La gelée d'ananas garnie de fruits,
5. Les choux de Bruxelles au beurre,
4*. Le ballon en sucre filé.

LES PERDREAUX ROUGES PIQUÉS.

3*. La coupe garnie d'un ananas en pâte d'amandes,
2. Le céléri à la Française,
1**. Les pannequets à la crème au chocolat.

POUR EXTRA, SIX ASSIETTES VOLANTES.

3. De fondus en caisses,
3. De biscuits à la crème.

29 NOVEMBRE, *Vendredi.* Menu de 10 à 12 couverts.

Deux potages.

Le potage à la purée de pois aux petits croutons,
Le potage de quenelles de faisans au fumet.

Deux relevés de poissons.

La barbue grillée, sauce au beurre d'anchois;
Les petites truites au bleu.

Deux grosses pièces.

La dinde braisée à la Béchamel,
La pièce de bœuf garnie de petits pâtés.

Quatre entrées.

Les perdreaux à la sauce salmis, entrée de broche;
Le carré de veau à la Provençale,
Les boudins de volaille à la royale,
Les filets de canetons à la bigarade.

Deux plats de rôts.

Les bécasses et les pluviers dorés,
Les poulets à la reine.

Deux relevés de plats de rôts.

La timbale de macaroni au Parmesan,
La charlotte de pommes glacée.

Quatre entremets.

Les choux-fleurs à la ravigote,
Les navets à la Chartres,
La gelée de framboises (conserve),
Les choux à la d'Artois.

30 NOVEMBRE, *Samedi.* Menu de 10 à 12 couverts.

Deux potages.

Le potage à la Clermont,
Le potage de nouilles à la d'Orléans.

Deux relevés de poissons.

Le cabillaud à la Hollandaise,

La carpe à l'estoufade, sauce matelote.

Deux grosses pièces.

La selle d'agneaux à l'Anglaise,
Les perdreaux braisés à la choucroute française.

Quatre entrées.

Le vol-au-vent de quenelles de faisans à l'Allemande,
Le filet de bœuf glacé, entrée de broche;
Les ailerons de dindons glacés à la purée de navets,
Les côtelettes de pigeons à la maréchale.

Deux plats de rôts.

Les cailles de vigne.
La poularde au cresson.

Deux relevés de plats de rôts.

Le gâteau de mille-feuilles,
Le congloffe aux raisins de Corinthe.

Quatre entremets.

Les pommes de terre à la Béchamel,
Les artichauts à la Lyonnaise,
La gelée de marasquins fouettée,
La crème plombière moulée.

CHAPITRE XIII.

1er DÉCEMBRE, *Dimanche.* Menu de 10 à 12 couverts.

Deux potages.

Le potage de vermicelle à la régence,
Le potage de santé au consommé de volaille.

Deux relevés de poissons.

Le brochet à la Polonaise,
Les lamproies à la Bordelaise.

Deux grosses pièces.

La noix de veau en bedeau à la Nivernoise,

Le chapon au riz à la moderne.

Quatre entrées.

La croustade garnie d'escalopes de faisans aux truffes,
La Chevalier de poulets garnie de Conti,
Les ailes de perdreaux à la Pompadour,
La caisse de foies gras aux fines herbes.

Deux plats de rôts.

Le dindonneau au cresson,
Les grives et les becfigues.

Deux relevés de plats de rots.

Le gâteau de Pithiviers,
La tourte de crème garnie de rognons à la moelle.

Quatre entremets.

Les épinards au velouté,
Les carottes à la Flamande,
La gelée d'oranges moulée,
Le fromage bavarois aux avelines.

2 DÉCEMBRE, *Lundi.* Menu de 10 à 12 couverts.

Deux potages.

Le potage à la Brunoise au consommé,
Le potage d'une garbure au fromage.

Deux relevés de poissons.

Les merlans frits panés à l'Anglaise,
Le tronçon d'esturgeon à la broche, sauce poivrade.

Deux grosses pièces.

L'oie braisée aux marons glacés,
La noix de bœuf à la gendarme.

Quatre entrées.

Le pâté chaud de levrauts à l'ancienne,
La poularde à la Montmorency,
Le sauté de sarcelles aux truffes,
Les quenelles de volaille au suprême.

Deux plats de rôts.

Le dindonneau au cresson,
Les gelinottes des bois.

Deux relevés de plats de rôts.

La sultane garnie de fraises,
Le croque-en-bouche aux pistaches.

Quatre entremets.

Les tomates à la Provençale,
Les haricots verts à l'Anglaise,
La gelée de quatre fruits moulée,
La crème frite à la Française.

DEUXIÈME TRAITÉ DES MENUS

DE LA CUISINE MODERNE.

3 DÉCEMBRE, *Mardi.* Menu de 30 à 36 couverts.

Deux potages.

La croûte gratinée aux concombres,
Le potage de quenelles à la Napolitaine.

Deux relevés de potages.

Le cabillaud, sauce aux homards;
Le dinde à la financière, entrée de broche.

Deux grosses pièces.

La pièce de bœuf à la cuillère,
Le jambon glacé aux épinards.

Seize entrées.

Les noisettes d'agneaux à la purée d'oseille,
* La croustade garnie d'un salmis de bécasses,
Les ailes de volaille à la Chevalier,
** La salade de lapereaux à la gelée.

Le cabillaud, sauce aux homards.

Les papillottes de poulets à la maître d'hôtel,
Les filets mignons de veaux glacés à la jardinière,

Les petits canetons à l'Allemande et Conti,
Les escalopes de levrauts liées au sang.

Les pigeons en homards,
Les cervelles de veaux à la Villeroy,
Les quenelles de merlans à la Béchamel,
Le sauté de perdreaux aux truffes.

La dinde à la financière, entrée de broche.

L'aspic garni de crêtes et rognons,
La blanquette de poulardes aux champignons,
Le vol-au-vent de macaroni à l'Italienne,
Les côtelettes de mouton à l'Anglaise.

Quatre grosses pièces d'entremets.

Le poupelin glacé aux confitures,
Le buisson de truffes du Périgord,
Le buisson d'écrevisses de Seine,
Le nougat au gros sucre.

Quatre plats de rôts.

Les perdreaux rouges piqués,
Les poulets à la reine,
Les canetons de Rouen,
Les pigeons de volière.

Seize entremets.

Les œufs pochés à la chicorée,
* Le flan de poires glacées.

Les perdreaux rouges piqués.

** La gelée de citrons renversée,
Les choux de Bruxelles au velouté.

Le buisson de truffes.

Les navets à la Béchamel,
** Le fromage bavarois aux pralines.

Les poulets à la reine.

* Le gâteau de riz au café,
Les tomates aux fines herbes

Les épinards aux croûtons,
* La crème au caramel au bain-marie.
Les canetons de Rouen.
** Le biscuit aux amandes,
Les concombres à l'Espagnole.
Le buisson d'écrevisses.
La croûte aux champignons,
** La gelée d'épines-vinettes.
Les pigeons de volière.
* Les pommes méringuées en croustade,
Le céleri à l'Espagnole.
Pour extra, *quatre assiettes volantes de fondus.*

4 DÉCEMBRE, *Mercredi.* Menu de 6 à 9 couverts.

Un potage.
Le potage de semoule au consommé.
Une grosse pièce.
Le rosbif de mouton à l'Anglaise.
Deux entrées.
Les poulets dépecés à la Provençale,
La raie au beurre noir à la noisette.
Un plat de rôt.
Les pigeons bardés.
Deux entremets.
Les laitues farcies frites à la Provençale,
La gelée de quatre fruits renversée.
Pour extra, *les darioles à la crème.*

5 DÉCEMBRE, *Jeudi.* Menu de 30 à 36 couverts.

Deux potages.
Le potage de macaronis à la Napolitaine,
Le potage à la julienne au blond de veau.

Deux relevés de potages.

Les soles farcies au gratin,
Le cochon de lait à la Piémontaise.

Deux grosses pièces.

La pièce de bœuf garnie de choucroute, à la Française;
Les poulardes à la Maquignon, sauce tomate.

Seize entrées.

Les cailles au gratin, demie-espagnole,
* Les croquettes de volailles à l'Allemande,
Les oreilles d'agneaux en tortue,
** Les hatelets d'aspics à la belle vue.

Les soles farcies au gratin.

** Le sauté de poulardes à la royale,
Les cuisses de lapereaux aux fines herbes,
* Le pâté chaud à la financière,
Les carbonades de mouton à la purée d'oseille.

Les filets de chevreuil glacés, sauce poivrade;
* La casserole au riz à la Polonaise,
Les filets de poulardes à la maréchale,
** La darne de saumon grillée à la Hollandaise.

Le cochon de lait à la Piémontaise.

** Le pain de foies gras à la gelée,
L'épigramme de ris de veau à la chicorée,
* Les filets de merlans à la Orly,
Les pigeons à la Toulouse.

Quatre grosses pièces d'entremets.

La pâté de faisans aux truffes,
La brioche à la crème,
La croquante en pâte d'amandes,
Le flan de pommes méringuées.

Quatre plats de rôts.

Les vanneaux bardés,
Les aiguillettes de goujons de Seine,

Les poulets gras au cresson,
Les bécasses bardées.

Seize entremets.

Les champignons grillés, demi-glace;
* Les gâteaux à la royale.

Les vanneaux bardés.

** La gelée de citrons renversée,
Les épinards à l'Anglaise.

La brioche à la crème.

Les tomates à l'Italienne,
** Le blanc-manger à la crème.

Les aiguillettes de goujons de Seine.

* Les madelaines au cédrat,
Les pommes de terre à la maître d'hôtel.

Les choux-fleurs au beurre.
* Les petits soufflés de riz.

Les poulets gras au cresson.

** Le fromage bavarois à l'orange,
Les navets au sucre.

La croquante en pâte d'amandes.

Les truffes à la Provençale,
** La gelée au punch moulée.

Les bécasses bardées.

* Les choux à la Chantilly,
Les artichauts à la barigoule.

Pour extra, *les fondus.*

6 DÉCEMBRE, *Vendredi.* Menu de 6 à 9 couverts.

Un potage.

Le potage de semoule à la d'Orléans.

Une grosse pièce.

Le brochet à l'Espagnole.

Deux entrées.

Les poulets à la reine à l'ivoire, aspic chaud;

La marinade de cervelles de veaux.

Un plat de rôt.

Les pigeons bardés.

Deux entremets.

Les concombres farcis au consommé,
La gelée de framboises (conserve).

Pour extra, *les pains à la duchesse.*

7 DÉCEMBRE, *Samedi.* Menu de 6 à 9 couverts.

Un potage.

Le potage aux laitues.

Une grosse pièce.

La selle de mouton à l'Anglaise.

Deux entrées.

Les attereaux de filets de carrelets à la maître d'hôtel,
La côte de bœuf aux oignons glacés.

Un plat de rôt.

Le chapon au cresson.

Deux entremets.

Les épinards au jus,
Le blanc-manger moulé.

Pour extra, *les beignets de pommes.*

8 DÉCEMBRE, *Dimanche.* Menu de 6 à 9 couverts.

Un potage.

Le potage d'orge perlée à la Russe.

Une grosse pièce.

La matelote à la Bourguignotte.

Deux entrées.

Le vol-au-vent de quenelles de volaille,
La noix de veau piquée à la chicorée.

Un plat de rôt.

Les cailles et les grives bardées.

Deux entremets.

Les œufs à la dauphine,

La gelée de vin de Madère renversée.

Pour extra, *les talmouses au fromage de Viry.*

9 DÉCEMBRE, *Lundi.* Menu de 6 à 9 couverts.

Un potage.

Le potage de santé au consommé de volaille.

Une grosse pièce.

Le quartier de mouton des Ardennes.

Deux entrées.

Le gratin de bonne morue à la Béchamel,

Les poulets à la Montmorency.

Un plat de rôt.

Les lapereaux en accolade.

Deux entremets.

Les tomates à la Provençale,

Le fromage bavarois aux macarons amers.

Pour extra, *les gâteaux à la royale.*

LE MAITRE D'HOTEL FRANÇAIS.

PREMIER TRAITÉ DES MENUS DE LA CUISINE MODERNE.

10 DÉCEMBRE, *Mardi*. Menu de 60 à 70 couverts.

QUATRE POTAGES.

Le potage à la tortue au Madère,
Le potage de sagou à la Condé,
Le potage à la Brunoise, au consommé;
Le potage à la bisque de volaille.

QUATRE RELEVÉS DE POISSONS.

Les filets de turbots grillés, sauce au beurre d'anchois,
Les truites froides à la magnonaise,
Le cabillaud à la Hollandaise,
Les tronçons d'anguilles glacés à l'Italienne.

QUATRE GROSSES PIÈCES.

La noix de bœuf au vin de Madère, à la Godard;
La dinde aux truffes à la Périgord,
Les chapons à la chipolata, racines glacées;
Le rond de veau à la royale.

TRENTE-DEUX ENTRÉES.

1. Les pigeons innocents au monarque,
2*. La croustade garnie d'escalopes de perdreaux rouges,
3. Les ris de veaux à la Saint-Cloud, sauce Périgueux,
4. Les ailerons de dindons glacés aux concombres.

LA NOIX DE BOEUF AU VIN DE MADÈRE, A LA GODARD.

5. Les faisans à la régence, entrée de broche;
6**. La galantine de volaille à la gelée,
7. Le pain de gibier à la dauphine,
8. Les aiguillettes de canetons à la bigarade.

LES TRUITES FROIDES A LA MAGNONAISE.

9. La noix de jambon glacée aux épinards,
10. Les filets de volaille à la Pompadour,
11**. Le salmis de bécasses au vin de Bordeaux, à la gelée;
12. Le turban de filets de soles à la royale.

LA DINDE AUX TRUFFES A LA PERIGORD.

13. L'émincé de chevreuil à la Clermont,
14. Les poulets dépecés à la Vénitienne,
15*. Les petites cassolettes de riz à la reine,
16. Les balotines de volaille à la Provençale.

16. Les petits canetons contis à l'écarlate,
15*. Les petits pâtés de foies gras à la Monglas,
14. Les côtelettes de mouton à la Polonaise,
13. Les filets de volaille en demi-deuil.

LES CHAPONS A LA CHIPOLATA, RACINES GLACÉES.

12. Les filets de lapereaux piqués, glacés en turban;
11**. Le gâteau de lièvre à la gelée,
10. L'émincé de poulardes à la chicorée,
9. La blanquette de palais de bœufs à l'Allemande.

LES TRONÇONS D'ANGUILLES GLACÉS A L'ITALIENNE.

8. Le sauté de volaille à la d'Artois,
7. La timbale de macaroni à l'Italienne,
6**. La darne d'esturgeon au beurre de Montpellier,
5. La poularde à l'ivoire, à l'estragon.

LE ROND DE VEAU A LA ROYALE

4. Le sauté de gelinottes au vin de Champagne,
3. Les côtelettes d'agneaux en papillotte à la Duxelle,
2*. Le vol-au-vent garni à la Béchamel,
1. Les cailles à la Mirpoix sur un gratin.

POUR EXTRA, DIX ASSIETTES VOLANTES.

5. De filets de merlans à la Orly,
5. De petits soufflés de gibier.

QUATRE GROSSES PIÈCES D'ENTREMETS.

L'hermitage Parisien,
La ruine d'Athènes sur un pont,
La ruine de Babylone,
La chaumière sur un rocher.

QUATRE PLATS DE ROTS.

Les faisans piqués,
Les poulets gras au cresson,
Le dindonneau au cresson,
Les gelinottes entourées d'ortolans.

TRENTE-DEUX ENTREMETS.

1. Les œufs pochés au Parmesan,
2**. La suédoise de pommes à la gelée,
3. Le buisson de truffes à la serviette,
4*. Les génoises perlées au gros sucre.

LES FAISANS PIQUÉS.

5*. Les gâteaux pralinés en croissant,
6. Le céleri à la Française,
7**. La gelée d'oranges de Malte,
8. Les cardes à l'Espagnole.

LA RUINE D'ATHÈNES SUR UN PONT.

9. Les truffes sautées à l'Italienne,
10**. La gelée de café à l'eau moulée,
11. La croûte aux champignons,
12*. Les choux glacés à la crème au chocolat.

LES POULETS GRAS AU CRESSON.

13*. Les panachés aux pistaches,
14. Le buisson de crevettes,
15**. Le fromage bavarois aux abricots (conserve),
16. Les choux de Bruxelles au beurre.

16. Les navets à la Chartres,
15**. Le blanc-manger aux pistaches,
14. Les buissons de petits homards,
13*. Les gâteaux glacés à la crème.

LE DINDONNEAU AU CRESSON.

12*. Les gâteaux d'amandes glacées à la royale,
11. Les truffes à la Provençale,
10**. La gelée de marasquins,
9. Les artichauts à la Lyonnaise.

LA RUINE DE BABYLONE.

8. Les tomates aux fines herbes,
7**. La gelée d'ananas garnie de fruits,
6. La chicorée en croustade,
5*. Les petits canetons au gros sucre.

LES GELINOTTES ENTOURÉES D'ORTOLANS.

4*. Les choux à la Mecque,
3. Le buisson de truffes à la serviette,
2**. Les poires au riz et méringuées,
1. Les œufs à la princesse.

POUR EXTRA, DIX ASSIETTES VOLANTES DE SOUFFLÉS EN CROUSTADES AU CAFÉ ET A LA VANILLE.

TABLEAU N° VI.

Suite de la page 54, Tome II.

11 DÉCEMBRE, *Mercredi.* Menu de 10 à 12 couverts.

DEUX POTAGES.

Le potage de macaroni à la Milanaise,
Le potage à la chiffonnade au blond de veau.

DEUX RELEVÉS DE POISSONS.

Le turbotin à l'Anglaise, sauce aux homards;
Les perches à la pluche verte.

DEUX GROSSES PIÈCES.

Le quartier de chevreuil mariné,
Les poulets à la reine, à l'ivoire.

QUATRE ENTRÉES.

Le vol-au-vent à la Toulouse,
Le carré de veau à la Monglas,
La blanquette de lapereaux aux truffes,
Les ailes de poulardes à la maréchale.

DEUX PLATS DE RÔTS.

Le coq de Bruyère,
Les sarcelles aux citrons.

DEUX RELEVÉS DE PLATS DE RÔTS.

La timbale de crème à la patissière,
Le gâteau de Compiègne.

QUATRE ENTREMETS.

Les épinards à l'Anglaise,
Les truffes à la Provençale,
La gelée de vin de Champagne rosé,
La crème plombière.

12 DÉCEMBRE, *Jeudi.* Menu de 40 à 45 couverts.

QUATRE POTAGES.

Le potage de levrauts au chasseur,
Le potage à la julienne au consommé,
Le potage à la Clermont,
Le potage de karic à l'Indienne.

QUATRE RELEVÉS DE POISSONS.

Le saumon à la Vénitienne,
Le brochet à l'amiral,
La carpe à la régence,
Les filets de turbots à la Hollandaise.

QUATRE GROSSES PIÈCES.

Le rosbif à l'Anglaise garni de pommes de terre,
Les poulardes à la Chevalier,
Les faisans à la Périgueux,
Le quartier de sanglier mariné.

VINGT-QUATRE ENTRÉES.

1. Les filets de canetons à l'orange,
2*. Le pâté chaud de bécasses aux truffes,
3. Les petits canetons à la Nivernoise,

LE ROSBIF GARNI DE POMMES DE TERRE.

4. Le sauté de volaille à la belle vue,
5**. La noix de veau au beurre d'écrevisses,
6. Les filets de lapereaux en lorgnette.

LE BROCHET A L'AMIRAL.

7. Les ailes de volaille à la d'Orléans,
8**. Les galantines de cailles à la gelée,
9. L'épigramme d'agneaux à la Toulouse.

LES POULARDES A LA CHEVALIER.

10. La matelote de foies gras au Madère,
11*. La casserole au riz à la Polonaise,
12. Les pigeons à la Mirpoix, sauce tomate.

12. Les grives au gratin, les croutons farcis,
11*. La timbale de lazannes à la Palerme,
10. Les noisettes de veau glacées à la chicorée.

LES FAISANS A LA PÉRIGUEUX.

9. Les ailes de volaille à la Lyonnaise,
8**. Les cervelles de veaux à la magnonaise,
7. Les escalopes de levrauts au sang.

LA CARPE A LA RÉGENCE.

6. Les filets de moutons piqués en chevreuil,
5**. La salade de volaille à la gelée,
4. Le sauté de perdreaux aux truffes.

LE QUARTIER DE SANGLIER MARINÉ.

3. L'anguille roulée, glacée au four;
2*. La croustade garnie d'une blanquette de volaille,
1. Les ailerons de dindons à la purée de navets.

POUR EXTRA, SIX ASSIETTES VOLANTES.

3. De filets de perdreaux à la Orly,
3. De soufflés de volaille.

QUATRE GROSSES PIÈCES D'ENTREMETS.

Le buisson de truffes sur un socle,
Le nougat à la Française,
Le croque-en-bouche à la royale,
Le buisson de homards sur un socle.

QUATRE PLATS DE ROTS.

Les perdreaux rouges piqués,
Les poulets à la reine,
Les poulets gras au cresson,
Les canards sauvages.

VINGT-QUATRE ENTREMETS.

1**. Les pommes transparentes en croustade,
2. La croûte aux champignons,
3*. Les mirlitons à la fleur d'Orange.

LES PERDREAUX PIQUÉS.

4*. Les gâteaux glacés d'abricots,
5. Les épinards à l'essence,
6**. La gelée d'anisette de Bordeaux.

LE BUISSON DE TRUFFES SUR UN SOCLE.

7**. La gelée d'orange rosée,
8. Les cardes à l'Espagnole,
9*. Les génoises à l'orange.

LES POULETS A LA REINE.

10*. Les tartelettes de cerises glacées,
11. Les choux-fleurs au beurre,
12**. Les cannelons frits à l'Allemande.

12**. Les beignets de blanc-manger,
11. Les laitues farcies au velouté,
10*. Les petits pains à la paysanne.

LES POULETS GRAS AU CRESSON.

9*. Les gaufres aux pistaches,
8. Le céleri à la Béchamel,
7**. La gelée d'épines-vinettes.

LE BUISSON DE HOMARDS SUR UN SOCLE.

6**. La gelée de citrons moulée,
5. Les concombres au velouté,
4*. Les nougats de pommes.

LES CANARDS SAUVAGES.

3*. Les gâteaux de Pithiviers,
2. Les salsifis à la ravigote,
1**. Les poires au beurre et méringuées.

POUR EXTRA, SIX ASSIETTES VOLANTES.

3. De fondus,
3. De soufflés à l'orange.

13 DÉCEMBRE, *Vendredi*. Menu de 10 à 12 couverts.

Deux potages.

Le potage à l'oseille liée,
Les pâtes d'Italie au blond de veau.

Deux relevés de poissons.

La darne d'esturgeon à la marinière,
Les merlans frits panés à l'Anglaise.

Deux grosses pièces.

Le rosbif de présalé des Ardennes,
La poularde à la financière.

Quatre entrées.

Les petits pâtés dressés à la Monglas,
La poitrine de veau à la Singara,
L'émincé de volaille à la chicorée,
Le pain de carpes au beurre d'écrevisses.

Deux plats de rôts.

Les lapereaux bardés,
Les poulets gras au cresson.

Deux relevés de plats de rôts.

La méringue à la moderne,
Le biscuit fourré à la marmelade d'abricots.

Quatre entremets.

Les choux-fleurs au Parmesan,
Les truffes au vin de Champagne,
La gelée de citrons,
La crème Plombière.

14 DÉCEMBRE, *Samedi*. Menu de 10 à 12 couverts.

Deux potages.

Le potage à la d'Artois,
Le potage de fantaisie ou consommé,

Deux relevés de poissons.

Le brochet à l'Espagnole,

La darne de bar grillé à la Hollandaise.

Deux grosses pièces.

Le dindonneau à l'Anglaise,
Le jambon glacé aux épinards.

Quatre entrées.

La casserole au riz garnie au chasseur,
Les filets de volaille à l'Anglaise,
Les côtelettes de mouton à la Soubise,
Les ailes de perdreaux Conti aux truffes.

Deux plats de rôts.

Les cailles, les pluviers dorés;
La poularde au cresson.

Deux relevés de plats de rôts.

La charlotte de pommes glacée,
Le poupelin aux confitures.

Quatre entremets.

Les cardes à la moelle,
Les pommes de terre à l'Anglaise,
La gelée de fraises (conserve),
Les choux à la Mecque.

15 DÉCEMBRE, *Dimanche*. Menu de 10 à 12 couverts.

Deux potages.

Le potage de sagou à la purée de lentilles,
Le potage aux laitues, consommé de volaille.

Deux relevés de poissons.

La matelote au vin de Bordeaux,
Le cabillaud à l'Anglaise.

Deux grosses pièces.

Le filet de bœuf à l'Italienne,
Les perdreaux aux choux et racines glacées.

Quatre entrées.

La timballes de nouilles à la reine, garnie de Conti;

Les filets de lapereaux glacés à la chicorée,
L'épigramme d'agneau aux concombres,
Le fritot de poulets à la Marengo.

Deux plats de rôts.

Le faisan et les ortolans,
Les poulets à la reine.

Deux relevés de plats de rôts.

Le flan de poires à la crème de riz,
Le gâteau à la royale.

Quatre entremets.

Les champignons à la Provençale,
Les œufs pochés à la purée d'oseille,
La gelée de crème de menthe moulée,
Le blanc-manger à la crème.

Observation.

Cette table de cent couverts à trois services, le dessert y compris, atteste très-certainement toute la munificence d'un grand seigneur. La richesse de ses huit potages, l'élégance des grosses pièces de poisson, de volaille et de gibier ; ces quatre socles en saindoux que nous avons imaginé de placer dans le premier service, ensuite les cinquante-six entrées dont vingt-quatre froides, tout est marqué au type de la grande cuisine moderne. Le service de l'entremets porte également son caractère d'originalité : ces quatre socles dont la décoration attestera le goût du jour, ces pièces montées, les gelées de fruits, les suédoises de pommes, les fromages bavarois, les crèmes, et, pour extra, ces assiettes volantes de soufflés, de fondus et de biscuits à la crème. Ah! si M. Grimaud de la Reinière avait composé un tel menu, avec quelle complaisance il eût chanté son grand ensemble et ses moindres détails ; mais nous ferons moins de fracas, nous nous contentons de donner à nos confrères nos menus, journée par journée, et certes nous leur rendons un plus véritable service.

Le buffet arrangé et dressé dans le genre de ceux que nous avons dessinés produira toute l'élégance désirable ; d'après l'ensemble de son menu, il est facile de s'en convaincre.

16 DÉCEMBRE, *Lundi.* Menu de 10 à 12 couverts.

Deux potages.

Le potage aux choux à la Russe,
La croûte gratinée au consommé.

Deux relevés de poissons.

La barbue au gratin et aux truffes,
Les rougets de l'Océan grillés à la Hollandaise.

Deux grosses pièces.

La noix de veau à la gendarme,
La poularde à l'Anglaise.

Quatre entrées.

Les petits pâtés à l'Espagnole,
L'épigramme de perdreaux au fumet,
Les côtelettes de mouton à la Clermont,
Les filets de poulets à la d'Orléans.

Deux plats de rôts.

Le faisan piqué entouré de pluviers dorés,
Les poulets à la reine au cresson.

Deux relevés de plats de rôts.

La tourte garnie de franchipane aux avelines,
Le gâteau d'abricots glacés à blanc.

Quatre entremets.

Les truffes à l'Italienne,
Les navets à la Chartres,
La gelée de Madère moulée,
Le fromage bavarois aux citrons.

DEUXIÈME TRAITÉ DE MENUS

DE LA CUISINE MODERNE.

17 DÉCEMBRE, *Mardi*. Menu de 30 à 36 couverts.

Deux potages.

La garbure au fromage,
Le potage de riz à la Provençale.

Deux relevés de potages.

Le cabillaud à la Hollandaise,
La dinde aux truffes à la Périgueux.

LE MAITRE D'HOTEL FRANÇAIS.

PREMIER TRAITÉ DES MENUS DE LA CUISINE MODERNE.

15 DÉCEMBRE, *Dimanche.* Grand bal de 100 personnes. Souper de 100 couverts à deux services de cuisine.

HUIT POTAGES.

Le potage à la princesse,
Le potage à la jardinière,
Le potage à l'Espagnole,
Le potage de vermicelle au consommé,

Le potage de sagou à la d'Orléans,
Le potage de céleri,
Le potage de gibelotte d'oie au Madère,
Le potage de riz à la bisque d'écrevisses.

HUIT RELEVÉS DE POISSONS.

Les filets de turbots, sauce aux huîtres;
Le saumon à la régence,
Les perches à la Hollandaise,
Les soles au vin de Champagne,

Les tronçons d'anguilles à la Tartare,
La hure d'esturgeon en tortue,
Les truites de Seine à la Génoise,
Le cabillaud, sauce aux homards.

HUIT GROSSES PIÈCES, DONT QUATRE FROIDES SUR DES SOCLES.

Les faisans à la Périgueux,
Le jambon glacé sur un socle,
Le pain de foies gras à la gelée sur un socle,
Le rosbif garni à l'Anglaise,

La longe de veau à la Monglas.
Le pain de lièvre à la gelée sur un socle,
La dinde en galantine à la gelée sur un socle,
La grande selle de daim.

CINQUANTE-SIX ENTRÉES, DONT VINGT-QUATRE FROIDES.

** La salade de volaille à la Provençale à la gelée,
Les côtelettes d'agneaux glacées à la chicorée,
** Les galantines de cailles à la gelée,
Les filets de volaille à la d'Artois.

LES SOLES AU VIN DE CHAMPAGNE.

Les pigeons innocents au monarque,
** Les hatelets à la belle vue garnis de contis,
* Les petites cassolettes de riz à la Monglas.

LE JAMBON GLACÉ SUR UN SOCLE.

Le sauté de perdreaux rouges aux truffes,
** Les cervelles de veaux à la magnonaise,
Les ailes de poulardes à la Chevalier.

LE SAUMON A LA GÉNOISE.

Les bécasses à la financière, entrée de broche;
** La fricassée froide de poulets à la gelée,
Les escalopes de levrauts liées au sang,
** La magnonaise de filets de carpes à la gelée.

LES FAISANS A LA PÉRIGUEUX.

** Le bastillon d'anguilles au beurre d'écrevisses,
Le hachis de volaille à la Polonaise,
** Le filet de bœuf glacé à la gelée,
Le sauté de sarcelles à la Bourguignotte.

LES PERCHES A LA HOLLANDAISE.

Les poulets à l'ivoire à l'estragon,
** La galantine de perdreaux à la gelée,
Les filets de chevreuil piqués glacés à la tomate.

LE PAIN DE FOIES GRAS A LA GELÉE SUR UN SOCLE.

* Les petites croustades à la Béchamel,
** La blanquette de lapereaux dans un bord de gelée,
Les filets de volaille à la Pompadour.

LES FILETS DE TURBOTS, SAUCE AUX HUÎTRES.

Les oreilles d'agneaux à la ravigote,
** Le pain de gibier glacé à la gelée,
Les petits canetons à la Macédoine,
** La darne d'esturgeon au beurre de Montpellier.

** Les perches à la magnonaise ravigote,
Les filets de volaille à la Lyonnaise,
** La noix de veau au beurre de Montpellier,
Les aiguillettes de canetons à la bigarade.

LES TRONÇONS D'ANGUILLES A LA TARTARE.

Les grives au gratin, les croutons farcis;
** L'aspic garni de blanc de poularde,
* Les petits pâtés à l'Espagnole.

LE PAIN DE LIÈVRE A LA GELÉE SUR UN SOCLE.

Les filets de veau piqués glacés à la Nivernoise,
** Les galantines de perdreaux à la gelée,
Les ailes de poulardes à la maréchale.

LA HURE D'ESTURGEON EN TORTUE.

Les poulets dépecés à la Vénitienne,
** Les filets de mouton glacés à la gelée,
L'émincé de gibier à la turque,
** L'anguille en turban à la gelée.

LES POULARDES A LA MONTMORENCY.

** La salade de brochet à la Provençale,
La blanquette de volaille aux truffes,
** Le salmis froid de bécasses à la gelée,
Les pigeons au beurre d'écrevisses.

LES TRUITES DE SEINE A LA GÉNOISE.

Le faisan à la Chevalier à la Toulouse,
** La magnonaise de filets de lapereaux,
Les noisettes de veaux glacées à la purée d'oseille.

LA DINDE EN GALANTINE SUR UN SOCLE.

* Les petites timbales de nouilles à la reine,
** Les petits aspics garnis de filets de faisans,
Les filets de perdreaux à la maréchale.

LE CABILLAUD, SAUCE AUX HOMARDS.

Le sauté de poulardes à la belle vue,
** Les petits canetons à la gelée,
Les côtelettes de mouton sautées à l'Anglaise,
** Les filets de volaille à la Macédoine à la gelée.

POUR EXTRA, QUINZE ASSIETTES VOLANTES DE SOUFFLÉS DE GIBIER DE VOLAILLE ET DE FILETS DE POISSONS A LA ORLY.

HUIT GROSSES PIÈCES MONTÉES.

Le casque gaulois,
La lyre couronnée d'un laurier,
Le nougat à la Française,
Le gâteau de mille-feuilles historié,

Le casque français, orné d'une couronne;
Le trophée militaire couronné d'un palmier,
La grosse méringue à la Parisienne,
Le croque-en-bouche à la moderne.

HUIT PLATS DE ROTS.

Les gélinottes bardées,
Les poulets à la reine,
Les perdreaux rouges piqués,
Les canards sauvages,

Les poulets gras au cresson,
Les faisans piqués,
Les coqs de bruyère,
Les bécasses bardées.

QUATRE BUISSONS DE TRUFFES ET DE HOMARDS SUR DES SOCLES POUR LES BOUTS ET LES MILIEUX DE LA TABLE.

TABLEAU N° VII.

Suite de la page 57, Tome II.

LE MAITRE D'HOTEL FRANÇAIS.

QUARANTE-HUIT ENTREMETS, DONT HUIT MONTÉS.

Le céleri à l'Espagnole,
* Le vase garni d'une palme,
** La suédoise de pommes à la gelée.

LES GELINOTTES BARDÉES.

** Le fromage bavarois au café,
Les œufs à la durace.

LE CASQUE GAULOIS, ORNÉ D'UNE COURONNE.

Les truffes à l'Italienne,
* Les madelaines au rhum.

LES POULETS A LA REINE.

* Les gâteaux glacés aux pistaches,
Les artichauts à la Lyonnaise.

LE NOUGAT A LA FRANÇAISE.

La croûte aux champignons,
* La cascade de Rome antique,
** La gelée de fraises (conserve).

LE BUISSON DE TRUFFES SUR UN SOCLE.

** La gelée d'oranges de Malte,
* La fontaine de Palmyre,
Les choux de Bruxelles au beurre.

LE GATEAU DE MILLE-FEUILLES HISTORIÉ.

Les concombres au velouté,
* Les gâteaux à la royale.

LA LYRE COURONNÉE DE LAURIERS.

Les pommes de terre à la magnonaise,
** Le blanc-manger à la crème.

LES CANARDS SAUVAGES.

** La suédoise de pommes à la gelée,
* La coupe montée sur une cassolette,
Les salsifis frits à la Villeroy.

Les artichauts frits à la Provençale,
* La sultane montée sur une cassolette,
** La crème française à la vanille.

LES POULETS GRAS AU CRESSON.

** La suédoise de pommes à la gelée,
Les choux-fleurs à la magnonaise.

LE TROPHÉE MILITAIRE COURONNÉ D'UN PALMIER.

Les œufs pochés à la chicorée,
* Les diadèmes au gros sucre.

LES FAISANS PIQUÉS.

* Les génoises glacées à la rose,
Les champignons à la Provençale.

LA GROSSE MÉRINGUE A LA PARISIENNE.

Les cardes à la Béchamel,
* La fontaine arabe,
** La gelée d'épines-vinettes.

LE BUISSON DE TRUFFES SUR UN SOCLE.

** La gelée d'ananas garnis de fruits,
* La cascade vénitienne,
Les épinards à l'Anglaise.

LE CROQUE-EN-BOUCHE A LA MODERNE.

Les pommes de terre à la maître d'hôtel,
* Les choux à la Mecque.

LE CASQUE FRANÇAIS.

Les truffes à la Provençale,
** La suédoise de pommes.

LES BÉCASSES BARDÉES.

** Le fromage bavarois aux framboises (conserve),
* La corbeille garnie de fruits en pâte d'amandes,
Les laitues à l'Espagnole.

LE BUISSON D'ÉCREVISSES SUR UN SOCLE.

POUR EXTRA, QUINZE ASSIETTES VOLANTES DE FONDUS, DE SOUFFLÉS DE FÉCULE ET DE BISCUITS A LA CRÈME.

Suite du grand bal, buffet pour 100 personnes.

QUATRE POTAGES.

Le potage de vermicelle à la régence,
Le potage à la Condé,
Le potage de santé au consommé de volaille,
Le potage à la reine.

QUATRE RELEVÉS DE POISSONS FROIDS.

Le saumon au bleu,
Le turbot à l'eau de sel,
Le brochet à l'eau de sel,
La queue d'esturgeon au court-bouillon.

QUATRE GROSSES PIÈCES SUR DES SOCLES.

Le jambon à la gelée sur un socle,
La dinde en galantine à la gelée sur un socle,
Le pain de gibier à la gelée sur un socle,
La noix de bœuf glacée sur un socle.

HUIT GROSSES PIÈCES DE PATISSERIE.

Le pâté de perdreaux aux truffes,
La brioche à la crème et en caisse,
Le babas au vin de Madère,
Le croque-en-bouche au gros sucre,
Le nougat aux pistaches,
Le biscuit aux avelines,
Le pâté de volaille aux truffes,
Le congloffe à l'Allemande et aux raisins.

QUATRE GROSSES PIÈCES MONTÉES.

Le schako français,
Le trophée militaire,
Le trophée de marine,
Le schako polonais.

SEIZE PLATS DE ROTS.

4. De poulardes au cresson,
4. De faisans bardés,
4. De perdreaux bardés,
4. De poulets gras au cresson.

SEIZE ENTRÉES FROIDES.

2. De magnonaises de volaille à la Provençale,
2. De galantines de perdreaux à la gelée,
2. De filets de bœuf à la gelée,
2. De chaud-froid de poulets à la gelée,
2. De noix de veaux au beurre d'écrevisses,
2. De salmis froids de bécasses à la gelée,
2. De salades de turbots aux laitues,
2. De galantines de cailles à la gelée.

SEIZE ENTREMETS DE SUCRE.

2. De gelées d'ananas garnies de fruits,
2. De blanc-manger à la crème,
4. De suédoises de pommes,
2. De fromages bavarois au caramel,
2. De gelées de framboises (conserve),
4. De pommes au riz historiées.

SEIZE ENTREMETS DE PATISSERIES, DONT HUIT MONTÉS.

Les génoises en croissant au gros sucre,
Les gâteaux renversés à la gelée de groseilles,
Les nougats de pommes,
Les gâteaux de Pithiviers,
La fontaine d'Athènes,
Le pavillon chinois,
La chaumière française,
La cascade demi-circulaire,
Les gâteaux aux amandes pralinées,
Les choux à la royale,
Les gâteaux glacés aux pistaches,
Les gaufres aux raisins de Corinthe,
La chaumière polonaise,
La cascade égyptienne,
Le pavillon à la moderne,
La fontaine turque.

Deux grosses pièces.

Le quartier de chevreuil mariné,
La pièce de bœuf à la maréchale.

Seize entrées.

Les ailerons de dindons à la purée de navets,
* La timbale de lazannes à la Palerme,
L'épigramme d'agneaux garnie d'une blanquette,
Les perdreaux à la Maquignon, Toulouse.

Le cabillaud à la Hollandaise.

Le turban de lapereaux piqué glacé, demi-glace;
Les quenelles de volaille aux concombres,
* Les hatelets de palais de bœufs à la dauphine,
** L'aspic garni de Conti.

** Les langues de moutons à la magnonaise,
* La fricassée de poulets à la Villeroy,
Les côtelettes de levrauts glacées au fumet,
Les ris de veaux glacés à la chicorée.

La dinde aux truffes à la Périgueux.

Les filets de canetons à l'orange,
Le pain de carpe à la royale,
* Le pâté chaud à la financière,
Les balotines de volaille à la tomate.

Quatre grosses pièces d'entremets.

Le poupelin glacé au four,
Le buisson d'écrevisses,
Le buisson de ramequins,
Le gâteau de mille-feuilles.

Quatre plats de rôts.

Les poulardes au cresson,
Les faisans piqués,
Les bécasses bardées,
Les canetons de Rouen.

Seize entremets.

Les œufs au miroir,
* Les petites mosaïques aux pistaches.
Les poulardes au cresson.
** La gelée d'oranges moulée,
Les truffes à la Provençale.
Le poupelin glacé au four.
Les cardes à la moelle,
* Les biscottes à la Parisienne.
Les faisans piqués.
** La crème plombière garnie de fruits,
Les pommes de terre à la Béchamel.

Les artichauts à la Hollandaise,
** Le blanc-manger à la crème.
Les bécasses bardées.
* Les méringues au gros sucre,
Les épinards aux croutons.
Le gâteau de mille-feuilles.
Les concombres au velouté,
** La gelée de liqueur des îles.
Les canetons de Rouen.
* Les gâteaux d'abricots à la d'Artois,
Les petites omelettes au Parmesan.
Pour extra, *quatre assiettes volantes de soufflés de riz.*

18 DÉCEMBRE, *Mercredi.* Menu de 6 à 9 couverts.

Un potage.
Le potage à la jardinière ou consommé.
Une grosse pièce.
Le quartier d'agneau à l'Anglaise.
Deux entrées.
Le vol-au-vent à la marinière,
La fricassée de poulets à la Chevalier.

Un plat de rôt.

Les soles frites panées à l'Anglaise.

Deux entremets.

Les laitues braisées au consommé,
La gelée d'épines-vinettes renversée.

Pour extra, *les darioles à la crème.*

19 DÉCEMBRE, *Jeudi.* Menu de 30 à 36 couverts.

Deux potages.

La croûte gratinée à la d'Artois,
Le potage à la julienne au blond de veau.

Deux relevés de potages.

Le bar grillé, sauce aux câpres;
Les canetons aux choux et racines glacées.

Deux grosses pièces.

La longe de veau marinée en chevreuil,
Le filet de bœuf à l'Anglaise.

Seize entrées.

Les attereaux de filets de merlans aux fines herbes,
* Les croquettes de gibier au fumet,
Le sauté de volaille au suprême,
Les perdreaux à la financière.

Le bar grillé, sauce aux câpres.

** Les petits aspics garnis de crêtes et rognons,
Les noisettes de veaux à la purée d'oseille,
* La croustade garnie de mauviettes,
Les quenelles de volaille à la Béchamel.

Les petits pigeons à la Maquignon,
* La casserole au riz à la marinière,
Le sauté de perdreaux aux truffes,
** La salade de volailles aux laitues.

Les canetons aux choux et racines glacées.

L'anguille glacée à l'Italienne,

Les poulets dépecés à la Provençale,
Les boudins de volaille à la royale,
Les côtelettes de mouton à la minute.

Quatre grosses pièces d'entremets.

Le croque-en-bouche à la reine,
La cascade demi-circulaire,
La fontaine des arcades,
Le nougat à la Française.

Quatre plats de rôts.

Les poulets gras au cresson,
Les cailles de vigne bardées,
Les ramiers bardés,
Les canards sauvages.

Seize entremets.

Les œufs pochés au velouté,
** La crème au bain-marie à l'orange.

Les poulets gras au cresson.

* Les beignets soufflés à l'Allemande,
Les épinards à l'essence.

La cascade demi-circulaire.

* Les champignons à l'Italienne,
** La gelée de citrons renversée.

Les cailles de vigne bardées.

* La charlotte de pommes,
Les salsifis à la Hollandaise.

Les pommes de terre au beurre,
* Le flan de poires glacées.

Les ramiers bardés.

** La gelée de marasquins fouettée,
Les truffes sautées à la Périgueux.

La fontaine des arcades.

Les cardes à la moelle,
** Les petites omelettes à la Célestine.

Les canards sauvages.

** Le fromage bavarois aux amis,
Les petits choux de Bruxelles au beurre.

Pour extra, *cinq assiettes volantes de biscuits à la crème.*

20 DÉCEMBRE, *Vendredi.* Menu de 6 à 9 couverts.

Un potage.

Le potage de semoule ou consommé.

Une grosse pièce.

La carbonnade de mouton à la Bretonne.

Deux entrées.

La darne de saumon grillée, sauce hollandaise;
Le salmis de perdreaux à l'ancienne.

Un plat de rôt.

Le dindonneau au cresson.

Deux entremets.

Les laitues braisées,
La crème plombière moulée.

Pour extra, *les beignets de pommes glacées.*

21 DÉCEMBRE, *Samedi.* Menu de 6 à 9 couverts.

Un potage.

Le potage à l'oseille lié.

Une grosse pièce.

L'anguille à la tartare.

Deux entrées.

La timballe de nouilles à la Toulouse,
Les côtelettes de pigeons à la maréchale.

Un plat de rôt.

Les canetons de Rouen.

Deux entremets.

Les pommes de terre à la Lyonnaise,
La gelée de vin de Champagne.

Pour extra, *les fondus à la crème.*

22 DÉCEMBRE, *Dimanche.* Menu de 6 à 9 couverts.

Un potage.

Le potage à la Condé.

Une grosse pièce.

La côte de bœuf aux racines glacées.

Deux entrées.

Les boudins de merlans à la Richelieu,
La poularde à la Maquignon.

Un plat de rôt.

Les sarcelles garnies de citrons.

Deux entremets.

Les cardes à l'Espagnole,
La charlotte à la Parisienne.

Pour extra, *les gâteaux à la Condé.*

23 DÉCEMBRE, *Lundi.* Menu de 6 à 9 couverts.

Un potage.

Le potage de céleri ou consommé.

Une grosse pièce.

La tête de veau à la Chevalier.

Deux entrées.

Le vol-au-vent de bonne morue à la Béchamel,
Les ailerons de dindons à la purée de champignons.

Un plat de rôt.

Les grives et les mauviettes bardées.

Deux entremets.

Les choux-fleurs au beurre,
La gelée de framboises (conserve).

Pour extra, *les gâteaux d'amandes.*

LE MAITRE D'HOTEL FRANÇAIS.

PREMIER TRAITÉ DES MENUS DE LA CUISINE MODERNE.

24 DÉCEMBRE, *Mardi.* Menu de 60 à 70 couverts.

QUATRE POTAGES.

Le potage à la régence,
Le potage aux marrons de Lyon,
Le potage de riz à la d'Orléans,
Le potage à la Brunoise au consommé.

QUATRE RELEVÉS DE POISSONS.

Les filets de turbots, sauce aux crevettes;
La carpe du Rhin à la Polonaise,
Le brochet à la Chambord moderne,
Le cabillaud à la Hollandaise ravigote.

QUATRE GROSSES PIÈCES.

La noix de bœuf à la royale,
Les perdreaux aux truffes à la Périgord,
Les poulardes à l'Indienne,
Le jambon à la broche et garni à la financière.

TRENTE-DEUX ENTRÉES.

1. Les côtelettes de mouton à la Languedocienne,
2*. Les petites timbales de nouilles au chasseur,
3. Les filets de poulardes à la Provençale,
4. Le hachis de gibier à la Turque.

LA NOIX DE BOEUF A LA ROYALE.

5. Les filets de canetons à la bigarade,
6**. L'aspic garni de cervelles à la ravigote,
7. Le turban de quenelles de volaille au velouté,
8. Le sauté de faisans au suprême.

LA CARPE DU RHIN A LA POLONAISE.

9. Les filets de lapereaux à la Vénitienne,
10. Les poulets à la Montmorency,
11**. La galantine de cailles à la gelée,
12. Les noisettes de veaux glacées au céleri,

LES PERDREAUX AUX TRUFFES A LA PÉRIGORD.

13. Les pigeons gautiers à la cuillère,
14. Les ailerons de dindons glacés à la Toulouse,
15*. Le vol-au-vent à la Béchamel,
16. Les papillottes de bécassines au laurier.

16. Les petits canetons contis à la royale,
15*. La croustade garnie d'une blanquette de poulardes,
14. Les côtelettes de lapereaux à la maréchale,
13. L'épigramme d'agneaux aux champignons.

LES POULARDES A L'INDIENNE.

12. La matelote de foies gras au Madère,
11**. Le salmis froid de perdreaux à la gelée,
10. La noix de veau piquée, glacée à la chicorée;
9. Le sauté de volaille aux truffes.

LE BROCHET A LA CHAMBORD MODERNE.

8. Les filets de sarcelles à la Lyonnaise,
7. Le faisan à la Maquignon,
6**. Le pain de volaille à la gelée,
5 Les escalopes de levrauts à l'Espagnole.

LE JAMBON A LA BROCHE ET GARNI A LA FINANCIÈRE.

4. Les ailes de poulardes à la belle vue,
3. Les attereaux de merlans à la maître d'hôtel;
2*. Les petits pâtés dressés, garnis de pluviers;
1. L'émincé de chevreuil à la Clermont.

POUR EXTRA, DIX ASSIETTES VOLANTES.

5. D'éperlans panés à l'Anglaise,
5. De soufflés de gibier.

QUATRE GROSSES PIÈCES D'ENTREMETS.

Le nougat à la Française,
Le croque-en-bouche à la moderne,
Le gros biscuit glacé à la royale,
La sultane formant le turban.

QUATRE PLATS DE ROTS.

Les faisans piqués et bardés,
Les poulets à la reine,
Les canetons de Rouen,
Les perdreaux et les pluviers dorés.

TRENTE-DEUX ENTREMETS, DONT HUIT DE PATISSERIES MONTÉES.

1**. Le vase garni de fruits en pâte d'amandes,
2. Les œufs pochés à la Polonaise,
3**. Le fromage bavarois aux marasquins,
4. Les laitues farcies au consommé.

LE NOUGAT A LA FRANÇAISE.

5. Les truffes à la serviette,
6**. La gelée d'oranges de Malte,
7. Les choux de Bruxelles à l'Espagnole,
8*. Le fronton en ruines sur un double gradin.

LES FAISANS PIQUÉS ET BARDÉS.

9*. La fontaine de Scio sur un double gradin,
10. Le céleri à la Béchamel,
11**. La gelée de punch au rhum renversée,
12. Le buisson d'écrevisses de Seine.

LE CROQUE-EN-BOUCHE A LA MODERNE.

13. Les concombres au velouté,
14**. La crème française au café noir,
15. Les petites omelettes au Parmesan,
16**. La coupe garnie de génoises perlées en croissant.

16**. La cassolette garnie de petites méringues,
15. Les œufs brouillés au jambon,
14**. La crème plombière à la marmelade d'abricots,
13. Les choux-fleurs à la ravigote.

LE GROS BISCUIT GLACÉ A LA ROYALE.

12. Les homards au vin de Madère,
11**. La gelée de vin de Lunel moulée,
10. Les pommes de terre à la Béchamel,
9*. La cascade de Rome moderne sur un gradin.

LES CANETONS DE ROUEN.

8*. La rotonde en ruine, sur un double gradin;
7. Les haricots verts à l'Anglaise,
6**. La gelée d'ananas garnie de fruits;
5. Les truffes à la cendre, à la serviette.

LA SULTANE FORMANT LE TURBAN.

4. Les artichauts à la Lyonnaise,
3**. La charlotte à l'Américaine,
2. Les œufs à l'aurore,
1**. La corbeille garnie d'oranges en pâte d'amandes.

POUR EXTRA, DIX ASSIETTES VOLANTES DE SOUFFLÉS EN CROUSTADES, A L'ALLEMANDE.

TABLEAU N° VIII.

Suite de la page 66, Tome II.

25 DÉCEMBRE, *Mercredi*. Menu de 10 à 12 couverts.

DEUX POTAGES.

Le potage de vermicelle à la Provençale,
Le potage de queneffes à la Viennoise.

DEUX RELEVÉS DE POISSONS.

La barbue au gratin au vin de Champagne,
Les carpes frites à l'Allemande.

DEUX GROSSES PIÈCES.

Le filet de bœuf piqué, glacé à l'Italienne;
L'oie braisée aux marrons glacés.

QUATRE ENTRÉES.

Le pâté chaud de cailles aux truffes,
Le sauté de poulardes à la royale,
Les perdreaux à la Maquignon,
Les ris d'agneaux à la Provençale.

DEUX PLATS DE RÔTS.

La poularde au cresson,
Les grives et les ortolans.

DEUX RELEVÉS DE PLATS DE RÔTS.

Les méringues au café,
Le buisson de truffes à la serviette.

QUATRE ENTREMETS.

Les navets à la Chartres,
Les épinards à l'Anglaise,
La gelée de grosseilles (conserve),
Les pannequets aux avelines.

26 DÉCEMBRE, *Jeudi*. Menu de 40 à 45 couverts.

QUATRE POTAGES.

Le potage à la tortue au Madère,
Le potage de céleri au consommé,
Le potage à la Condé,
Le potage de perdreaux en chasseur.

QUATRE RELEVÉS DE POISSONS.

Les perches au vin de Champagne,
Le saumon à la régence,
Le cabillard à la Hollandaise,
La queue d'esturgeon à la broche.

QUATRE GROSSES PIÈCES.

Le rosbif de mouton des Ardennes,
L'oie braisée à la Romaine,
Les faisans à la financière,
Les filets de bœuf à la Napolitaine.

VINGT-QUATRE ENTRÉES.

1. Les escalopes de chevreuil à l'Italienne,
2*. Les petits pâtés à la Béchamel,
3. Les cailles au gratin, demi-espagnole.

LE ROSBIF DE MOUTON DES ARDENNES.

4. Les boudins de volaille à la Richelieu,
5**. Les galantines de perdreaux à la gelée,
6. La caisse de foies gras à la Périgueux.

LE SAUMONNEAU A LA GÉNOISE.

7. Le sauté de gelinottes au suprême,
8**. L'aspic garni de crêtes et rognons,
9. Les ailes de volaille à la Chevalier.

L'OIE BRAISÉE A LA ROMAINE.

10. Les côtelettes de veaux à la Dreux,
11*. La timbale de nouilles à l'Indienne,
12. Les balotines de volaille à la tomate.

12. Les ris d'agneaux piqués, glacés à la chicorée;
11*. La croustade garnie d'escalopes de lapereaux à l'Allemande,
10. Les filets de volaille à la d'Artois.

LES FAISANS A LA FINANCIÈRE.

9. Les pigeons au monarque,
8**. La noix de veau au beurre de Montpellier,
7. L'épigramme de filets de perdreaux aux truffes.

LA QUEUE D'ESTURGEON A LA BROCHE.

6. Les aiguillettes de canards sauvages à l'orange,
5**. Les filets de volaille à la belle vue, à la gelée;
4. Le turban de quenelles de gibier à l'Allemande.

LES FILETS DE BOEUF A LA NAPOLITAINE.

3. Les ailerons de dindons à la purée de champignons,
2*. Les petits vols-au-vent de queues d'écrevisses,
1. Le gratin de lapereaux à la Turque.

POUR EXTRA, SIX ASSIETTES VOLANTES DE SOUFFLÉS DE VOLAILLE, ET DE FILETS DE POISSONS A LA ORLY.

QUATRE GROSSES PIÈCES D'ENTREMETS.

Le flan de pommes à la Portugaise,
La rotonde à la Parisienne,
Le gâteau à la royale,
Le pavillon turc sur un pont.

QUATRE PLATS DE ROTS.

Les sarcelles garnies de citrons,
Les poulardes au cresson,
Les poulets à la reine,
Les bécasses bardées.

VINGT-QUATRE ENTREMETS.

1**. Le fromage bavarois aux framboises (conserve),
2. Les pommes de terre à la maître d'hôtel,
3*. Les nougats à la Française.

LES SARCELLES GARNIES DE CITRONS.

4*. Les choux à la Saint-Cloud,
5. Les truffes à la Provençale,
6**. La gelée de citrons renversée.

LE FLAN DE POMMES A PORTUGAISE.

7**. La gelée de groseilles (conserve),
8. Les cardes à l'Espagnole,
9*. Les mosaïques glacées aux pistaches.

LES POULARDES AU CRESSON.

10*. Les biscottes pralinées aux avelines,
11. Les œufs à la purée de champignons,
12**. Les beignets de crème à la dauphine.

12**. Les beignets de diablotins de blanc-manger,
11. Les œufs pochés au suprême,
10*. Les petits gâteaux à la dauphine.

LES POULETS A LA REINE.

9*. Les gaufres à la Parisienne,
8. Les épinards à l'essence,
7**. La gelée d'oranges de Malte.

LE GATEAU A LA ROYALE.

6**. La gelée de kirsch renversée,
5. Les truffes à l'Italienne,
4*. Les fanchonnettes au chocolat.

LES BÉCASSES BARDÉS.

3*. Les diadèmes aux pistaches,
2. Les carottes à la Béchamel,
1**. Le blanc-manger à la crème.

27 DÉCEMBRE, *Vendredi*. Menu de 10 à 12 couverts.

Deux potages.

La croûte gratinée en surprises,
Le potage de marrons à la Lyonnaise.

Deux relevés de poissons.

Le brochet à l'Espagnole,
Les merlans à l'Anglaise, sauce à la Hollandaise.

Deux grosses pièces.

La noix de veau en bedeau, à la Macédoine ;
Les poulets à la Montmorency.

Quatre entrées.

Le vol-au-vent de quenelles de perdreaux au velouté,
Le filet de bœuf au vin de Madère,
Le salmis de bécasses à l'ancienne,
Le fritot de poulets à la Viennoise.

Deux plats de rôts.

Les gelinottes et les grives,
Le dindonneau au cresson.

Deux relevés de plats de rôts.

Les soufflés à la Milanaise,
Le pâté de pigeons à la Périgueux.

Quatre entremets.

Les laitues à l'essence de jambon,
Les artichauts à l'estoufade,
La gelée d'épines-vinettes moulée,
La crème frite à la pâtissière.

28 DÉCEMBRE, *Samedi*. Menu de 10 à 12 couverts.

Deux potages.

Le potage de riz à la d'Orléans,
Le potage à la Clermont.

Deux relevés de poissons.

Le turbotin à la Béchamel,

Les soles farcies à l'Anglaise.

Deux grosses pièces.

Le quartier d'agneau glacé aux épinards,
L'échinée de porc frais à la broche, sauce Robert.

Quatre entrées.

La belle poularde à l'ivoire à l'essence,
La bordure de riz garnie d'une escalope de levrauts,
La magnonaise de volaille à la ravigote,
Les filets de sarcelles à la Bourguignotte.

Deux plats de rôts.

Les poulets à la reine,
Les cailles et les ortolans.

Deux relevés de plats de rôts.

Les truffes à la serviette,
Les choux pralinés à la crème au café.

Quatre entremets.

Les choux-fleurs au beurre,
Les concombres à la poulette,
La gelée d'ananas garnie de fruits,
Le gâteau de semoule aux raisins de Corinthe.

29 DÉCEMBRE, *Dimanche.* Menu de 10 à 12 couverts.

Deux potages.

Le potage de rossoli à la Polonaise,
Le potage de santé au consommé.

Deux relevés de poissons.

Les rougets d'Océan grillés, sauce Hollandaise;
L'anguille roulée, glacée au four, sauce italienne.

Deux grosses pièces.

Les carrés de moutons glacés à la Bretonne,
Le dindonneau aux marrons glacés.

Quatre entrées.

Les casseroles au riz au chasseur,
Le sauté de faisans aux truffes,

Les poulets dépecés à la Vénitienne,
Les filets de chevreuil mariné, sauce au chevreuil.

Deux plats de rôts.

Les guignards bardés,
Les poulets à la reine.

Deux relevés de plats de rôts.

Le soufflé à l'Allemande,
Le nougat à la Chantilly.

Quatre entremets.

Les œufs à la purée de champignons,
Les cardes à la moelle,
La gelée d'anisette de Bordeaux,
Le blanc-manger aux avelines.

30 DÉCEMBRE, *Lundi*. Menu de 10 à 12 couverts.

Deux potages.

Le potage de sagou à la purée de navets,
Le potage de levrauts à l'Anglaise.

Deux relevés de poissons.

Les merlans au gratin et aux truffes,
Les truites de Seine au bleu.

Deux grosses pièces.

La noix de bœuf à la royale,
Les perdreaux à l'Italienne.

Quatre entrées.

Les petits pâtés de foies gras à la Monglas,
Les ris de veaux piqués glacés à la purée de céleri,
Les filets de poulets à la d'Orléans,
Les côtelettes de pigeons à la Pompadour.

Deux plats de rôts.

Les canetons de Rouen,
Les bécasses bardées.

Deux relevés de plats de rôts.

La timbale de crème à la pâtissière,

Le babas à la Polonaise.

Quatre entremets.

Les haricots verts à l'Anglaise,
Les pommes de terre à la maître d'hôtel,
La gelée de marasquins moulée,
Les petits soufflés à la Parisienne.

DEUXIÈME TRAITÉ DES MENUS

DE LA CUISINE MODERNE.

31 DÉCEMBRE, *Mardi*. Menu de 30 à 36 couverts.

Deux potages.

Le potage de macaroni à l'Italienne,
Le potage de céleri au consommé.

Deux relevés de potages.

La carpe à la Chambord moderne,
La dinde aux truffes à la Périgueux.

Deux grosses pièces.

Le rosbif d'aloyau à l'Anglaise,
La longe de veau à la crème, Béchamel.

Seize entrées.

Les attereaux de filets de merlans à la maître d'hôtel,
** Les petits aspics de filets mignons Conti,
* Les oreilles d'agneaux à la dauphine,
Le sauté de volaille à l'écarlate.

La carpe à la Chambord moderne.

Les filets de canetons à la bigarade,
* Les petits pâtés à l'Espagnole,
Les quenelles de volaille à la Béchamel,
Les cailles au gratin à l'Espagnole.

Les petits canetons Conti à la Nivernoise,
Les tendons d'agneaux glacés à la purée d'oseille,

* Les petits vols-au-vent à la reine,
Les filets de perdreaux à la Pompadour.

La dinde aux truffes à la Périgueux.

L'anguille glacée à l'Italienne,
* Les boudins de lapereaux à la royale,
** Les filets de chevreuil piqués glacés, sauce tomate;
Les ailerons de dindons à la chicorée.

Quatre grosses pièces d'entremets.

Le paupelin glacé au four,
Le soufflé à la Brunoise,
Le flan de poires au riz,
Le gâteau de mille-feuilles.

Quatre plats de rôts.

Les sarcelles,
Les poulets au cresson,
Le coq de bruyère,
Les bécassines et les pluviers.

Seize entremets.

Les laitues à l'essence,
* Les madelaines au rhum.

Les sarcelles.

** Le fromage bavarois au café,
Les cardes à l'Espagnole.

Le paupelin glacé au four.

Les artichauts à la Lyonnaise,
** Le pouding à la moelle.

Les poulets au cresson.

* Les gâteaux de Pithiviers.
Les navets au sucre.

Les pommes de terre au beurre,
* Les manons d'abricots glacés.

Le coq de bruyère

** Les beignets de crème au chocolat,

Les truffes sautées au beurre.

Le flanc de poires au riz.

Les épinards à l'Espagnole,

** La gelée de fruits (conserve).

Les bécassines et les pluviers.

* Les génoises au gros sucre,

Les champignons à la Provençale.

Pour extra, 5 *assiettes volantes de fondus.*

CHAPITRE XIV.

TRAITÉ DES MENUS PARTICULIERS.

Pour le complément de ce parallèle de la cuisine ancienne et moderne, nous avons pensé qu'il était essentiel de rapporter dans cet ouvrage quelques-uns des Menus des hommes dont la science et l'expérience honorent l'art culinaire.

Nos confrères en feront leur profit, ainsi que nous l'avons fait dans le nombre infini de nos grands extraordinaires.

J'ose espérer que ces hommes à talents ne seront point fâchés de retrouver ici quelques pages qui leur appartiennent; car lorsqu'il s'agit d'établir des rapprochements sur les progrès des arts et métiers, on ne saurait trop s'appuyer des autorités les plus respectables.

Diner pour le 9 de la seconde décade de thermidor.

Deux potages.

Les croutons aux navets,

Le vermicelle.

Deux relevés de potages.

Le chapon gras à la crème,
Le filet d'aloyau piqué.

Huit entrées.

Les pigeons à la Gautier,
Les cervelles de veaux à la Turin,
Le dindon gras poêlé,
Les canetons frits à l'Allemande,
La blanquette de poulardes aux croutons,
Les poulets à la reine à la ravigote,
La matelote d'anguille garnie,
Les perdreaux à l'espagnole.

Deux plats de rôts.

Les canetons de Rouen,
Les perdreaux.

Un gros entremets.

Le biscuit de Savoie.

Deux moyens.

Le buisson d'écrevisses,
Le gâteau en croquante à la Chantilly.

Huit petits entremets.

Les tartelettes de cerises à l'Anglaise,
La gelée de citrons,
Les petits pois,
Les œufs pochés au jus,
Les darioles à la crème,
La crème au café,
Les artichauts en feuillage,
Les beignets de poires glacées.

Quatre assiettes de biscuits à la crème.

Pour extra, *vingt-une assiettes d'office.*

7. Montées en bonbons,
4. Compotes,
6. De fruits,

2. De biscuits,
2. Fromage glacé.

Deux glacières.

Diner du 11 *vendémiaire.*

Quatre potages.

La Crécy,
La semoule,
La julienne,
Le vermicelle.

Quatre relevés.

La pièce de bœuf garnie,
Le jambon à la broche,
Le turbot au brochet,
Les têtes de veaux en tortue.

Seize entrées.

La casserole aux ris de gibier,
Les côtelettes de moutons glacées,
Les perdreaux à la Chambord,
Les ris de veaux piqués à la Conti,
Les croquettes de volaille,
La noix de veau piquée glacée,
Les escalopes de lapereaux à l'Allemande,
Les petits canards de poulets,
Les petits pâtés au blanc,
Les côtelettes à la Dreux gelées,
La orly de poulets,
Les filets de poulets à la maréchale,
Les filets de soles rocamboles,
Le salmis de perdreaux,
La salade de volaille historiée,
Les aiguillettes de canetons à l'orange.

Quatre grosses pièces.

Le pâté de poularde,

Le buisson d'écrevisses,
Le biscuit de Savoie,
Les méringues montées.

Quatre plats de rôts.

Le dindon au cresson,
Les perdreaux,
Les poulets gras,
Le cochon de lait.

Deux de petits rôts.

Les ortolans,
Les soles.

Seize entremets.

Deux gelées d'épines-vinettes,
Deux de pâtisseries montées,
Le blanc-manger renversé,
Deux de crème à la vanille,
Deux de pâtisserie montés,
L'entremets de pommes,
Le soufflé à l'Allemande,
Les artichauts d'estouffade,
Les aubergines,
Le soufflé au riz,
Les artichauts à l'Italienne,
Les pois.

Diner de février 1806.

Deux potages.

La Clermont,
La Condé.

Deux flans.

Le soufflé à la vanille,
La brioche au fromage.

Huit entrées.

A la Macédoine,

Les côtelettes de moutons sautées,
La magnonaise à la gelée,
La blanquette de ris de veaux en casserole au riz,
Les petits pâtés de foies à la Monglas,
Le sauté de filets de soles aux truffes,
Le pâté chaud de petits pigeons,
Le gratin de grives garni.

Quatre plats de rôts.

Les perdreaux rouges,
La poularde au cresson,
Les mauviettes,
Le cochon de lait.

Huit entremets.

Les pommes méringuées,
La gelée de citrons,
Les artichauts à la Provençale,
La crème glacée renversée,
La corbeille filtrée en sucre,
La méringue garnie,
La macédoine aux fraises,
La suédoise de pommes.

Les fondus extraordinaires.

Diner de février 1806.

Deux potages.

La Faubonne,
La Crécy.

Deux relevés de potages.

La pièce de bœuf garnie,
Le brochet.

Deux flans.

Une pièce montée,
Une pièce montée.

Quatre petits moyens flans.

Le flan de pommes,
Le jambon,
Le soufflé de blanc de volaille,
La magnonaise à la gelée.

Douze entrées.

Les côtelettes de mouton, purée de navets,
La croustade garnie,
La blanquette de veau en casserole au riz,
L'épigramme de perdreaux,
Les ailes de poulets à la d'Artois,
Les bouchées, purée de gibier;
La poularde aux truffes,
Les foies gras en coquille,
Le sauté de poulets aux truffes,
La orly de filets,
Le sauté de filets de soles,
Les cailles au chingara.

Quatre plats de rôts.

Les bécasses,
La dinde au cresson,
Les perdreaux,
Les ortolans.

Douze entremets.

La gelée d'épines-vinettes renversée,
Le blanc-manger renversé,
Les pommes méringuées,
La Suédoise de pommes,
La pâtisserie en corbeille filtrée,
La pâtisserie méringuée,
Les cardes à la moelle,
Les truffes en serviette,

Les champignons,
Les artichauts à l'estouffade,
La chicorée à la crème,
Les écrevisses en buisson.

LE MAITRE D'HOTEL FRANÇAIS.

TRAITÉ DES MENUS PARTICULIERS.

Diner de 1815.

DEUX POTAGES.

La jardinière aux croûtons, | Le riz au naturel.

DEUX RELEVÉS.

L'aloyau à la broche, | La longe de veau.

HUIT ENTRÉES.

Les filets de lapereaux panés grillés,
Les grenadins de veau à la chicorée,
Les ailes de perdreaux à la gelée,
Le caneton de Rouen,
La poularde au consommé,
Les ailerons de dindons à la Villeroy,
La blanquette de poulardes, bordure de riz;
Les poulets à la reine à l'Allemande.

DEUX PLATS DE ROTS.

La poularde au cresson, | Les cailles.

DEUX MOYENS ENTREMETS.

Le gâteau de Compiègne, | Le gâteau de la Mecque.

HUIT ENTREMETS.

Les artichauts en fonds,
Le haricots verts à la Paysanne,
La crème au café,
Les petits pois,
La macédoine à la perlette,
Les œufs au jus,
La tourte de cerises,
Les fanchonnettes.

Diner de 1815.

DEUX POTAGES.

Le riz au naturel, | La jardinière aux racines.

DEUX BOUTS.

La pièce de bœuf à la maréchale, | La longe de veau à la broche.

DEUX RELEVÉS DE POTAGES.

La casserole au riz à la Nesle, | La poularde à la crème.

VINGT ENTRÉES.

Les beignets de cervelles de veaux marinés,
Les petits vols-au-vent de filets de poulardes veloutés,
Les ailes de perdreaux en hatelets panés, grillés;
Les côtelettes de mouton glacées à la chicorée,
Les filets de lapereaux à l'Allemande, aux truffes;
Les ailes de poulets piquées, glacées aux concombres;
Les côtelettes de veaux glacées à la Nivernoise,
Les filets de lapereaux à la gelée, sauce blanquette;
La compote de cailles garnies de crêtes,
Les perdreaux ciselés à la barbarine,
Les petits pâtés de gibier à l'Espagnole,
Les filets de lapereaux et rognons panés, grillés;
Les ailes de perdreaux à la Parisienne, au blanc;
La blanquette de poulardes aux pois,
Les filets de lapereaux piqués à la chicorée,
Les filets de poulardes au beurre et truffes,
Les ris de veaux piqués et panés, sauce au suprême;
Les filets de poulardes en magnonaise à la gelée,
Les filets de moutons panés à la purée d'oignons,
Les petits poulets frits à l'Anglaise.

QUATRE PLATS DE ROTS.

Les cailles aux feuilles de vigne,
Les perdreaux,
Les faisandeaux,
Les poulets au cresson.

DEUX GROS ENTREMETS.

Le pâté de poulardes, | La brioche chaude.

DEUX MOYENS.

La sultane à la Chantilly et fraises, | Le buisson de belles écrevisses.

SEIZE ENTREMETS.

Les petits pois,
Les artichauts à la Provençale,
La macédoine à la poulette,
Les haricots verts à l'Anglaise.
Le blanc-manger dans les verres,
La crème à la vanille renversée,
Les gaufres à l'Italienne,
Les génoises au gros sucre,
Les choux-fleurs au Parmesan,
Les épinards au consommé,
Les œufs pochés au jus de veau,
Les œufs brouillés à la purée de gibier,
La gelée de groseilles framboisée,
La crème de chocolat dans les petits pots,
Les bouchées d'abricots glacées,
Le gâteaux madelaine.

Diner du 3 avril 1816.

DEUX POTAGES.

La Crécy aux croûtons, | Le printanier de santé.

DEUX RELEVÉS.

Le turbot, sauce aux huîtres; | Le filet de bœuf à la broche.

TABLEAU N° X.

Suite de la page 78, Tome II.

HUIT ENTRÉES.

Les filets de poulets à la d'Orléans,
La sauté de filets de perdreaux aux truffes,
Les filets de lapereaux bigarrés, purée de champignons;
Les côtelettes d'agneau à la Toulouse,

Les poulardes aux truffes, sauce Périgueux;
Les petits vols-au-vent à la reine,
La matelote de foies gras à la financière,
Les filets de carrelets à la Provençale.

DEUX GROSSES PIÈCES.

Le buisson d'écrevisses,
Le soufflé à la vanille.

DEUX PLATS DE ROTS.

Les perdreaux rouges,
Les grives.

HUIT ENTREMETS.

Les asperges à la sauce,
Les champignons à la Provençale,
Le choux-fleurs, sauce au beurre;
Les laitues à l'essence,

La gelée d'oranges renversée,
Le fromage à l'Anglaise,
Les gâteaux soufflés,
Les pannequets aux zestes de citrons.

Diner de 1818.

DEUX POTAGES.

Le printanier de santé,
La bisque d''écrevisses.

QUATRE GROSSES PIÈCES.

L'aloyau à la broche,
Le turbot, sauce aux huîtres;
La carpe à la Chambord,
La casserole au riz, à la Saint-Lambert.

SEIZE ENTRÉES.

Les filets glacés aux laitues,
Le sauté de filets de perdreaux aux truffes,
La grenade de filets de lapereaux à la Toulouse,
Les côtelettes de mouton à la Soubise,
Les filets de lottes à la Villeroy, sauce Vénitienne;
Les quenelles de volailles au consommé réduit,
Les hatelets à la belle vue à la gelée,
Les escalopes de levrauts au sang,

La poularde à l'éstragon,
Les cremeski au velouté,
La blanquette de filets de poulardes à la Conti,
Les perches à la Waterfisch,
Les poulets à la reine, à la Chevry,
Les petits pâtés à la Béchamel,
Les filets d'agneaux aux pointes d'asperges,
La purée de gibier à la Polonaise.

QUATRE GROSSES PIÈCES.

Le buisson d'écrevisses,
La sultane à la Chantilly,
Le soufflé au fromage,
Le jambon glacé.

QUATRE PLATS DE ROTS.

Les faisans de Bohême,
Les perdreaux rouges,
Les éperlans frits,
Les bécasses.

SEIZE ENTREMETS.

Les asperges à la sauce,
Les choux-fleurs, sauce au beurre;
Les champignons à la Provençale,
Les truffes au vin de Champagne,
Les laitues à l'essence,
Les épinards au consommé,
Les salades à la Piémontaise,
Les concombres au consommé,

La gelée d'orange,
La crème à l'Anglaise,
Les pannequets aux citrons,
Les œufs pochés au jus,
Les gâteaux soufflés,
Le macaroni à l'Italienne,
Les pommes au beurre,
Les gaufres à l'Allemande.

DEUX PLOMBIÈRES, EXTRA.

Diner de 1818.

DEUX POTAGES.

Le potage printanier de santé,
La purée de Crécy.

DEUX RELEVÉS.

La tête de veau en tortue,
La poularde aux truffes.

DEUX FLANS.

Le turbot, sauce aux homards;
Les filets de bœuf piqués à la financière.

DOUZE ENTRÉES.

Les filets de poulardes glacés aux laitues,
Les filets de perdreaux au suprême,
Les filets de lapereaux bigarrés, purée de champignons;
La timbale de nouilles à la Milanaise,
Les hatelets à la belle vue à la gelée,
Les poulets à la reine, à l'estragon;

Les petits vols-au-vent à la reine,
Les quenelles de volaille au consommé,
Les côtelettes d'agneau à la Toulouse,
Les filets de carrelets à la Provençale,
La noix de veau de Pontoise glacée aux laitues,
La purée de faisans à la Polonaise.

DEUX GROSSES PIÈCES.

Le buisson d'écrevisses,
La sultane à la Chantilly.

DEUX PLATS DE ROTS.

Les pluviers dorés,
Le faisan garni de grives.

DOUZE ENTREMETS.

Les champignons grillés,
Les asperges en petits pois,
Les choux-fleurs, sauce au beurre;
La magnonaise de salsifis,
Les œufs pochés au consommé,
Le macaroni,

La gelée d'oranges,
Le fromage à l'Anglaise,
La charlotte de pommes,
Les pannequets,
Le gâteau soufflé,
Les gâteaux royaux.

LE MAITRE D'HOTEL FRANÇAIS.

TRAITÉ DES MENUS PARTICULIERS.

Table de 30 couverts en ambigu.

DEUX POTAGES.

Le riz à la Crécy,
La julienne.

QUATRE GROSSES PIÈCES.

La carpe à la Chambord,
Le turbot,
Le jambon à la broche,
Le pâté de perdreaux.

HUIT ENTRÉES.

Les côtelettes de mouton à la purée de navets,
La galantine à la gelée,
La magnonaise de volaille à la gelée,
Les ris de veaux piqués à la chicorée,
Les petits poulets à la Saint-Cloud,
Les sautés de perdreaux aux truffes,
Le pâté chaud à la financière,
Les ailes de volaille en demi-deuil.

QUATRE PLATS DE ROTS.

Le dindonneau piqué au cresson,
Les perdreaux,
La truite au bleu,
Les poulets nouveaux.

HUIT ENTREMETS.

Les gaufres à l'Italienne,
Les petites bouchées à la jardinière,
La gelée aux citrons,
Le fromage panaché,
Les artichauts à la barigoule,
Les œufs pochés à la gelée,
Les concombres farcis,
Les haricots verts.

Grand diner du 3 août 1814.

QUATRE POTAGES.

La Brunoise,
Le vermicelle à la purée de navets,
Le potage printanier,
Le riz à la purée de pois verts.

QUATRE GROSSES PIÈCES.

La carpe de Seine à la Chambord,
Le quartier de veau de Pontoise à la broche.
La truite du lac de Genève,
Le rosbif de mouton des Ardennes.

QUATRE TERRINES.

Les cuisses de canetons en macédoine,
Le hochepot de queue de bœuf,
La tête de veau en tortue,
Les perdrix aux choux.

QUARANTE ENTRÉES.

Les langues de mouton à la Bretonne,
La blanquette de filets de poulets à la Béchamel,
Les noisettes de veaux à la chicorée,
Les ailerons de poulets à la jardinière,
Le pâté chaud de cailles au fumet,
Le chaud-froid de poulets,
Les carbonades de mouton à l'Ivernoise,
Les filets de barbues à la Provençale,
Le sauté de poulets à la chingara,
L'anguille à la broche, sauce tomate;
Les hatelets de palais de bœufs à la Villeroy,
Les cervelles de veaux à la ravigote,
La poularde du Mans à la régence,
Les petites chartreuses de légumes,
La noix de veau glacée aux concombres,
Les côtelettes de pigeons à la d'Armagnac,
Les trois poulets à la reine à l'estragon,
Les filets mignons de veau à l'essence,
Le vol-au-vent de quenelles à l'Allemande,
La casserole au riz à la reine,
L'émincé de filets de bœuf à la Clermont,
La purée de gibier garnie d'œufs pochés,
Les filets de soles à la Vénitienne,
La morue de Hollande à la crème,
Les oreilles de veaux à la dauphine,
La côte de bœuf à la gelée,
Les filets de lapereaux à la Périgueux,
La galantine d'agneau à la Marseillaise,
Les filets de canetons à la bigarade,
La fricassée de poulets à la Chevalier,
Les croustades à la Monglas,
L'aspic de blanc de volaille,
Le filet de bœuf au vin de Madère,
Les petites caisses de foies gras,
Le coulis de volaille à la Polonaise,
Les escalopes de saumon en magnonaise,
Les boudins de brochet à la Richelieu,
Les petits canetons à la Conti,
Les croquettes de blanc-manger.
La timbale de macaroni.

HUIT GROSSES PIÈCES DE PATISSERIES.

La grande cassolette,
Le babas au Madère,
La grande cascade,
Le flan à la Milanaise,
Le vase antique,
Le nougat à la Française,
La fontaine à seize colonnes,
La brioche à la crème.

HUIT PLATS DE ROTS.

Les perdreaux,
La selle d'agneau,
Les éperlans,
Les canetons,
Les levrauts,
Les cailles,
Les pigeons,
Les dindonneaux.

TABLEAU N° IX.

Suite de la page 78, Tome II.

QUARANTE ENTREMETS.

La gelée de café claire,
Les artichauts à l'Italienne,
Les darioles soufflées,
Les haricots verts,
Les petits pois,
La gelée de cerises,
Les choux-fleurs,
Les madelaines,
Les œufs à la Béchamel,
Les concombres à la poulette,
Le fromage bavarois aux abricots,
Les crevettes,
Les gâteaux à la royale,
La purée de pommes de terre,
Les laitues à l'Espagnole,
La crème française au marasquin,
Le nougat au gros sucre,
La croûte aux champignons,
Les choux pralinés,
La crème à la Plombière,

La gelée de framboises,
Les épinards au velouté,
Les brocolis,
Les pommes de terre à la Béchamel,
La chicorée à la crème,
La gelée d'anisette de Bordeaux,
Les petites fèves de marais,
Les tartelettes d'abricots,
Les haricots blancs,
La gelée à la fleur d'oranges,
La salade de légumes,
Les carottes à la Lyonnaise,
Les bouchées de fraises,
Les artichauts en macédoine,
Les œufs à la gelée,
Les aubergines à la Provençale,
Les homards,
La crème aux pistaches,
Les petits nougats de pommes,
Les navets à la Chartres.

Grand diner servi en ambigu, en 1814.

HUIT POTAGES.

2. De purée de pois,
2. De julienne,

2. De purée de lentilles, petits croutons;
2. De choux.

HUIT RELEVÉS.

1. Turbot,
1. Aloyau,
1. Tête de veau en tortue,
1. Jambon,

1. Jambon,
1. Cochon de lait,
1. Longe de veau,
1. Matelote.

QUARANTE ENTRÉES.

1. De perdreaux à la Génoise,
1. De filets de lapereaux piqués escalopes,
1. Bigarade de volaille,
1. Filets de bœuf à l'Italienne,
1. Noix de veau à la chicorée,
1. Blanquette de poulardes, petits filets piqués;
1. Poularde à la Montmorency,
1. De côtelettes de mouton à l'Anglaise,
1. Côte de bœuf à la gelée,
1. Aspic de blanc de volaille,
1. D'anguilles, sauce à l'esturgeon;
1. De petits pâtés à la Béchamel,
1. De perdrix à la Flamande,
1. Caneton en macédoine,
1. Darne de saumon,
1. Ragoût de petis ailerons à la Toulouse,
1. Timbale à l'Espagnole,
1. Pâté chaud de culottes de pigeons,
1. De pigeons à la Gauttier au monarque,
1. De poulets à la Orly,

1. Casserole au riz à la financière,
1. De filets de volaille glacés aux concombres,
1. Sauté de poulardes au suprême,
1. De bifsteck aux pommes de terre,
1. Noix de veau à la gelée,
1. De cailles à la Conti,
1. Poularde à l'ivoire au consommé,
1. De poulets à la reine,
1. Pain de foies gras à la gelée,
1. Salade de volaille,
1. De ris de veaux à l'essence,
1. Émincé de volaille à la chicorée,
1. Civet de levrauts,
1. De tendons aux pois nouveaux,
1. Coulis de volaille à la Polonaise,
1. De quenelles au suprême,
1. De cuisses à la Villeroy,
1. De côtelettes de pigeons,
1. De papillotes de langues de moutons,
1. De cervelles de veaux à l'ancienne.

VINGT PLATS DE ROTS.

3. De cailles,
3. De pigeons,
3. Dindonneaux,
2. De poulets à la reine,

2. De poulets,
2. De poulardes,
3. De lapereaux,
2. De canetons.

VINGT ENTREMETS.

1. De haricots blancs,
1. De petits pois,
1. D'œufs pochés à la gelée,
1. D'artichauts à l'Italienne,
1. De chicorée à la crème,
1. De macédoine,
1. Les bouchées aux confitures,
1. De gâteaux à la d'Orléans,
1. De gelée de fleur d'orange,
1. Crème au café renversée,

1. De haricots verts,
1. De choux au sucre,
1. De concombres à la Béchamel,
1. D'épinards,
1. De pommes de terre à la crème,
1. De petits rognons de coqs,
1. De choux glacés,
1. De méringues à la Chantilly,
1. Gelée de fraises,
1. Crème gratinée.

CONCLUSION.

Dans notre discours préliminaire, nous avons annoncé que la cuisine était encore susceptible de recevoir de nouveaux développements, et d'être enrichie de productions nouvelles, telles que des potages; de grosses pièces de poisson, de boucherie, de volaille et de gibier; des entrées et des entremets. Nous ne parlerons pas de pâtisserie; nos confrères savent ce qu'ont produit nos travaux pour les progrès de cette belle partie; de même, ils se seront aperçus, à la lecture de ce nouvel ouvrage, combien nous avons agrandi la nomenclature des articles qui composent nos menus, et cependant nous nous sommes réservé encore quelques grosses pièces, entrées et entremets, qui nous sont encore particuliers. Je le répète, la cuisine est un art qui peut s'étendre à l'infini, et présente chaque jour, pour l'imagination, de nouveaux moyens d'agrandissement. *L'homme routinier s'arrête;* mais les hommes industrieux et observateurs reculent les limites des arts et métiers.

Je me rappelle qu'un jour en causant avec un praticien réputé, je lui tenais à peu près ce même langage, et il parut étonné que l'on puisse imaginer de nouvelles choses dans la cuisine moderne, comme voulant dire par là que la cuisine était arrivée à son dernier période d'accroissement. Ce traité des Menus lui attestera que nous avions alors raison : nos potages sont nombreux et dignes de paraître sur la table des rois; et nos grosses pièces de poisson, de boucherie, de volaille et de gibier, sont élégantes et somptueuses, ainsi que nos entrées et entremets; nos plats de rôts seulement sont peu variés, et cela par un sentiment qui nous porte à donner un caractère distinct à chaque partie composant nos menus : par exemple, les grosses pièces de cuisine se composent de poissons, de bœuf, de veau, de mouton, d'agneau, de cochon, de gibier, de venaison, de volaille et de gibier. Il me semble donc peu convenable d'employer ces mêmes objets pour le second service. Ici j'invite nos confrères à prendre cette remarque en considération. Il nous a paru, par suite de ce raisonnement, et pour l'élégance du second service, plus convenable de n'employer pour nos plats de rôts, que des volailles et gibiers; et dans l'ordonnance des menus ordinaires, quelquefois des plats de rôts composés de poissons au court-bouillon et en friture, tels que nous l'avons indiqué nous-même dans nos menus du second traité. Je sais parfaitement bien que la première manière est celle de nos grands maîtres; mais nous désirons voir les bonnes méthodes généralement pratiquées, et non pas telles que nous l'avons vu dans certaines maisons opulentes, servir des quartiers de mouton présalé, d'agneau, de chevreuil, et autre gibier de venaison. Nous-même, dans notre premier ouvrage, nous avons consigné ces sortes de plats de rôts, comme faisant partie de la haute cuisine; mais alors je parlais comme un homme de trente ans qui cite ce qu'il a fait et vu faire. Depuis ce temps, dix années se sont écoulées, et notre expérience s'est mûrie. Devenu chef de cuisine de l'Empereur de Russie, pendant les deux voyages de S. M. I. à Paris, et ensuite au Congrès d'Aix-la-Chapelle, du roi d'Angleterre pendant huit mois, et autres grands personnages que nous avons servis à Vienne et à Paris; nos voyages à Londres, à Vienne et à Saint-Pétersbourg, toutes ces circonstances nous ont mis à même de profiter des choses nouvelles, que l'homme observateur rencontre en parcourant le monde.

Nous avons remarqué aussi qu'il convenait peu d'employer des dindonneaux pour rôts, ayant servi nos diners en qualité de maître d'hôtel, dans deux grandes maisons à Paris; nous avons remarqué que sur une table servie avec élégance, les membres de ce gros volatille, coupés en aiguillettes et en menus morceaux, n'avaient point de grace. Je ne veux pas dire pour cela qu'on ne doive pas le servir; mais, à mon goût, je préfère les moyennes poulardes et chapons, et particulièrement les poulets à la reine.

Relativement à nos menus de 32 et 24 entrées, les amphitryons et les praticiens verront au premier coup d'œil leur ensemble et leur effet, tant pour l'élégance que pour la somptuosité; les poissons qui relèvent les potages, rendront le premier service et plus pittoresque et plus somptueux; aussi, en retrouvant à l'étranger cette vieille méthode de nos pères, nous l'avons adoptée de suite; et, quoique certains confrères disent que ce service est à l'Anglaise, nous ne sommes point de leur avis. Bien au contraire, ce service est éminemment français. Les menus du grand Héliot, du fameux Vincent La Chapelle, nous l'attestent. D'ailleurs, quand ce serait la manière anglaise, serait-ce pour cela une raison pour la dédaigner? Nous avons une infinité de ragoûts étrangers que nous avons francisés, et qui font grand honneur à la mère patrie de l'art culinaire; ensuite la science de la cuisine ne nous fut-elle pas transmise par les Italiens, lorsque Catherine de Médicis vint s'associer au trône de France? Sans doute nos cuisiniers français l'ont perfectionnée chez nous, et les progrès de la cuisine sont incontestables. Je suis assez jaloux de cette portion de la gloire nationale pour n'en céder aucune partie aux étrangers; mais ce sentiment n'exclut pas de mon cœur l'auguste vérité. Je l'ai déja dit avec ma franchise accoutumée : mes voyages en Angleterre, en Russie et en Allemagne, m'ont mis à même d'apprendre une infinité de bonnes choses dont j'ai fait mon profit, et dont une partie enrichit nos menus modernes.

Cependant les personnes qui ne pourraient pas servir deux et quatre poissons pour relever les potages, il leur sera bien facile de supprimer deux ou une de ces grosses pièces pour les remplacer par celles de volaille ou de gibier. Alors ce service reviendra celui le plus en usage, dans la cuisine moderne. Mais, nous le répétons, ce n'est pas le mieux que l'on puisse faire. Dans les arts et métiers il faut secouer la routine, sinon point d'élégance, point de perfectionnement.

Dans le grand nombre de grosses pièces de poissons que nous avons indiquées et décrites, nous avons fait quelques réflexions sur le turbot, que les gourmands désignent par l'épithète de *prince des poissons de mer*. Ce prince des mers est cependant d'une forme, quoique belle, peu avantageuse par son extrême largeur. Quelques amphitryons ont fait le dépense pour le servir d'un plateau en argent de large dimension; mais ces sortes de plats ne sont plus en harmonie avec le reste du service de l'argenterie : ensuite ce poisson n'a point d'élégance. J'ai donc pensé, et tel que nous voulons le faire à l'avenir, que nous devions couper ce poisson par le milieu de l'arête, dans sa longueur (et lorsque ce poisson se trouve à des prix élevés, une moitié suffirait en y ajoutant des garnitures de quenelles, laitances, huîtres et champignons); les deux parties étant cuites et égoûtées avec soin, on les dresserait du côté le plus épais, sur le bord d'un grand plat ovale, en les croisant l'une sur l'autre. Par ce résultat, ce large poisson se trouverait contenu dans nos plats ordinaires. De cette manière nous pourrions ajouter des garnitures à ce délicieux poisson, pour le rendre plus somptueux encore. Je suis toujours étonné de voir servir le turbot à la Béchamel, et particulièrement à la sauce hollandaise. Il semblerait que ces sauces doivent lui suffire; c'est une erreur : ce poisson est susceptible d'être servi, ainsi que les autres poissons que nous avons indiqués, à la royale, à la régence, à l'amiral, à la marinière, à la Chambord, et autres manières indiquées.

Mais, m'observera-t-on, ce beau poisson n'aura plus sa physionomie ordinaire, étant coupé en deux parties; et les amphitryons préfèrent le voir dans toute sa largeur? Ce qui rend le turbot distingué, c'est sa grosseur. Cela aurait quelque chose de vrai pour les tables ordinaires; mais les appréciateurs de la table savent fort bien que la somptuosité et l'élégance d'un grand diner viennent de son ordonnance et de son exécution. Voilà ce qui constitue un repas excellent et splendide, et non pas de la largeur d'un turbot, laquelle devient toujours désagréable pour le bel ensemble du service, et plus encore pour la personne chargée de le poser et de l'ôter de dessus la table.

Maintenant nous devons faire observer à nos lecteurs que dans nos diners de quatre entrées par jour, nous avons également indiqué deux poissons, pour relever les potages, et deux grosses pièces pour relever les poissons, ainsi que deux gros entremets de pâtisserie pour relever les plats de rôts. Ce service journalier est assurément le faste de la table d'un grand prince. Mais les personnes qui ne pourront pas servir l'ensemble de ces menus, doivent supprimer un poisson et une grosse pièce, et pour le second service, ne servir que 2 plats de rôts, en ajoutant toutefois un entremets de pâtisserie pour *extra*, ou en le servant en place d'un entremets de douceurs. De cette manière, ces diners deviendront moins dispendieux; mais, si au lieu de diminuer ces menus, on veut garnir la table des huit objets qui composent le premier service, les poissons ne doivent plus être relevés par les deux grosses pièces; et les deux relevés de plats de rôts doivent se servir pour grosses pièces d'entremets. De cette manière, ce diner aura toute l'élégance de la cuisine somptueuse : nous l'avons représenté ainsi sur la planche 6e par le dessin du n° 7.

Relativement à nos diners de 16 entrées, on voit que nous avons suivi la marche que nous nous sommes imposée, afin de rendre cet ouvrage plus généralement utile à nos confrères. Nous avons donc relevé les deux potages de ce diner par une grosse pièce de poisson et une de volaille ou de gibier. Dans la composition des entrées, quelques-unes d'entre elles rentrent dans la catégorie des entrées peu coûteuses; ce qui les rend plus faciles dans leur exécution, et susceptibles en même temps de se servir sur toutes les tables : car ce serait une erreur que de croire ce Traité des menus simplement utile dans les grandes maisons; il convient à toutes les fortunes : le simple marchand qui sera jaloux de donner un grand diner, peut ordonner l'un de ces menus chez tous les restaurateurs en renommée; il en aura satisfaction. La seule différence qui existe entre la classe bourgeoise et la classe opulente, c'est dans le nombre des convives invités. Chez les grands, on sert pour 30 couverts 16 entrées, et la desserte passe ensuite dans les offices, au lieu que dans la classe bourgeoise, on ne connaît pas d'office; donc, un dîner de 16 entrées doit servir pour 60 à 70 couverts, et il restera encore assez pour quelques personnes chargées de changer les assiettes. Il en est de même de mes petits diners de deux entrées, les cuisinières intelligentes pourront aisément les exécuter.

Dans le Traité des menus, nous n'avons point parlé des salades, des hors-d'œuvre, et du dessert; cela regarde l'office et non pas la cuisine. A propos d'hors-d'œuvre, il existe à ce sujet une différence d'opinion parmi les praticiens. Les uns divisent le service des entrées en deux parties : les sautés de volaille et de gibier, les côtelettes, et autres entrées dépecées sont des hors-d'œuvres; et pourquoi cela? n'est-ce donc pas de la cuisine aussi substantielle que les autres entrées? Les mêmes objets deviennent toujours des entrées chez d'autres praticiens. Je suis de l'avis de ces derniers, puisque je n'écrirai jamais sur mes menus d'hors-d'œuvre de cuisine; ensuite, c'est celle des praticiens les plus fameux : mais nous avons encore quelques hommes à réputation, qui tiennent au système de la vieille cuisine. Les menus de ce temps nous attestent (ceux que nous avons consignés dans cet ouvrage) leur désordre et leur confusion. Par exemple, ce que je trouve convenable d'appeler hors-d'œuvres, ce sont les petites garnitures d'assiettes de cornichons, d'olives, d'anchois, de beurre, de radis et de légumes confits à cet effet, puisqu'il est vrai que tout cela ne compte pour rien sur la table : voilà les véritables hors-d'œuvres.

Nous n'avons pas cru bien nécessaire d'ajouter à nos menus de diners des menus pour les déjeuners; ce repas à la fourchette se compose ordinairement de quelques assiettes de côtelettes, de poissons, de sautés de volaille, de gibier, de rôtis, d'entremets, de légumes et de quelques douceurs. Ces détails nous ont paru de trop peu d'importance pour en grossir cet ouvrage, qui déja devient très-volumineux; mais tous ces détails nous ont paru nécessaires au progrès de la science : autrement, il ne nous eût pas été possible de varier cette série de menus selon les productions de l'année. Nos menus de printemps sont enrichis des prémices potagères, et des fruits rouges dont nous tirons si grand parti dans cette saison. Ensuite, pendant le cours de l'été, nos menus ont brillé d'un nouvel éclat, par les productions de la volaille nouvelle, du jeune gibier, des légumes en tout genre, et des fruits de toute espèce. L'automne, plus fécond nous donne les trésors de toutes les productions de la nature; et nos menus se sont enrichis à mesure que ces trois saisons se sont écoulées. A l'approche de l'hiver, nos menus ont repris le caractère que nous leur avions donné en commençant ce travail au premier janvier.

Relativement aux menus des grands bals, nous invitons nos confrères à doubler et quadrupler les entrées et entremets. Pour éviter de trop fortes dépenses, et de trop pénibles travaux, je leur donnerai pour exemple, les deux plus grands extraordinaires qui ont eu lieu à la rentrée du roi, en 1815: le premier se passa dans la grande galerie du Louvre, et bien sûrement cette belle et somptueuse fête eut toute l'élégance et la dignité que réclamait son noble motif; elle fut donnée, le 5 février, par la garde royale et les gardes du corps, à la garde nationale parisienne, pour célébrer l'heureux retour du Roi à Paris, après l'affreuse révolution du 20 mars. Je ne vis jamais de salle plus belle et une file de tables plus imposante : 1200 couverts en 12 tables; entre chaque bout de table, un vaste trophée militaire élégamment groupé : certes, un tel ensemble était d'un effet bien extraordinaire; la vue suffisait à peine à cette perspective imposante. Chaque table portait le nom des héros qui ont illustré la France par d'immortelles victoires. Ces 12 tables devinrent plus imposantes encore, lorsqu'elles furent entourées des braves guerriers citoyens et soldats, dont les divers uniformes caractérisaient les héros, les savants et artistes, tous, l'honneur de la France.

Vers le milieu de la salle un grand orchestre, composé de la musique du roi, exécutait les airs chéris des Français; une salve d'artillerie annonça l'entrée de Sa Majesté Louis XVIII, de ses appartements dans la galerie du Louvre. Dieu! quel éclatant spectacle! La famille royale, les dames de la cour, la noblesse; ces douze cents guerriers, portant des toasts à leur Roi légitime! quel enthousiasme! quelle imposante solennité! Ah! malgré nos désastres récents, quelle nation, au monde, pouvait montrer aux yeux de l'univers étonné une réunion aussi auguste. Pour moi, que mes travaux du jour avaient mis à même de voir cette illustre assemblée, j'étais fier d'être français; je demandais secrètement aux nations étrangères, que le sort de la guerre avait amenées chez nous, quel spectacle égal avez-vous à nous opposer? Nos héros, assis à ces tables, ont vingt fois foulé aux pieds vos provinces! à la même table de ces immortels guerriers, vous pouvez encore remarquer les citoyens soldats, l'honneur de la France savante, industrieuse et littéraire, qui ont répandu sur toute la terre les beaux-arts, l'industrie, et surtout l'art de la guerre.

Cette fête nationale a été couronnée du plus heureux succès; les travaux de cuisine furent nombreux et pénibles. M. Heneven, restaurateur du boulevard du Temple, en fit l'entreprise, et M. Lasne, l'un des cuisiniers les plus distingués du siècle, fut chargé des menus et de leur exécution. Il daigna, en quelque sorte, m'associer à l'honneur de la fête, en me chargeant des belles parties des entrées froides, et de l'entremets de sucre : les entrées étaient par vingt-quatre, ainsi que l'entremets ; ce qui ne donnait cependant que deux de chaque espèce, sur chaque table.

Pour l'exécution de ces grands travaux, les architectes du gouvernement avaient établi notre cuisine dans la vaste salle du Louvre, maintenant destinée à la séance royale, lorsque le Roi fait l'ouverture de chaque session de la chambre des députés.

Un fourneau de 50 pieds de longueur sur 6 de largeur, avait été élevé au milieu de cette salle, et tout autour se trouvaient les tables pour le travail. Ma partie se trouvait séparée, et je fus placé dans une salle voisine, dont le plafond sculpté en bois est un chef-d'œuvre de l'art. Aussi, durant trois jours que j'y fus installé, j'en ai souvent considéré les détails et les beautés. Cette salle est maintenant enrichie de belles peintures consacrées au règne de François Ier. Elle est destinée à recevoir le roi, avant que Sa Majesté ne fasse son entrée dans la salle de l'ouverture solennelle de la chambre des députés.

Nous fûmes cent cuisiniers employés dans cette affaire et, le tout se passa avec ce calme et cet ensemble accoutumés, qui caractérisent les travaux du célèbre chef de cuisine de la maison d'Artois. Seulement il m'arriva d'éprouver une contrariété qui ne fut pas dépendante de moi : j'avais fait à l'entrepreneur une commande des articles nécessaires pour la confection de l'entremets de sucre, et celui-ci m'a trompé en ne me donnant pas la colle de poisson exigée d'après mon menu. J'avais demandé juste et j'eus tort ; et, comme je travaillais avec sécurité, d'après mes demandes, il est arrivé que mes 24 charlottes parisiennes ont un peu fléchi en les renversant, et cela fut autant occasionné par les assiettes sur lesquelles je fus contraint de les servir, que par un peu de colle de poisson qui manquait réellement à leur confection. Cependant j'avais essayé l'appareil à la glace, je l'avais trouvé un peu délicat; mais elle pouvait se servir, et voilà mes envieux enchantés de cette circonstance pour en causer avec malignité, tandis que cette légère faute fut couverte par un ensemble digne de nous dans tout le reste de nos travaux, tel d'ailleurs que nous avons toujours réussi dans le nombre infini de nos travaux.

Maintenant il nous reste à signaler une autre grande affaire plus satisfaisante pour nous, puisqu'elle eut un plein succès et, que nous l'avons dirigée de concert avec M. Arlet, cuisinier distingué: je veux parler du grand bal de l'Odéon qui eut lieu le 21 février en 1816. Ce bal, l'un des plus extraordinaires de nos jours, fut donné à la garde royale et aux gardes du corps du roi, par la garde nationale de Paris, en reconnaissance du diner qu'elle avait reçu dans la grande galerie du Louvre, le 5 du même mois, et dont nous venons de faire mention. M. Bertrand, restaurateur, boulevard du Temple, en fut l'entrepreneur. Ces grands travaux furent exécutés dans les cuisines du petit Luxembourg, et portés à l'Odéon dans de grandes barquettes. En voici le menu.

GRAND BAL DE L'ODÉON,

Donné le 12 février 1816, par la garde nationale parisienne à la garde royale et aux gardes du corps du Roi. — 6000 *invitations.*

MENU D'UN BUFFET DE 3000 PERSONNES.

Mille cinq cents potages.

Le riz au consommé,
La semoule au naturel,
Le potage à la Condé,
Le vermicelle clair,
Le consommé de volaille,
La Brunoise.

Quatre vingt-dix grosses pièces.

40. De jambons à la Portugaise,
20. De dindes en galantines sur des socles,
30. Grosses pièces de poissons différents.

Cent soixante entrées froides.

20. De chauds froids de filets de poulets,
20. De noix de veaux de Pontoise historiées au beurre de Montpellier,
20. De poulardes à l'ivoire, à la Chevry, à la gelée;
20. De salmis de perdreaux à la gelée,
20. D'aspics à la belle vue,
20. De filets de bœuf à la gelée,
20. De salades de filets de turbots,
20. De filets de veaux aux truffes à la gelée.

Quatre-vingt-dix grosses pièces de pâtisseries.

20. De biscuits de Savoie,
20. De pâtés froids de gibier,
20. De nougats en sucre filé,

20. De gâteaux de Compiègne,
10. De babas.

Deux cent cinquante plats de rôts.

25. De perdreaux rouges,
25. De cailles bardées,
25. De poulardes au cresson.
25. De poulets à la reine,
25. De dindonneaux gras au cresson,
25. De canetons en bigarade,
25. De pigeons de volière,
25. De langues à l'écarlate,
50. De poissons différents.

Deux cent cinquante entremets.

20. De buissons d'écrevisses,
40. De gelées d'oranges à la belle vue,
40. De petits pots de blanc-manger,
40. De pâtisseries mêlées,
20. De suédoises,
20. De gelées à la Russe,
20. De charlotte à la Chantilly,
25. De gelée de Madère,
25. De gelée de marasquins.

Six cents assiettes de dessert.

Dessert en fruits.

100. Assiettes de fruits,
25. De fromages à la vanille,
25. A la rose,
50. De fruits secs,
50. De sucreries,
50. De marrons gelés.

Dessert en bonbons et compotes.

100. Assiettes montées,
100. Tambours,

50. De compotes à la gelée,
50. De compotes grillées,
3000. Petits pains,
3000. Bouteilles de vin.

Dans le foyer de la salle, entre ces imposantes colonnes, j'avais dirigé les menuisiers, en traçant sur le parquet la forme et l'emplacement d'un vaste buffet à 9 gradins, et très-certainement lorsqu'il fut garni par nous des grosses pièces froides, des poissons, des entrées, des grosses pièces de pâtisseries, des plats de rôts, des entremets et du dessert, il produisit un effet aussi élégant que somptueux, et nos travaux de cuisine brillèrent d'un nouvel éclat.

M. Bertrand et moi, nous avons fait placer dans toutes les embrâsures des croisées du foyer, entre les colonnes, le long des corridors, et dans toutes les pièces voisines, des tables en forme de servantes de 10 pouces seulement de largeur, et au milieu de ces mêmes salles, des tables longues; le tout chargé de couverts pour les personnes qui ont desiré se restaurer pendant la nuit.

Il me semble voir encore cette salle de l'Odéon, éclatante de beauté! ces lustres aux mille bougies, ces colonnes de l'avant-scène, décorées de tissus d'or et d'argent et d'une immense couronne de fleurs, portant cette légende : *Heureux temps! nous possédons Louis!* Les rangs des loges enrichis de draperies élégantes et de guirlandes de fleurs; la loge du Roi magnifiquement décorée, alors occupée par la famille royale; les premières loges remplies de dames de la cour, de ducs et pairs, de députés, de ministres, d'ambassadeurs, de maréchaux de France. Le reste des loges se trouvait garni de dames, toutes rivalisant de beauté et de parure. Le parterre tout rempli d'un brillant état-major; la scène occupée par les premiers talents des théâtres de la capitale, jouant avec chaleur un divertissement gai et spirituel, dont les allusions remplirent tous les cœurs d'enthousiasme et d'une douce joie. Nous avons vu l'auguste famille des Bourbons, rayonnante de plaisir; ce grand bal tout français, eut toute l'élégance, toute la solennité, et toute la gaîté dont le caractère national est susceptible; pour l'élégance des mœurs et cette fleur d'urbanité, nul peuple sur la terre ne peut rivaliser avec nous.

Sa Majesté se retira, vers les onze heures, après avoir vu commencer la danse, alors commença le service du buffet; mais nous avons remarqué là, ainsi qu'au grand bal donné dans la salle de l'Opéra, rue de Richelieu, par les maréchaux de France à Bonaparte, que, malgré tous les soins des commissaires de la fête, et des entrepreneurs, le plus grand gaspillage exista dans le service des buffets, et cela est facile à concevoir : les loges sont remplies de petites sociétés, et les dames par bienséance ne peuvent aller au buffet; leurs cavaliers s'empressent d'y remédier et ont soin de faire de fréquents voyages au buffet, pour se procurer des restaurants solides et liquides. Cet état de choses est ce que l'on ne peut réellement éviter : il résulte que le service des comestibles se fait avec confusion et désordre, et plus les heures s'écoulent, et plus le service rencontre de difficultés. Les caraffes, les verres, les couverts, les serviettes, les plats, les assiettes, tout a disparu, et tout cela se trouve dans les loges: mais qu'importe, si les deux tiers des personnes invitées ont soupé en petit comité, et que l'autre tiers ait éprouvé quelque retard pour se faire servir quelques fragments du buffet, l'essentiel de ces grandes réunions doit toujours être la satisfaction des personnes invitées, et tout le monde doit être content et satisfait. D'ailleurs ces grands bals ne peuvent avoir un ensemble aussi parfait que ceux donnés chez les grands seigneurs, puisqu'il est vrai que toujours dans ces réunions, les tables sont toujours assez nombreuses pour au moins y recevoir les dames, alors le service du buffet se fait donc plus aisément: mais il n'est point de comparaison à établir; car de servir 1000 à 2000 personnes, ou bien 6000, cela est bien différent.

D'après l'ordonnance du menu de ce grand bal, nos confrères remarqueront que les entrées se trouvèrent par vingt de la même espèce, ainsi que les grosses pièces et les plats de rôts, afin de rendre le travail plus facile et moins dispendieux. C'est par cette raison que nous n'avons pas donné de ces sortes de grands menus. Ceux de nos grands soupers et buffets pourront servir pour autant de monde que l'on voudra, en les doublant autant de fois que l'on le désirera.

Maintenant pour la clôture de ce grand traité des menus de la cuisine moderne, il nous reste à rapporter ici les détails du plus grand des extraordinaires qui eurent lieu à Paris depuis la renaissance de l'art.

Grand diner militaire pour dix mille hommes.

Ces grands travaux s'exécutaient à l'hôtel de ville de Paris, sous les ordres de MM. Palu et Lasne. Nous employâmes dans cette affaire 6 bœufs, 75 veaux, 250 moutons, 8000 dindons, 2000 poulets gras, 1000 poulardes, 1000 perdreaux, 500 jambons, 500 langues fourrées et saucissons, 1000 pâtés, 1000 biscuits et babas, 1000 carpes, 1000 brochets, 18,000 bouteilles de vin de macon et 145 pièces de vin.

Cette fête eut lieu dans les Champs-Élysées; 10,000 couverts y furent placés. Au milieu en face l'allée des Veuves, une vaste tente contenait le grand couvert de l'état-major. Ensuite sous les grandes avenues à droite et à gauche de la route, à partir de, de la place Louis XV, jusqu'à la barrière de l'étoile, deux files de tables couvertes de 10,000 couverts. Chaque convive avait sa bouteille de vin. Ces deux grandes tables furent couvertes par 6000 objets de cuisine, tels que je viens de l'annoncer. La table placée sous la grande tente fut servie également tout en froid, et le tout se passa avec cet ensemble accoutumé.

Une partie des comestibles et les 145 pièces de vin furent donnés au peuple dans les 12 arrondissements de la capitale.

Jamais travaux ne furent plus pénibles pour les cuisiniers.

Grand Buffet de la Cuisine moderne.

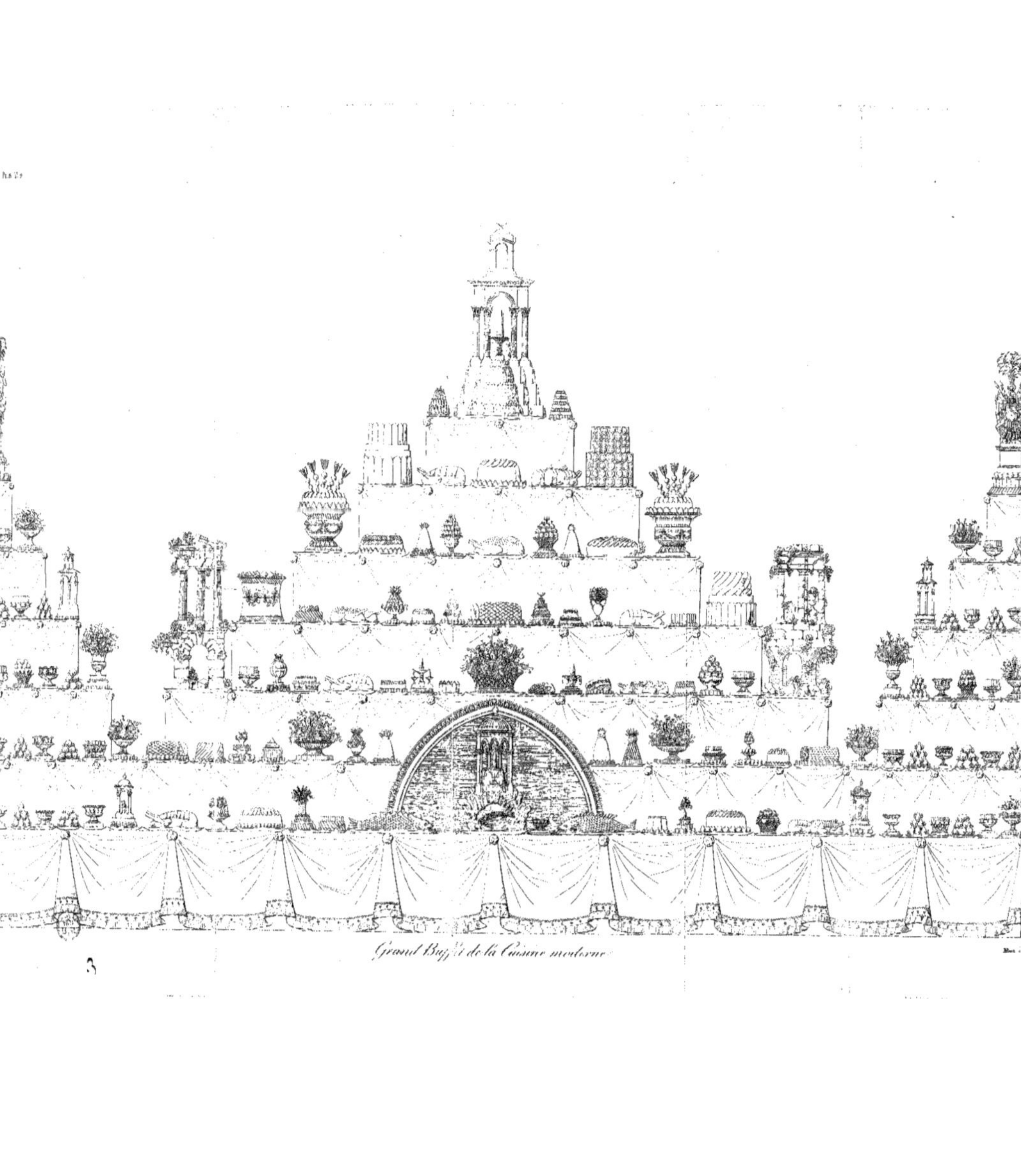

Grand Buffet de la Cuisine moderne

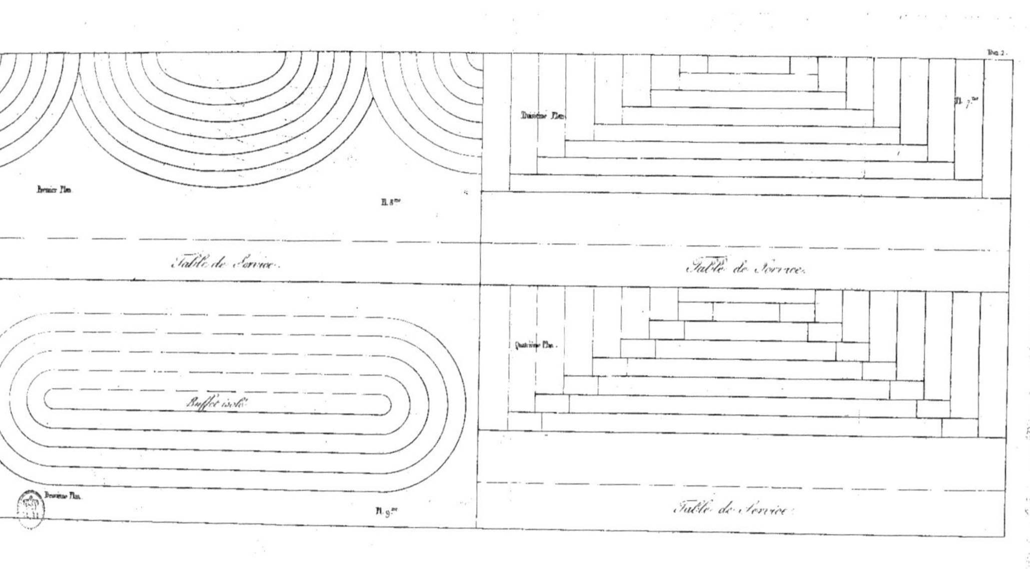
Premier Plan.
Pl. 8me
Troisième Plan.
Pl. 7me
Table de Service.
Table de Service.
Buffet isolé.
Quatrième Plan.
Deuxième Plan.
Pl. 9me
Table de Service.

Des qualités du maître d'hôtel.

En donnant à ce traité des menus, le titre du *Maître d'hôtel français*, il me fallait nécessairement analyser quelques traits caractéristiques des hommes vraiment dignes de remplir cette place importante, et pour la remplir dignement, elle réclame des qualités réelles.

D'abord, pour bien régir cet emploi, il faut être réputé excellent cuisinier ou grand officier, afin d'avoir les connaissances nécessaires pour faire l'achat des comestibles en tous genres, qui ont rapport à la cuisine et à l'office; être un peu dégustateur pour faire l'acquisition de bons vins. Le grand talent du maître d'hôtel est de bien faire vivre le seigneur auquel il appartient; de maintenir le bon ordre dans sa maison; de défendre ses intérêts en portant une économie raisonnée dans toutes les branches de son administration, afin de mériter par là toute la confiance du seigneur, et elle doit être sans bornes; autrement la défiance rebute l'honnête homme, et cause des désordres dont le résultat se fait bientôt sentir à l'amphitryon.

Avant toute chose, il faut donc être digne de la confiance de son seigneur. Dans cet ouvrage, ainsi que dans mon *Pâtissier parisien*, j'ai rappelé les beaux jours de l'art du maître d'hôtel, sous les règnes de Louis XV et de Louis XVI. Les d'Alégre, les Sauvent, les Mécélier, les Lacour, les Mécier, les Sabattier et tant d'autres cuisiniers célèbres, ont joui paisiblement du fruit de leurs talents, par la bienveillance que leur accordaient les seigneurs ; et par suite de leurs commandements doux et faciles, chacun de ceux qui les entouraient, apportait tout le zèle convenable pour remplir la tâche qui lui était imposée. Alors les seigneurs vivaient paisiblement, et tout leur monde les chérissait. Mais ces beaux jours ont disparu avec le roi martyr! O révolution!!!...

Cependant, j'ai vu se reproduire à peu près la même chose dans nos temps modernes : lorsque M. Robert devint contrôleur du prince Joachim, l'Élysée-Bourbon ressemblait à la maison d'un grand seigneur, parce qu'elle était bien gouvernée dans tout son ensemble; mais ces résultats sont ceux que l'homme à talent sait obtenir par une gestion sage et raisonnée; ensuite il défendra les droits de chacun, dans ses intérêts particuliers; et si les seigneurs ou leurs secrétaires, intendans, sont injustes envers quelques serviteurs, le maître d'hôtel intègre donnera plutôt sa démission que de souffrir son abaissement, en perdant la confiance de son seigneur, qui ne doit rien connaître, rien entendre, pour l'intérieur de sa maison, que par son maître d'hôtel. C'est pourquoi il faut avoir le caractère ferme pour bien gouverner une grande maison, et surtout avoir la générosité nécessaire pour que tout le monde soit satisfait dans sa position ; voilà encore une qualité essentielle, mais elle est inséparable des grands talents. L'homme supérieur est toujours désintéressé ; ainsi donc le maître d'hôtel contrôleur doit être homme de talent et amateur des belles choses ; son goût exquis doit se faire également remarquer dans l'ensemble des meubles composant les appartements, et dans l'ordonnance d'une grande fête, d'un grand bal et d'un grand diner, dont la bonne cuisine sera réputée, et servira en quelque sorte de modèle et d'émule aux autres maisons opulentes ; alors il imprime à son administration un caractère de grandeur qui le distingue des hommes vulgaires. Son génie présidera à tout, son œil scrutateur verra tout, et son intelligence remédiera à tout, même en dépit des jaloux; car cette infame jalousie ne cherche-t-elle pas par son venin à empoisonner tout ce qui est heureux ? Mais cette misérable envie est le cachet de la médiocrité ; elle fait le tourment de ces ames ordinaires qui inventent des bassesses pour calomnier le talent ; et, par une fatalité inconcevable, le génie lui-même devient quelquefois victime de ses persécuteurs. Oh ! méchanceté humaine, que tu affliges le cœur des hommes studieux, dont la seule ambition est d'être utile à leurs semblables, et de léguer leurs travaux à l'avenir et au jugement des hommes !

CHAPITRE XV.

Traité des Menus des diners servis à la Russe, à l'Élysée-Bourbon, à l'empereur Alexandre, pendant le séjour de S. M. I. à Paris, en 1814 *et* 1815.

Pendant le congrès d'Aix-la-Chapelle et les deux séjours de S. M. I. à Paris, j'ai donc servi en qualité de chef de ses cuisines, et je composais les menus des diners que je confectionnais de concert avec le maître d'hôtel, M. Muller, qui paya largement mes services, et me proposa de me faire obtenir une place de maître d'hôtel à la cour, si je voulais suivre S. M. I. à Saint-Pétersbourg. C'est-là, me dit-il, en me serrant la main, que vous jouirez du fruit de vos travaux; vous ferez parmi nous une fortune honorable : j'ai trois fois refusé cet avenir séduisant, ne pouvant me résoudre à quitter ma belle patrie; mais, par une circonstance extraordinaire, je devais voir la Russie, et n'y point rester, par suite des changements survenus dans les cuisines de la cour.

A la suite du congrès d'Aix-la-Chapelle, je ne pus me décider à faire le voyage de Russie; alors je me rendis à Vienne, attaché au service de S. Ex. L. S...., ambassadeur extraordinaire de S. M. britannique près la cour d'Autriche. Ce voyage ne devait durer que deux mois, et je rentrai à Paris, devant y attendre le retour de S. Ex. qui allait en Angleterre. Plus de trois mois s'écoulèrent dans cette attente; enfin un de mes amis vint m'annoncer que, depuis peu, il manquait deux maîtres d'hôtel au service de l'Empereur, et que je devais, de préférence, aller à Saint-Pétersbourg, plutôt que de retourner à Vienne. En effet, après avoir présenté mon hommage à plusieurs grands personnages russes qui se trouvaient à Paris, je me décidai à faire ce grand voyage, à mes frais, par le noble désir que j'avais de me fixer pour quelques années au service de S. M. I.

Après un mois d'une navigation aussi pénible que dangereuse, je vis enfin la belle ville moderne. Mes amis de Saint-Pétersbourg me présentèrent au prince Volgonski; S. A. me reconnut de suite, et elle me dit que j'avais eu grand tort de n'avoir point suivi la cour, après le congrès d'Aix-la-Chapelle, attendu que j'aurais été nommé maître d'hôtel de l'Empereur, et qu'en ce moment deux cuisiniers russes venaient d'être appelés à ces emplois ; que l'un d'eux ne plaisant point à l'Empereur, que je devais attendre le retour de S. M., qui partait le lendemain pour Archangel, voyage qui devait durer quarante jours. Je me retirai; mais déja je sentis le désir de rentrer dans mon pays, et quelques jours après le départ de l'Empereur, je m'y décidai, satisfait que j'étais de ma grande démarche; car je vis des choses, dans les cuisines de la cour, qui ne pouvaient nullement me convenir. Les places de maîtres d'hôtel étaient plus qu'humiliantes. Plusieurs de ces messieurs s'étaient fait congédier pour avoir abusé des grandes ressources que leur donnaient ces places honorables et brillantes. Je vis donc, dans les *bouches*, des commissaires ayant la surveillance sur la gestion des maîtres d'hôtel humiliés. Je vis les choses telles qu'elles étaient, et ne voulant pas supporter la peine des sottises des autres, et, par caractère, préférant l'honneur au vil intérêt, je décidai irrévocablement mon départ pour la fin du mois d'août 1819. Je profitai du temps qui me restait jusqu'à mon départ pour voir Saint-Pétersbourg, ses beaux monuments, sa belle Newa, ses quais superbes et ses larges rues, puis les somptueux palais impériaux des environs de la capitale.

Les maîtres d'hôtel français, conservés, gémissaient d'un traitement si rude et si peu mérité, et ils m'assuraient que cet état de choses ne pouvait durer longtemps; que tout rentrerait très-incessamment dans l'ancien état de choses. En effet, l'administration du comptoir s'est aperçue que ses commissaires ne servaient qu'à porter de la confusion, sans économie; mais la bienveillance dont jouirent long-temps les maîtres d'hôtel était perdue en partie. Ce point d'honneur était tout pour nous. Je quittai la Russie, fier d'avoir fait ce voyage à mes frais.

Réflexions sur le séjour des cuisiniers français dans les cours étrangères.

Depuis mes voyages à la cour de Londres et de Russie, j'ai pensé, avec raison, que les grands maîtres des maisons des souverains devaient prendre une nouvelle manière d'agir envers nous; si, par exemple, le seigneur chargé de l'intérieur de la maison de S. M. I., demandait des cuisiniers de Paris pour un temps limité, tel que dix années, alors nos premiers talents de Paris pourraient consentir à cette expatriation. Ce laps de temps est assez considérable en effet pour user les hommes qui font ce métier-là avec amour. Chez le prince régent d'Angleterre, si j'avais eu devant moi un temps limité, chaque année m'aurait encouragé dans mon service, la maison du prince y aurait gagné, j'ose le dire, par mon dévoûment à remplir et à varier mes travaux, voulant jusqu'au dernier jour mériter la bienveillance du prince.

En second lieu, en changeant tous les dix ans de cuisiniers, on jouirait de cet avantage que les personnes arrivant de France, apporteraient toujours les nouveautés de leur état; et la nouvelle cuisine qui en résulterait, mérite d'être prise en considération par les grands seigneurs qui veulent charmer la sensualité et l'existence de leurs souverains.

Mais ce que j'admire à la cour de Russie, c'est de voir le cuisinier être maître d'hôtel, et être obligé de confectionner lui-même son diner. Par ce résultat, le travail est mieux ordonné et mieux suivi et aussi l'homme de talent se fait-il remarquer dans tout ce qu'il confectionne. Ce que je trouve encore bien, c'est que l'on y change tous les quinze jours de maître d'hôtel de service. Ces hommes laborieux retrouvent par ce repos la fraîcheur du palais si nécessaire à l'excellent cuisinier. Un grand gourmand a dit qu'un bon cuisinier devait se purger, après un mois de travail, et rester ainsi quinze jours en convalescence.

Remarques sur les productions du climat russe.

Je me trouvais donc à Saint-Pétersbourg dans la belle saison; j'ai voulu voir et j'ai vu toutes les curiosités et tout ce qui a rapport à mon état: d'abord les boucheries y sont excessivement mal tenues, la viande mal saignée, mal coupée, et par conséquent de mauvaise mine, placée par morceaux sur des grandes tables adossées à la muraille, et servant d'étalage; la viande n'est point accrochée comme en France et en Angleterre; et ici il n'y a nulle comparaison à établir; le bœuf et le mouton sont de chétive apparence: le veau d'Archangel seul est estimé; il est d'une espèce plus petite que la nôtre, sans être plus délicat. Je préfère assurément notre veau de Pontoise pour sa blancheur et sa qualité; mais la Russie, la Pologne et l'Allemagne se ressemblent pour avoir de mauvaises boucheries; après Paris, c'est Londres que je préfère. En Russie, les poulets sont maigres et petits ; les petites poulardes servent pour les sautés : dans la nouveauté, ces mêmes poulardes coûtent jusqu'à 24 et 30 roubles la paire, et diminuent insensiblement à 5 et 6 roubles ; les poulardes, les chapons et les dindons ne peuvent nullement être mis en comparaison avec notre belle volaille ; en cela notre bonne province de Normandie nous donne ce volatile bien supérieur à tout ce que j'ai trouvé à Londres, à Vienne et à Pétersbourg. Le gibier de Russie n'est pas aussi varié, à beaucoup près, que celui de la France.

Ce climat est si rigoureux, que les oiseaux de passage ne peuvent s'y arrêter long-temps. La gelinotte seulement y est en abondance, et remplace les perdreaux rouges qui manquent en Russie, ainsi que le lapereau. Les levrauts y sont communs et peu estimés. Les bécasses y sont excellentes et supérieures aux nôtres en grosseur ; c'est ce qu'on appelle la double bécasse, et *cheneppe*, en russe ; on y trouve ensuite des cailles, des grives et des mauviettes ; des pluviers dorés, des ortolans, des sarcelles, des canards sauvages et domestiques.

Nos cuisiniers français, à Saint-Pétersbourg, préfèrent la gélinotte au perdreau rouge ; ils prétendent qu'elle contient plus de suc nutritif, qu'elle rassasie moins ; que sa chair est aussi appétissante par sa blancheur que celle du perdreau rouge, sans être aussi pesante sur l'estomac. Enfin, malgré que ce gibier soit placé après le perdreau rouge, ils le lui préfèrent. Je leur ai fait observer que cette préférence venait sans doute de ce que le perdreau rouge manquait en Russie, ainsi que le faisan ; et très-certainement ce dernier gibier ne peut se remplacer par aucun autre. Le perdreau gris est commun, et le perdreau blanc est plus commun encore; ce dernier est peu estimé : sa chair ressemble beaucoup à celle du pigeon, dont les Russes ne mangent jamais; les pigeons sont dans les rues de Saint-Pétersbourg aussi familiers que nos moineaux francs à Paris, et malheur à celui qui oserait en tuer un seul. Ils sont, en quelque sorte, vénérés en Russie. Le gibier de venaison est très-rare dans le Nord; il y a très-peu de sangliers, fort peu de chevreuils, mais la renne est très-abondante et très-peu estimée. Là se borne le gibier de venaison en Russie.

La Newa fournit d'excellent poisson d'eau douce, tels que le sterlet, le poisson par excellence, et que nous n'avons point dans nos rivières; ensuite, vient le soudac, ou le chiledevienne; le ciusgis, la lèche ou brème, poisson blanc et commun; le héchi, bon poisson; puis le karauska et l'esturgeon, le saumon, et la truite saumonée, inférieure en qualité au saumon et à la truite de France. La Newa donne encore des perches, des brochets, des anguilles et des écrevisses.

Le beurre est excessivement mauvais en Russie. Dans les cuisines impériales les maîtres d'hôtel cuisiniers ont pris le parti de le faire battre chez eux, c'est-à-dire, dans le travail; et après l'avoir bien lavé, on l'obtient assez bon. Le climat de Russie n'étant pas favorable au pâturage, le laitage ne peut y être bon; c'est par la même cause que tout le bétail n'a point de qualité, les prairies étant huit mois de l'année couvertes de frimas. Si en quatre mois les récoltes se font, la nature, dans un si court espace, ne peut donc donner aux herbages tout le suc nutritif.

Les fruits rouges y sont en assez grande quantité : les pêches, les abricots, les brugnons, les prunes, les melons canteloups, les melons d'eau ; ces derniers sont en grande quantité ; mais tous ces fruits coûtent cher, en comparaison de notre fruit de France. J'ai payé des pêches moyennes un franc vingt-cinq centimes, lesquelles pêches se vendent à Paris vingt-cinq centimes. Ces mêmes fruits n'ont pas la même saveur que ceux de France. Les pommes y sont peu communes ; aussi notre bonne reinette, nos excellentes poires de beurré, de Saint-Germain, de Crésannes,.... et les oranges de Malte, sont les fruits d'hiver des seigneurs de Saint-Pétersbourg. Mais ce qui est vraiment précieux pour la cuisine française, en Russie, ce sont les fruits de France conservés d'après les procédés du sieur Appert. Ainsi nos fraises, nos framboises, nos groseilles, nos cerises, nos pêches, nos abricots, nos prunes, viennent, dans le nord comme dans le reste de l'Europe, se transformer en des gelées d'entremêts aussi suaves que belles, et en d'excellentes pâtisseries dont la table des grands seigneurs est enrichie chaque jour ; ce qui est le complément des délices de l'art culinaire. O Appert ! c'est surtout de l'étranger qu'on t'adresse tous les jours des remercîments et des louanges ; tes travaux passeront d'âge en âge, en laissant dans la mémoire des hommes un souvenir éternel de ton rare talent ; et si tu as sacrifié ta fortune au perfectionnement de ta science, tu jouis de la célébrité de ta découverte! Oui, ton cœur doit être satisfait!

Les légumes à Saint-Pétersbourg sont assez abondantes pendant la belle saison; mais comme l'hiver y dure assez ordinairement huit mois de l'année, alors il ne reste plus que ceux qui ont été mis en réserve dans du sable, dans des souterrains. Les grosses racines se conservent, sans doute; mais les artichauts et les chicorées ensevelis dans ce même sable durant des mois, doivent naturellement perdre une grande partie de leur qualité première; et, malgré ces soins, il est impossible d'en conserver tout l'hiver. Dans les maisons impériales et dans celles des grands seigneurs, les serres chaudes suppléent un peu à la rigueur du climat, en donnant en hiver des légumes nouveaux, des haricots verts, des concombres, mais tout cela est factice, et n'a point de sucre et de saveur. Chez nous l'hiver dure seulement quelques semaines, aussi nous n'avons point besoin de serres chaudes, nos jardiniers savent nous conserver dans des caves nos gros légumes, et nous avons encore dans cette saison rigoureuse des laitues, des chicorées, des concombres, des choux-fleurs, des cardes, du céleri, des épinards, de l'oseille, des choux blancs et rouges, et généralement tout ce qui concerne les grosses racines potagères; mais ce que nous avons par-dessus toute chose, ce sont nos bonnes, nos excellentes truffes et nos champignons; et si l'Italie a ses truffes, celles de France sont infiniment plus estimées; aussi dans tout le Nord et en Allemagne, et dans les trois royaumes réunis de la Grande-Bretagne, ce sont elles qui font le luxe et les délices des tables des grands, et particulièrement depuis que le sieur Appert les a fait voyager en conservant par son procédé toute leur saveur, et l'aromate de cette production chez nous si commune par son abondance. Mais sitôt que les glaces chez nous ont disparu, chaque mois de l'année nous donne ses nouveautés ; alors nous jouissons de l'abondance et des primeurs de nos quatre saisons, tandis que dans les contrées dont je viens de faire mention, ces mêmes primeurs n'ont plus le charme de la nouveauté, puisque les serres chaudes donnent ces légumes toute l'année.

D'après cette donnée, notre état ne peut donc pas être agréable à professer à Saint-Pétersbourg, et le pire de tout cela est la durée des glaces qui comprime toutes choses. Ainsi, durant huit mois que l'hiver s'écoule, la volaille est tellement gelée qu'elle se conserve durant tout le temps que dure les glaces. Dans cet état, le gibier, le poisson, la boucherie, les légumes, tout se trouve gelé, et très-certainement tous ces comestibles ont perdu, par ce triste résultat, les sucs nutritifs qu'ils contenaient, c'est à cela seul que tient l'appauvrissement de la succulence de l'art culinaire dans le Nord.

Cependant, une seule chose que j'envie à Saint-Pétersbourg, à Vienne et à Londres, c'est l'abondance des ananas que ces mêmes serres donnent dans les marchés à un prix très-modéré, et qui sont plus gros et plus aromatiques que les nôtres. Je suis toujours étonné que quelques capitalistes français n'aient point encore entrepris cette branche de commerce en grand : la température du beau ciel de la France serait pour quelque chose dans la production de ces sortes de serres qui seraient destinées à la culture de ce beau fruit, assurément trop rare en France. Je finis cette assez longue dissertation, en faisant des vœux pour que quelques-uns de mes compatriotes, riches propriétaires, et amateurs des productions nationales, mettent à exécution cette grande et belle entreprise, et je leur promets un brillant revenu de leurs capitaux.

Pour avoir une haute idée de ces serres chaudes, il faut voir celles du palais de la Tauride à Saint-Pétersbourg; elles sont d'une grandeur et d'une beauté extraordinaires, et bien dignes de l'immortelle Catherine qui les fit construire : on se trouve là comme dans un jardin enchanté. Ces grandes vignes étrangères forment des berceaux décorés de grosses grappes de raisins muscat, Malaga et autres; puis ces espaliers ornés de belles pêches et d'abricotiers, ces longs carrés enrichis d'ananas, dont chaque mois de l'année doit produire les siens; puis la division de ces serres dont chaque séparation reçoit une autre température par une chaleur modulée selon la progression de ces fruits vraiment extraordinaires par leur rare beauté, et bien dignes de paraître sur la table des souverains de la Russie, de même que celles appartenant à la cour d'Angleterre, qui sont d'une grande beauté. Les seigneurs d'Allemagne, d'Angleterre et de Russie, ont des serres chaudes qui leur donnent des légumes et des fruits pendant l'hiver; mais le reste de la nation en est privé, tandis que chez nous, l'hiver et l'été, chacun peut s'en procurer à peu de frais. O France! ô ma belle patrie! que ton sol est supérieur à celui de tous ces pays!!!.....

TRAITÉ DES MENUS

DES DINERS SERVIS A L'ÉLYSÉE-BOURBON, A SA MAJESTÉ L'EMPEREUR DE RUSSIE, PENDANT SON SÉJOUR A PARIS, ET DE LA GRANDE REVUE QUI EUT LIEU A VERTUS, PRÈS CHALONS-SUR MARNE, LE 10 SEPTEMBRE 1815.

TABLE DE S. M. L'EMPEREUR ALEXANDRE,

12 COUVERTS.

Table des princes et des généraux, 24 couverts servis à la russe, le 1er août 1815.

36 assiettes d'huîtres, 24 citrons, 3 potages.

PREMIER SERVICE.

Les huîtres, les citrons.

Trois potages.

La soupe froide à la Russe,
Les quenelles au consommé à l'Allemande,
Le potage à la Condé.

Trois hors-d'œuvre.

Les croquettes de volaille en poires.

Trois entrées froides.

Les darnes de saumon au beurre de Montpellier.

Trois grosses pièces.

La pièce de bœuf à la Flamande.

Neuf entrées chaudes.

Les poulardes à l'ivoire, sauce ravigote;
Les filets de perdreaux à la maréchale, ragoût financier;

Les ris de veaux glacés à la Macédoine.

Trois plats de rôts, trois salades.

Les poulets gras, les longes de veau.

Six entremets de légumes.

Les petits pois à la Française,
Les artichauts à la Lyonnaise.

Neuf entremets de sucre.

Les soufflés à la vanille,
Les méringues à l'orange,
Les gelées de café moka.

D'après ce menu, on voit aisément que les entrées, les plats de rôts, les grosses pièces et les entremets, se trouvent toujours trois de chaque espèce. En voici la cause : à deux heures (ce service était très-pénible pour nous), nous servions ensemble les deux tables. Celle de Sa Majesté se composait de la soupe froide, de deux potages, une grosse pièce, un hors-d'œuvre, une entrée froide, trois entrées chaudes, un plat de rôt, une salade, deux entremets de légumes, et trois de douceurs. La table des généraux se trouvait servie de la même manière, seulement deux par deux de chaque mets, afin que la même entrée pût être présentée à chaque convive; par ce résultat, le service se succède rapidement.

A la suite des deux grandes tables, on servait un commun très-considérable.

TABLE DE S. M. L'EMPEREUR ALEXANDRE,

12 COUVERTS.

Table des princes et des généraux, 24 couverts servis à la Russe, le 2 août 1815.

36 assiettes d'huîtres, 24 citrons.

PREMIER SERVICE.

Les huîtres, les citrons.

Trois potages.

La soupe froide à la Russe,
La garbure de macaroni au Parmesan,
Le potage de choux à la Russe (le chic).

Trois hors-d'œuvres.

Les petits vols-au-vent à la Béchamel.

Trois entrées froides.

Les magnonaise de poulets à la reine.

Trois grosses pièces.

Les aloyaux à l'Anglaise garnis de pommes de terre.

Neuf entrées chaudes.

Les sautés de filets de soles à l'Italienne,
Les émincés de lapereaux à la Clermont,
Les escalopes de poulardes, les petits filets à la Orly.

Trois plats de rôts, trois salades.

Les poulardes du Mans, les longes de veaux.

Six entremets de légumes.

Les haricots verts à l'Anglaise,
Les petits pois à la Russe.

Neuf entremets de sucre.

Les ramequins à la crème,
Les petites tartelettes d'abricots,
Les gelées de cerises framboisées.

TABLE DE S. M. L'EMPEREUR ALEXANDRE.

12 COUVERTS.

Table des princes et des généraux, 24 couverts, servis à la Russe, le 3 août 1815.

36 *assiettes d'huîtres*, 24 *citrons*.

PREMIER SERVICE.

Les huîtres, les citrons.

Trois potages.

La soupe froide à la Russe,
La créci aux petits croutons,
Le potage de santé au consommé.

Trois hors-d'œuvres.

Les croquettes de riz à la Russe.

Trois entrées froides.

Les salades de truites aux laitues.

Trois grosses pièces.

Les jambons à la broche, garnis d'une financière.

Neuf entrées chaudes.

La fricassée de petits poulets à la Chevalier,
Les jeunes perdreaux au gratin et en caisse,
Les pâtés chauds de légumes à la moderne.

Trois plats de rôts, trois salades.

Les dindonneaux, les longes de veau.

Six entremets de légumes.

Les épinards au velouté,
Les petits pois à l'Anglaise.

Neuf entremets de sucre.

Les pannequets à la dauphine,
Les génoises aux amandes pralinées,
Les fromages bavarois à la fleur d'orange.

TABLE DE S. M. L'EMPEREUR ALEXANDRE.

12 COUVERTS.

Table des princes et des généraux, 24 couverts servis à la Russe, le 4 août 1815.

36 *assiettes d'huîtres*, 24 *citrons*.

PREMIER SERVICE.

Les huîtres, les citrons.

Trois potages.

La soupe froide à la Russe,
Le potage à l'oseille lié,
Le potage de poissons à la Russe (ouga).

Trois hors-d'œuvres.

Les croustades de nouilles à la reine.

Trois entrées froides.

Les galantines de volaille à la gelée.

Trois grosses pièces.

La pièce de bœuf à la financière.

Neuf entrées chaudes.

Les filets de soles à la Orly, sauce poivrade,
Les sautés de faisans au suprême,
Les côtelettes de moutons à la Soubise.

Trois plats de rôts, trois salades.

Les poulets à la reine, les longes de veau.

Six entremets de légumes.

Les petits pois à la Française,
Les choux-fleurs à la Hollandaise.

Neuf entremets de sucre.

Les darioles au citron,
Les flans de cerises glacés,
Les gelées de fraises moulées.

TABLE DE S. M. L'EMPEREUR ALEXANDRE.

12 COUVERTS.

Table des princes et des généraux, 24 couverts servis à la Russe, le 5 août 1815.

36 assiettes d'huîtres, 24 de citrons.

PREMIER SERVICE.

Les huîtres, les citrons.

Trois potages.

La soupe froide à la Russe,
La purée de pois nouveaux aux petits croutons,
La julienne à l'essence de racines.

Trois hors-d'œuvres.

Les petits pâtés aux huîtres.

Trois entrées froides.

Les cervelles de veaux à la magnonaise.

Trois grosses pièces.

Les saumons à la Chambord.

Neuf entrées chaudes.

Les blanquettes de poulardes en croustade,
Les filets de canetons à la bigarade,
Les boudins de gibier garnis de salpicon.

Trois plats de rôts, trois salades.

Les poulets normands, les longes de veau.

Six entremets de légumes.

Les pois fins à l'Anglaise,
Les fonds d'artichauts aux fines herbes.

Neuf entremets de sucre.

Les soufflés à la Française et en croustade,
Les petits gâteaux de Pithiviers,
Les crèmes à la Française, au moka.

TABLE DE S. M. L'EMPEREUR ALEXANDRE.

12 COUVERTS.

Table des princes et des généraux, 24 couverts servis à la Russe, le 6 août 1815.

36 *assiettes d'huîtres,* 24 *citrons.*

PREMIER SERVICE.

Les huîtres, les citrons.

Trois potages.

La soupe froide à la Russe,
Le potage à la jardinière,
Le potage à la tortue au Madère.

Trois hors-d'œuvres.

Les petites cassolettes de riz à la purée de gibier.

Trois entrées froides.

Les aspics de blanquettes de poulardes à la Provençale.

Trois grosses pièces.

Les noix de veaux piquées, glacées à la Macédoine.

Neuf entrées chaudes.

Les darnes de saumons au beurre d'anchois,
Les filets de lapereaux contis aux truffes;
Les fritots de poulets à la reine, sauce tomate.

Trois plats de rôts, trois salades.

Les canetons, les longes de veau.

Six entremets de légumes.

Les concombres à la Béchamel,
Les petits pois à l'Anglaise.

Neuf entremets de sucre.

Les biscuits à la crème, à la vanille;
Les tartelettes de cerises glacées,
Les blanc-mangers aux avelines.

TABLE DE S. M. L'EMPEREUR ALEXANDRE.

12 COUVERTS.

Table des princes et des généraux, 24 couverts servis à la Russe, le 7 août 1815.

36 *assiettes d'huîtres, 24 citrons.*

PREMIER SERVICE.

Les huîtres, les citrons.

Trois potages.

La soupe froide à la Russe,
La créci aux petits croutons,
La julienne au blond de veau.

Trois hors-d'œuvres.

Les petites timbales de nouilles à la purée de gibier.

Trois entrées froides.

Les salades de poissons à la Russe.

Trois grosses pièces.

Les gigots de moutons aux racines, demi-glace.

Neuf entrées chaudes.

Les filets de canetons à la bigarade,
Les escalopes de levrauts aux truffes,
Les filets de poulets à la maréchale, sauce tomate.

Trois plats de rôts, trois salades.

Les faisans, les poulets à la reine.

Six entremets de légumes.

Les épinards à l'Anglaise,
Les petits pois à la Russe.

Neuf entremets de sucre.

Les tartelettes de cerises glacées,
Les petits gâteaux d'amandes,
Les crèmes françaises à l'ananas.

TABLE DE S. M. L'EMPEREUR ALEXANDRE.

12 COUVERTS.

Table des princes et des généraux, 24 couverts servis à la Russe, le 8 août 1815.

36 *assiettes d'huîtres*, 24 *citrons*.

PREMIER SERVICE.

Les huîtres, les citrons.

Trois potages.

La soupe froide à la Russe,
Le potage en surprise, consommé de volaille,
Le potage à l'oseille liée.

Trois hors-d'œuvres.

Les petites croustades à la Monglas.

Trois entrées froides.

Les pains de volaille truffés à la gelée.

Trois grosses pièces.

Les matelotes à la Bourguignotte, garnies de laitances.

Neuf entrées chaudes.

Les vols-au-vent à la Nesle,
Les têtes de veaux à la tortue,
Les sautés de faisans aux truffes.

Trois plats de rôts, trois salades.

Les perdreaux, les poulardes.

Six entremets de légumes.

Les petits pois à la Française,
** La chicorée à la Béchamel en croustade.

Neuf entremets de sucre.

Les pommes au riz glacées,
Les madelaines au riz et au cédrat,
Les blancs-manger à la crème.

TABLE DE S. M. L'EMPEREUR ALEXANDRE.

12 COUVERTS.

Table des princes et des généraux, 24 couverts servis à la Russe, le 9 août 1815.

36 *assiettes d'huîtres*, 24 *citrons.*

PREMIER SERVICE.

Les huîtres, les citrons.

Trois potages.

La soupe froide à la Russe,
La brunoise au blond de veau,
Le potage de quenelles à l'Allemande.

Trois hors-d'œuvres.

Les petits vols-au-vent à la Béchamel.

Trois entrées froides.

Les magnonaises de poulets à la ravigote.

Trois grosses pièces.

Les tronçons de saumons à la Chambord.

Neuf entrées chaudes.

Les côtelettes de veaux à la Dreux,
Les cailles au gratin en croustade,
Les sautés de poulardes au suprême et aux truffes.

Trois plats de rôts, trois salades.

Les perdreaux, les poulets à la reine, les longes de veaux.

Six entremets de légumes.

Les petits pois à la Parisienne,
Les concombres en cardes au velouté.

Neuf entremets de sucre.

Les petits nougats à la Française,
Les tartelettes de pommes méringuées,
Les gelées de groseilles framboisées.

TABLE DE S. M. L'EMPEREUR ALEXANDRE.

12 COUVERTS.

Table des princes et des généraux, 24 couverts servis à la Russe, le 10 août 1815.

36 *assiettes d'huîtres*, 24 *citrons.*

PREMIER SERVICE.

Les huîtres, les citrons.

Trois potages.

La soupe froide à la Russe,
Les macaronis liés à l'Italienne,
La julienne au consommé de volaille.

Trois hors-d'œuvres.

Les croquettes de gibier au fumet.

Trois entrées froides.

Les salades de filets de soles garnies de laitues.

Trois grosses pièces.

Les aloyaux à l'Anglaise, demi-glace.

Neuf entrées chaudes.

Les escalopes de faisans à l'Allemande,
Les casseroles au riz à la Toulouse,
Les fricassées de poulets à la Vénitienne.

Trois plats de rôts, trois salades.

Les cailles, les rouge-gorges, les longes de veaux.

Six entremets de légumes.

Les artichauts à la Lyonnaise,
Les petits pois à la Française.

Neuf entremets de sucre.

Les manans de crème aux pistaches,
Les flans de pêches glacées,
Les fromages bavarois aux fraises.

TABLE DE S. M. L'EMPEREUR ALEXANDRE.

12 COUVERTS.

Table des princes et des généraux, 24 couverts servis à la Russe, le 11 août 1815.

36 *assiettes d'huîtres, 24 citrons.*

PREMIER SERVICE.

Les huîtres, les citrons.

Trois potages.

La soupe froide à la Russe,
La garbure aux racines,
Le potage aux laitues.

Trois hors-d'œuvres.

Les petits vols-au-vent à la reine.

Trois entrées froides.

Les galantines de poulets à la gelée.

Trois grosses pièces.

Les têtes de veaux à la Chevalier.

Neuf entrées chaudes.

Les darnes de saumons, sauce aux huîtres;
Les escalopes de levrauts liées au sang,
Les fritots de poulets, sauce tomate.

Trois plats de rôts, trois salades.

Les canetons, les perdreaux, les longes de veaux.

Six entremets de légumes.

Les haricots blancs à la Bretonne,
Les choux-fleurs au Parmesan.

Neuf entremets de sucre.

Les petits gâteaux de Pithiviers glacés,
Les petits soufflés aux abricots,
Les gelées de groseilles.

TABLE DE S. M. L'EMPEREUR ALEXANDRE.

12 COUVERTS.

Table des princes et des généraux, 24 couverts servis à la Russe, le 12 août 1815.

36 *assiettes d'huîtres*, 24 *citrons.*

PREMIER SERVICE.

Les huîtres, les citrons.

Trois potages.

La soupe froide à la Russe,
Le potage à la Condé aux petits croutons,
Le potage de santé au consommé de volaille.

Trois hors-d'œuvres.

Les petites croustades à la marinière.

Trois entrées froides.

Les petits aspics à la moderne.

Trois grosses pièces.

Les longes de veaux à la crème.

Neuf entrées chaudes.

Les filets de turbots, sauce au beurre d'anchois;
Les filets de chevreuils piqués, glacés, sauce poivrade;
La blanquette de poulardes en croustade.

Trois plats de rôts, trois salades.

Les cailles, les dindonneaux.

Six entremets de légumes.

Les petits pois à la Française,
Les haricots verts à l'Anglaise.

Neuf entremets de sucre.

Les flans de Brugnons glacés,
Les tartelettes de crème à la pâtissière,
Les gelées d'épines-vinettes moulées.

TABLE DE S. M. L'EMPEREUR ALEXANDRE.

20 COUVERTS.

Table des princes et des généraux, 20 couverts servis à la Russe, le 13 août 1815.

40 assiettes d'huîtres, 30 citrons.

PREMIER SERVICE.

Les huîtres, les citrons.

Quatre potages.

La soupe froide à la Russe,
La purée de pois nouveaux,
Le potage d'orge perlée à la Russe,
La garbure à l'Italienne.

Quatre hors-d'œuvres.

Les croquettes de riz à la Russe.

Quatre entrées froides.

Les salades de poulets aux laitues et ravigote.

Quatre grosses pièces.

Les aloyaux à l'Anglaise, sauce chevreuil.

Douze entrées chaudes.

Les escalopes de truites aux fines herbes,
Les côtelettes de moutons à la Nivernoise,
Les perdreaux truffés, sauce Périgueux;
Les ailes de poulets à la Tartare.

Quatre plats de rôts, quatre salades.

Les faisans, les dindonneaux, les longes de veaux.

Huit entremets de légumes.

Les petits artichauts à la barigoule,
Les pois fins à la Russe.

Douze entremets de sucre.

Les pommes au beurre glacées,

Les tartelettes de pêches,
Les petits soufflés à la vanille,
Les gelées d'ananas moulées.

TABLE DE S. M. L'EMPEREUR ALEXANDRE.

12 COUVERTS.

Table des princes et des généraux, 24 couverts servis à la Russe, le 14 août 1815.

36 assiettes d'huîtres, 24 citrons.

PREMIER SERVICE.

Les huîtres, les citrons.

Trois potages.

La soupe froide à la Russe,
Le potage à la Provençale,
La brunoise au blond de veau.

Trois hors-d'œuvres.

Les petits pâtés à la Russe.

Trois entrées froides.

Les magnonaises de volaille à la gelée.

Trois grosses pièces.

Les côtelettes de bœuf à la Nivernoise.

Neuf entrées chaudes.

Les filets de soles à la Orly,
Les pâtés chauds à la financière,
Les escalopes de levrauts liées au sang.

Trois plats de rôts, trois salades.

Les poulets gras, les faisans, les rouge-gorges.

Six entremets de légumes.

Les haricots verts à l'Anglaise,
Les petits pois au sucre.

Neuf entremets de sucre.

Les fondus au Parmesan,
Les petits gâteaux d'abricots,
Les crèmes françaises aux amandes amères.

TABLE DE S. M. L'EMPEREUR ALEXANDRE.

12 COUVERTS.

Table des princes et des généraux, 24 couverts servis à la Russe le 15 août 1815.

36 assiettes d'huîtres, 24 citrons.

PREMIER SERVICE.

Les huîtres, les citrons.

Trois potages.

La soupe froide à la Russe,
Le potage à l'oseille lié,
Le potage de poissons à la Russe.

Trois hors-d'œuvres.

Les petits vols-au-vent à la Béchamel.

Trois entrées froides.

Les filets de poulardes à l'aspic, garnis d'une Macédoine.

Trois grosses pièces.

Les aloyaux à l'Anglaise, sauce tomate.

Neuf entrées chaudes.

Les sautés de saumon, sauce aux crevettes;
Les timbales de macaroni au chasseur,
Les filets de poulets à la maréchale.

Six entremets de légumes.

Les artichauts aux fines herbes, demi-Espagnole;
Les petits pois à la Française.

Neuf entremets de sucre.

Les tartelettes de pêches glacées,
Les nougats en coquilles garnis de crème,
Les gelées de verjus renversées garnies de fruits.

DINER A VERTUS,

PRÈS DE CHALONS-SUR-MARNE.

TABLE DE S. M. L'EMPEREUR ALEXANDRE.

12 COUVERTS.

Table des princes et des généraux, 24 couverts servis à la Russe, le 8 septembre 1815.

36 *assiettes d'huîtres*, 24 *citrons.*

PREMIER SERVICE.

Les huîtres, les citrons.

Trois potages.

La soupe froide à la Russe,
Le potage à la Condé,
Le potage à la Polonaise.

Trois hors-d'œuvres.

Les croquettes de riz à la Russe.

Trois entrées froides.

Les salades de poissons à l'Italienne.

Trois grosses pièces.

Les noix de veaux à la financière.

Neuf entrées chaudes.

Les sautés de perdreaux aux truffes,
Les boudins à la Richelieu, sauce veloutée,
Les côtelettes de mouton à l'Anglaise.

Trois plats de rôts, trois salades.

Les dindonneaux, les longes de veaux.

Six entremets de légumes.

Les concombres à la Béchamel,
Les petits pois à la Russe.

Neuf entremets de sucre.

Les darioles au citron,
Les petits gâteaux renversés à la gelée de groseilles,
Les fromages bavarois au café à l'eau.

DINER A VERTUS,

PRÈS DE CHALONS-SUR-MARNE.

TABLE DE S. M. L'EMPEREUR ALEXANDRE.

12 COUVERTS.

Table des princes et des généraux, 24 couverts servis à la Russe, le 9 septembre 1815.

36 *assiettes d'huîtres*, 24 *citrons.*

PREMIER SERVICE.

Les huîtres, les citrons.

Trois potages.

La soupe froide à la Russe,
Le potage de santé au consommé de volaille,
L'orge perlée à la Russe.

Trois hors-d'œuvres.

Les petits pâtés au naturel.

Trois entrées froides.

La hure de Troyes à la gelée.

Trois grosses pièces.

Les longes de veaux à la Monglas.

Neuf entrées chaudes.

Les filets de soles à l'Italienne,
Les poulardes à l'ivoire au consommé,
Les timbales de nouilles à la Toulouse.

Trois plats de rôts, trois salades.

Les perdreaux, les cailles, les poulets normands.

Six entremets de légumes.

Les petits pois à la Française,
Les haricots verts à la Russe.

Neuf entremets de sucre.

Les gelées d'ananas garnies de fruits,
Les choux pralinés garnis de crème au chocolat,
Les nougats au gros sucre.

DINER A VERTUS,

PRÈS DE CHALONS-SUR-MARNE.

Journée de la grande revue, 300 *couverts servis à la Russe, le* 10 *septembre* 1815.

300 *assiettes d'huîtres*, 150 *citrons.*

PREMIER SERVICE.

Les huîtres, les citrons.

Trois potages.

Le potage à la Russe (le chie) pour 150 couverts,
Le potage à la reine pour 150 couverts,
La julienne au blond de veau pour 150 couverts.

Vingt-huit hors-d'œuvres.

Les petites croustades à la Bechamel.

Vingt-huit entrées froides.

Les magnonaises de poulets à la gelée.

Vingt-huit grosses pièces.

Les pièces de bœufs à la Macédoine.

Cent-douze entrées.

Les filets de turbots, sauce au beurre d'anchois;
Les têtes de veaux à la tortue au Madère,
Les fricassées de poulets à la Chevalier,
Les vols-au-vent à la Toulouse.

Vingt-huit plats de rôts, vingt-huit salades.

Les cailles, les poulardes, les longes de veaux.

Cinquante-six entremets de légumes.

Les artichauts à la Lyonnaise,

Les petits pois à la Française.

Cinquante-six entremets de douceurs.

Les méringues à la crème à la vanille,

Les gelées de verjus moulées à la Macédoine de fruits,

Huit assiettes de fondus extra, pour la table de S. M.

DINER A VERTUS,

PRÈS DE CHALONS-SUR-MARNE.

Fête de S. M. l'Empereur Alexandre, 300 *couverts servis à la Russe*, *le* 11 *septembre* 1815.

300 *assiettes d'huîtres*, 150 *citrons.*

PREMIER SERVICE.

Les huîtres, les citrons.

Trois potages.

Le potage à la jardinière pour 150 couverts,

Le potage à la Russe pour 150 couverts,

La Crécy aux petits croutons pour 150 couverts.

Vingt-huit hors-d'œuvres.

Les petits vols-au-vent à la purée de gibier.

Vingt-huit entrées froides.

Les galantines de poulardes à la gelée.

Vingt-huit grosses pièces.

Les filets de bœuf au vin de Madère, demi-espagnole.

Cent douze entrées.

Les filets de soles à la Orly, garnis d'une escalope de saumon;

Les cailles aux fines herbes dans des bordures de racines,

Les sautés de poulets au suprême, ragoût à la Toulouse;

Les timbales de macaronis au chasseur.

Vingt-huit plats de rôts, vingt-huit salades.

Les poulets gras, les dindonneaux, les longes de veaux.

Cinquante entremets de légumes.

Les épinards au velouté,

Les haricots verts à l'Anglaise.

Cinquante-six entremets de douceurs.

Les crèmes françaises à la vanille,

Les génoises aux amandes pralinées,

Huit soufflets d'extra, pour la table de S. M.

DINER A VERTUS,

PRÈS DE CHALONS-SUR-MARNE.

Table de S. M. l'Empereur Alexandre et de tout son état-major, 300 *couverts servis à la Russe*, *le* 12 *septembre* 1815.

300 *assiettes d'huîtres*, 150 *citrons.*

PREMIER SERVICE.

Les huîtres, les citrons.

Trois potages.

L'orge perlée liée à la Russe pour 150 couverts,

La Brunoise au blond de veau pour 150 couverts,

Le potage à la Polonaise pour 150 couverts.

Vingt-huit hors-d'œuvres.

Les petits vols-au-vent garnis à la Toulouse.

Vingt-huit entrées froides.

Les hures de Troyes aux truffes et à la gelée.

Vingt-huit grosses pièces.

Les gigots de sept heures aux racines.

Cent douze entrées.

Les filets de saumons à la sauce Hollandaise,

Les salmis de perdreaux au vin de Bordeaux,

Les fritots de poulets, sauce tomate;
Les ris de veaux piqués, glacés à la chicorée.

Vingt-huit plats de rôts, vingt-huit salades.

Les canetons, les poulardes, les longes de veaux.

Cinquante-six entremets de légumes.

Les haricots verts à l'Anglaise,
Les artichauts à la Lyonnaise.

Cinquante-six entremets de douceurs.

Les gelées des quatre fruits,
Les nougats de pommes pralinés,
Les soufflets en caisse pour extra.

Observations.

Ces grands travaux de cuisine ont eu lieu à l'occasion de la revue, que l'empereur Alexandre a passée de ses troupes cantonnées dans les plaines des Vertus, près Châlons-sur-Marne; cet *extra* fut très-pénible pour nous, en raison du service à la Russe qui exige que les entrées ne soient dressées qu'au fur et à mesure qu'elles sont servies, et bien sûrement ce laps de temps se trouve trop tôt écoulé, pour pouvoir dresser vingt-huit entrées comme elles le sont dans notre service à la Française. Je veux bien que ces vingt-huit entrées se trouvaient toutes pareilles; mais encore fallait-il les placer sur des plats, puis les saucer, et certes il a fallu beaucoup d'ensemble et d'intelligence pour avoir fait ces travaux, surtout étant à 34 lieues de Paris.

Le pays par lui-même n'a aucune ressource; les provisions que nous en tirâmes n'ont pas suffi pour les communs qui furent considérables; aussi fûmes-nous obligés de tirer tout notre matériel de la capitale : les vins, la boucherie, la volaille, le gibier, le poisson, les comestibles de tous genres, la charcuterie, l'épicerie, le beurre, les fruits, les légumes d'entremets, la farine; plus de deux cents pièces de batterie, tout le linge de table et de cuisine, l'argenterie, la verrerie, et la vaisselle nécessaire à ce grand extra.

Comme j'étais chargé de la gestion d'approvisionner pour le service de la cuisine, je fis observer au maître d'hôtel Muller que nous devions écrire au maire de Châlons, afin d'avoir des notions certaines sur les ressources du pays. A cet effet, j'écrivis une lettre détaillée au maire sur les travaux que nous devions exécuter à Vertus. La réponse de M. le maire ne fut point satisfaisante, n'ayant volontiers rien à nous offrir, pas même de glace. Cette chose seule nous occupa beaucoup, puisqu'il est vrai qu'il nous en fallait des milliers. Un glacier de Paris nous demanda 50 centimes par livre rendue à Vertus. J'écrivis de rechef au maire, et il nous fit savoir que nous pouvions acheter une glacière qui se trouvait à quelques lieues de l'endroit; ce qui fut accepté. Nous fîmes partir de Paris un garçon boucher, emmenant un troupeau de bœufs, de veaux et de moutons; il arriva quelques jours d'avance à Vertus, et y établit notre boucherie. Je partis de Paris quelques jours avant Sa Majesté, ayant avec moi quarante cuisiniers et une grande partie de nos comestibles; ce qui demandait de nous une surveillance continuelle contre les troupes de Cosaques dont les routes de ces environs se trouvaient toutes remplies. Arrivés à Vertus, nous nous trouvâmes logés dans la propriété de M. le maire; les fourneaux furent établis dans une grange et dans les cours. Le célèbre M. Fontaine, architecte du Roi, dirigeait les travaux pour disposer les logements des trois souverains, et les embellissements du jardin devant recevoir les tables pour 300 couverts. Des tentes élégantes enfermaient le pourtour extérieur; et, durant le diner, des fanfares militaires étaient exécutées par des bandes de musiciens qui se renouvelaient.

Ce grand extraordinaire fut brillant et somptueux, mais infiniment pénible pour la bouche, puisqu'il est vrai de dire que nous nous trouvions au camp. Nos hommes d'extra furent contraints de se coucher sur la paille dans un grand grenier. Il faut se reporter à ces temps de tristes souvenirs, qui avaient forcé les habitans de quitter leurs foyers lors de l'invasion des troupes étrangères.

Toutes ces dépenses furent liquidées, quelques jours après notre retour à l'Élysée.

TABLE DE S. M. L'EMPEREUR ALEXANDRE.

12 COUVERTS.

Table des princes et des généraux, 24 couverts servis à la Russe, le 13 septembre 1815.

36 *assiettes d'huîtres*, 24 *citrons.*

PREMIER SERVICE.

Les huîtres, les citrons.

Trois potages.

La soupe froide à la Russe,

Le potage à la jardinière,
Le potage de choux à la Russe (le chie).

Trois hors-d'œuvres.

Les petits vols-au-vent à la purée de volaille.

Trois entrées froides.

Les salmis chauds-froids à la gelée.

Trois grosses pièces.

Les têtes de veaux à la Chevalier.

Neuf entrées chaudes.

Les filets de merlans à la Orly, sauce poivrade;
Les petits poulets aux truffes, entrée de broche;
Les filets de chevreuils marinés, ragoût à la financière.

Trois plats de rôts, trois salades.

Les canetons, les poulardes, les longes de veaux.

Six entremets de légumes.

Les petits pois à la Française,
Les concombres à la Béchamel.

Neuf entremets de sucre.

Les charlottes de pommes au beurre,
Les petits pains à la paysanne,
Le fromage bavarois à la bigarade.

TABLE DE S. M. L'EMPEREUR ALEXANDRE,

12 COUVERTS.

Table des princes et des généraux, 24 couverts servis à la Russe, le 14 septembre 1815.

36 *assiettes d'huîtres*, 24 *citrons.*

PREMIER SERVICE.

Les huîtres, les citrons.

Trois potages.

La soupe froide à la Russe,
Le riz à la purée de pois verts,

Le potage de santé, consommé de volaille.

Trois hors-d'œuvres.

Les petites croustades à la Béchamel.

Trois entreés froides.

Les magnonaises de poulets à la reine.

Trois grosses pièces.

Les filets de bœuf braisés au vin de Madère.

Neuf entrées chaudes.

Les sautés de saumon à l'Italienne,
Les filets de canetons à l'orange,
Les blanquettes de volailles aux truffes, bordures de riz.

Trois plats de rôts, trois salades.

Les dindonneaux les poulets gras, les longes de veau.

Six entremets de légumes.

Les artichauts à la barigoule, demi-espagnole;
Les petits pois à la Française.

Neuf entremets de sucre.

Les gelées d'épines-vinettes moulées,
Les vols-au-vent garnis de pêches glacées,
Les madelaines à la vanille.

TABLE DE S. M. L'EMPEREUR ALEXANDRE.

12 COUVERTS.

Table des princes et des généraux, 24 couverts servis à la Russe, le 15 septembre 1815.

36 *assiettes d'huîtres*, 24 *citrons.*

PREMIER SERVICE.

Les huîtres, les citrons.

Trois potages.

La soupe froide à la Russe,
La garbure aux choux, consommé de volaille,
Le potage à la Faubonne.

Trois hors-d'œuvres.

Les petits vols-au-vent à la reine.

Trois entrées froides.

Les salades de truites à la sauce provençale.

Trois grosses pièces.

Les longes de veau à la Béchamel.

Neuf entrées chaudes.

Les sautés de poulets au suprême,
Les cailles aux fines herbes en croustade,
Les émincés de langues de moutons à la Clermont.

Trois plats de rôts, trois salades.

Les perdreaux rouges, les rouge-gorges, les poulardes.

Six entremets de légumes.

Les épinards au velouté garnis d'œufs pochés,
Les haricots verts à l'Anglaise.

Neuf entremets de sucre.

Les gelées de citrons moulées,
Les petits gâteaux aux pistaches en croissant,
Les petits soufflés aux abricots.

TABLE DE S. M. L'EMPEREUR ALEXANDRE.

12 COUVERTS.

Table des princes et des généraux, 24 couverts servis à la Russe, le 16 septembre 1815.

36 *assiettes d'huîtres*, 24 *citrons.*

PREMIER SERVICE.

Les huîtres, les citrons.

Trois potages.

La soupe froide à la Russe,
Le potage à la Condé aux petits croûtons,
La julienne au blond de veau.

Trois hors-d'œuvres.

Les petites timbales de vermicelle à la purée de gibier.

Trois entrées froides.

Les salades de poulets à la ravigote.

Trois grosses pièces.

La pièce de bœuf à la Nivernoise.

Neuf entrées chaudes.

Le vol-au-vent de bonne morue à la Béchamel,
Les sautés de perdreaux rouges aux truffes,
Les ris de veaux piqués, glacés aux pointes d'asperges.

Trois plats de rôts, trois salades.

Les faisans d'eau, les poulets gras, les longes de veau.

Six entremets de légumes.

Les artichauts à la Lyonnaise,
Les petits pois à la Russe.

Neuf entremets de douceurs.

Les gelées d'ananas renversées,
Les gâteaux d'abricots à la dauphine,
Les meringues à la crème aux framboises.

TABLE DE S. M. L'EMPEREUR ALEXANDRE.

20 COUVERTS.

Table des princes et des généraux, 20 couverts servis à la Russe, le 17 septembre 1815.

40 *assiettes d'huîtres,* 30 *citrons.*

PREMIER SERVICE.

Les huîtres et les citrons.

Quatre potages.

La soupe froide à la Russe,
Les pâtes à l'Italienne au blond de veau,
Le potage en surprise,
Le potage de choux à la Russe.

Quatre hors-d'œuvres.

Les petits vols-au-vent à la Béchamel.

Quatre entrées froides.

Les salades de filets de soles en bordure de gelée.

Quatre grosses pièces.

Les jambons de Bayonne aux épinards.

Seize entrées chaudes.

Les filets de levrauts à la Vénitienne,
Les quenelles au consommé de volaille,
Les côtelettes de poulets à la maréchale, sauce tomate;
Les cervelles de veaux au vin de Champagne.

Quatre plats de rôts, quatre salades.

Les perdreaux, les cailles, les poulets normands.

Huit entremets de légumes.

Les choux-fleurs au Parmesan,
Les fonds d'artichauts à la Provençale.

Douze entremets de sucre.

Les fromages bavarois aux fraises,
Le flan de pêches glacées,
Les nougats à la Française.

TABLE DE S. M. L'EMPEREUR ALEXANDRE.

12 COUVERTS.

Table des princes et des généraux, 24 couverts servis à la Russe, le 18 septembre 1815.

36 *assiettes d'huîtres*, 24 *citrons.*

PREMIER SERVICE.

Les huîtres, les citrons.

Trois potages.

La soupe froide à la Russe,
La Crécy aux petits croûtons,
Le potage à la Polonaise.

Trois hors-d'œuvres.

Les croquettes de riz à la Russe.

Trois entrées froides.

Les aspics en bordure garnis d'une blanquette de volaille.

Trois grosses pièces.

Les gigots de sept heures aux racines.

Neuf entrées chaudes.

Les filets de merlans sautés aux fines herbes,
Les têtes de veaux à la tortue, au vin de Madère;
Les sautés de faisans aux truffes fraîches.

Trois plats de rôts, trois salades.

Les dindonneaux, les cailles, les longes de veau.

Six entremets de légumes.

Le petits pois à l'Anglaise,
La chicorée en croustade.

Neuf entremets de sucre.

Les gelées de bigarades fouettées,
Les génoises fourrées de marmelade d'abricots,
Les biscuits à la crème à la vanille.

TABLE DE S. M. L'EMPEREUR ALEXANDRE.

12 COUVERTS.

Table des princes et des généraux, 24 couverts servis à la Russe, le 19 septembre 1815.

36 *assiettes d'huîtres*, 24 *citrons.*

PREMIER SERVICE.

Les huîtres, les citrons.

Trois potages.

La soupe froide à la Russe,
Le potage au chasseur, fumet de gibier;
Le potage à l'oseille liée.

Trois hors-d'œuvres.

Les petites croustades de nouilles à la reine.

Trois entrées froides.

Les magnonaises de poulets à la Provençale.

Trois grosses pièces.

Les tronçons d'esturgeons à la Chambord.

Neuf entrées chaudes.

Les fricassées de poulets à la Saint-Lambert,
Les filets de levrauts Conti aux truffes,
Les côtelettes de mouton à la Soubise.

Trois plats de rôts, trois salades.

Les perdreaux, les poulardes, les longes de veau.

Six entremets de légumes.

Les artichauts à l'Italienne,
Les concombres en cardes à l'Espagnole.

Neuf entremets de sucre.

Les gelées de verjus à la Macédoine de fruits,
Les flans de crème pâtissière aux raisins de Corinthe,
Les choux pralinés aux avelines.

TABLE DE S. M. L'EMPEREUR ALEXANDRE.

12 COUVERTS.

Table des princes et des généraux, 24 couverts, servis à la Russe, le 20 septembre 1815.

36 *assiettes d'huîtres, 24 citrons.*

PREMIER SERVICE.

Les huîtres, les citrons.

Trois potages.

La soupe froide à la Russe,
Les macaronis liés à l'Italienne,
La julienne au blond de veau.

Trois hors-d'œuvres.

Les petits vols-au-vent à la marinière.

Trois entrées froides.

Les gâteaux de lièvres aux truffes et à la gelée.

Trois grosses pièces.

La pièce de bœuf au vin de Madère.

Neuf entrées chaudes.

Les filets de turbots à la Hollandaise,
Les salmis de perdreaux rouges aux truffes,
La blanquette de poulardes en croustade.

Trois plats de rôts, trois salades.

Les dindonneaux, les rouge-gorges, les longes de veau.

Six entremets de légumes.

Les truffes au vin de Champagne,
Les haricots verts à l'Anglaise.

Neuf entremets de sucre.

Les fromages bavarois aux pêches,
Les gaufres à l'Allemande au gros sucre,
Les ramequins au Parmesan.

TABLE DE S. M. L'EMPEREUR ALEXANDRE.

15 COUVERTS.

Table des princes et des généraux, 24 couverts servis à la Russe, le 21 septembre 1815.

40 *assiettes d'huîtres*, 30 *citrons.*

PREMIER SERVICE.

Les huîtres, les citrons.

Trois potages.

La soupe froide à la Russe,
La bisque de volaille,
L'orge perlée liée à la Russe.

Quatre hors-d'œuvres.

Les petites cassolettes de riz à la reine.

Quatre entrées froides.

Les salades de poulets aux laitues.

Quatre grosses pièces.

Les aloyaux à l'Anglaise, garnis de pommes de terre.

Douze entrées chaudes.

Les tronçons de cabillaud à la Flamande,
Les filets de poulardes à la Chevalier, ragoût Toulouse;
Les perdreaux à la Périgueux, ragoût de truffes.

Quatre plats de rôts, quatre salades.

Les faisans, les poulets à la reine, les longes de veau.

Huit entremets de légumes.

Les fonds d'artichauts aux fines herbes,
Les petits pois au sucre.

Douze entremets de douceurs.

La gelée de café fouettée,
Les beignets de pêches glacées,
Les soufflés de fécule au cédrat.

TABLE DE S. M. L'EMPEREUR ALEXANDRE.

12 COUVERTS.

Table des princes et des généraux, 24 couverts servis à la Russe, le 22 septembre 1815.

36 *assiettes d'huîtres*, 24 *citrons.*

PREMIER SERVICE.

Les huîtres, les citrons.

Trois potages.

La soupe froide à la Russe,
La Crécy aux petits croûtons,
Le potage de santé au consommé.

Trois hors-d'œuvres.

Les petits vols-au-vent aux crevettes.

Trois entrées froides.

Les filets de saumon à la magnonaise ravigote.

Trois grosses pièces.

Les longes de veau à la Monglas.

Neuf entrées chaudes.

Les croustades de cailles au gratin, demie-espagnole;
Les filets de volaille à la belle vue, ragoût Toulouse;
Les filets de canetons au vin de Champagne.

Trois plats de rôts, trois salades.

Les poulets normands, les perdreaux rouges.

Six entremets de légumes.

Les petits pois à la Française,
Les épinards au velouté.

Neuf entremets de douceurs.

Le pouding au vin de Madère,
Les gâteaux à la d'Artois,
Les fromages bavarois aux framboises.

TABLE DE S. M. L'EMPEREUR ALEXANDRE.

12 COUVERTS.

Table des princes et des généraux, 24 couverts servis à la Russe, le 23 septembre 1815.

36 *assiettes d'huîtres, 24 citrons.*

PREMIER SERVICE.

Les huîtres, les citrons.

Trois potages.

La soupe froide à la Russe,
La purée de pois verts aux petits croûtons,
Le vermicelle au blond de veau.

Trois hors-d'œuvres.

Les croquettes de volaille à l'Allemande.

Trois entrées froides.

Les magnonaises de cervelles de veaux à la gelée.

Trois grosses pièces.

La pièce de bœuf à la sauce russe.

Neuf entrées chaudes.

Les filets de soles à la Orly, sauce tomate;
Les vols-au-vent à la Nesle, ragoût de crêtes et oignons;
Les escalopes de levrauts liées au sang.

Trois plats de rôts, trois salades.

Les poulardes du Mans, les longes de veaux.

Six entremets de légumes.

Les petits pois à l'Anglaise,
Les artichauts frits à la Provençale.

Neuf entremets de sucre.

Les gelées de marasquins,
Les manons de marmelade de pêches,
Les petits soufflés de crème de riz.

TABLE DE S. M. L'EMPEREUR ALEXANDRE.

12 COUVERTS.

Table des princes et des généraux, 24 *couverts servis à la Russe*, *le* 24 *septembre* 1815.

36 *assiettes d'huîtres*, 24 *citrons.*

PREMIER SERVICE.

Les huîtres, les citrons.

Trois potages.

La soupe froide à la Russe,
Le potage à la Condé,
Le potage à la Russe.

Trois hors-d'œuvres.

Les cannelons à la Luxembourg.

Trois entrées froides.

Les petits aspics à la moderne, crêtes et rognons.

Trois grosses pièces.

Les noix de bœufs à la royale.

Neuf entrées chaudes.

Le gratin de bonne morue à la Béchamel,
Le sauté de faisans au fumet et aux truffes,
Les filets de poulets à la Pompadour.

Trois plats de rôts, trois salades.

Les cailles, les dindonneaux, les longes de veaux.

Six entremets de légumes.

Les haricots verts à l'Anglaise,
La chicorée à la Béchamel.

Neuf entrêmets de sucre.

Les blancs-mangers au café,
Les pommes méringuées et au beurre,
Les petits gâteaux aux pistaches.

TABLE DE S. M. L'EMPEREUR ALEXANDRE.

12 COUVERTS.

Table des princes et des généraux, 24 couverts servis à la Russe, le 25 septembre 1815.

36 *assiettes d'huîtres*, 24 *citrons.*

PREMIER SERVICE.

Les huîtres, les citrons.

Trois potages.

La soupe froide à la Russe,
La garbure aux racines,
Le potage de choux à la Russe.

Trois hors-d'œuvres.

Les petites timbales de nouilles à la purée de gibier.

Trois entrées froides.

Les salades de truites à la magnonaise ravigote.

Trois grosses pièces.

Les pièces de bœuf à la purée de pommes de terre.

Neuf entrées chaudes.

Les escalopes de lapereaux en croustades,
Les poulardes à l'Anglaise garnies de racines,
Les ris de veaux à la Saint-Cloud, ragoût à la financière.

Trois plats de rôts, trois salades.

Les cailles, les rouge-gorges, les longes de veaux.

Six entremets de légumes.

Les concombres en cardes à la Béchamel,
Les petits pois à la Française.

Neuf entremets de sucre.

Les gelées de verjus moulées,
Les croquettes de riz à la vanille,
Les flans de pommes à la Portugaise.

TABLE DE S. M. L'EMPEREUR ALEXANDRE.

25 COUVERTS.

Table des princes et généraux, 20 couverts servis à la Russe, le 26 septembre 1815.

45 *assiettes d'huîtres*, 35 *citrons.*

PREMIER SERVICE.

Les huîtres, les citrons.

Quatre potages.

La soupe froide à la Russe,
Le potage à l'Italienne, consommé de volaille;
Le potage de poissons à la Russe,
Le potage de santé au blond de veau.

Quatre hors-d'œuvres.

Les petits vols-au-vent à la Béchamel.

Quatre entrées froides.

Les magnonaises de poulets à la reine.

Quatre grosses pièces.

Les filets de bœufs au vin de Madère.

Seize entrées chaudes.

Les tronçons de saumon à la Chambord,
Les cassolles au riz à la Polonaise,
Les sautés de perdreaux aux truffes,
Les filets de canetons à la bigarade.

Quatre plats de rôts, quatre salades.

Les faisans, les poulets gras, les longes de veaux.

Huit entremets de légumes.

Les artichauts à l'Italienne,
Les petits pois à la Française.

Douze entremets de sucre.

Les gelées de fraises framboisées,
Les poires au beurre et glacées,
Les soufflés à la Française au moka.

TABLE DE S. M. L'EMPEREUR ALEXANDRE.

12 COUVERTS.

Table des princes et des généraux, 24 couverts servis à la Russe, le 27 septembre 1815.

36 *assiettes d'huîtres*, 24 *citrons.*

PREMIER SERVICE

Les huîtres, les citrons.

Trois potages.

La soupe froide à la Russe,
Le potage à la reine,
La croûte gratinée aux racines.

Trois hors-d'œuvres.

Les petites croustades garnies d'un émincé de gibier.

Trois entrées froides.

Les blanquettes de volaille dans des bordures de gelée.

Trois grosses pièces.

Les gigots de moutons à la Bretonne.

Neuf entrées chaudes.

Les filets de turbots, sauce aux huîtres;
Les boudins de gibier à la purée de champignons,
Le fritot de poulets, sauce tomate.

Trois plats de rôts, trois salades.

Les perdreaux, les rouge-gorges, les longes de veaux.

Six entremets de légumes.

Les choux-fleurs à la Hollandaise,
Les haricots verts à l'Anglaise.

Neuf entremets de sucre.

Les gelées de marasquins fouettées,
Les gâteaux de Pithiviers glacés,
Le biscuits à la crème, à la vanille.

DINER DU 28 SEPTEMBRE 1815.

TABLE DE S. M. L'EMPEREUR ALEXANDRE.

12 COUVERTS.

Table des princes et des généraux, 24 couverts servis à la Russe.

36 *assiettes d'huîtres*, 24 *citrons.*

PREMIER SERVICE.

Les huîtres, les citrons.

Trois potages.

La soupe froide à la Russe,
Le potage à la tortue,

La julienne au blond de veau.

Trois hors-d'œuvres.

Les petites timbales de macaroni au fumet de gibier.

Trois entrées froides.

Les salades de poissons à la Russe.

Trois grosses pièces.

Les filets de bœufs à l'Anglaise.

Neuf entrées chaudes.

Les salmis de perdreaux au vin de Madère,
Les filets de poulardes à la maréchale, garnis d'asperges;
Les sautés de faisans au suprême.

Trois plats de rôts, trois salades.

Les dindonneaux, les cailles, les longes de veaux.

Six entremets de légumes

Les petits pois à l'Anglaise,
Les artichauts à la Provençale.

Neuf entremets de sucre.

Les gelées d'ananas garnies de fruits,
Les petites tartelettes de marmelade d'abricots,
Les soufflés à la Milanaise.

Je ne rappellerai point ici les Menus que nous avons servis au congrès d'Aix-la-Chapelle, attendu qu'ils n'en diffèrent en rien. Nous servîmes de la même manière; seulement nos provisions ne furent pas aussi variées qu'à Paris.

Observations sur le service des tables servies à la Russe.

En donnant ce Traité des Menus, notre intention première est d'être utile à notre état et aux praticiens qui serviraient, soit à Paris, soit à l'étranger, des seigneurs russes. On a remarqué, sans doute, que plus les tables sont nombreuses, et plus les entrées et les entremets sont doublés et quadruplés. Il est d'usage dans le service à la Russe, que la même entrée doit suffire pour chaque convié à table; ainsi qu'il est facile de se laisser convaincre par notre grande affaire de Vertus, dans laquelle nous avons servi par 28 entrées de la même espèce.

Le service à la Russe se fait avec rapidité et chaudement: premièrement, on sert les huîtres; après le potage succèdent les hors-d'œuvres; ensuite l'entrée froide; après cela vient la grosse pièce; puis les entrées de poissons, de volaille, de gibier, de boucherie, et les entremets de légumes; ensuite, le plat de rôt avec la salade. Le service se termine par les entremets de douceurs, les gelées, les crèmes et les soufflés.

Le service à la Russe diffère donc infiniment du nôtre, en ce que rien du service de cuisine ne paraît sur la table. Toutes les entrées doivent être dépecées, ainsi que la grosse pièce et le rôt. Au fur et à mesure qu'une entrée se trouve servie, le maître d'hôtel revient à la cuisine chercher celle que l'on finit. Assurément, cette manière de servir est favorable à la bonne chère; mais notre service à la Française est plus élégant et plus somptueux. C'est le type de l'art culinaire; aussi, dans toutes les cours de l'Europe, notre service à la Française est-il toujours apprécié et suivi. Rien est-il plus imposant que l'aspect d'une grande table servie à la Française, surtout de nos jours? on peut s'en convaincre par nos dessins.

Ces riches et élégants plateaux en vermeil, ornés de figures d'une ciselure parfaite (1); ces vases antiques, ces coupes élégantes, ces beaux candélabres dorés, ces beaux cristaux pour boire nos excellents vins de France; ces beaux desserts composés de nos fruits exquis, de fleurs et de bonbons; puis ce service de cuisine, qui, étant décloché au moment où les seigneurs se mettront à table, répandra dans toute la salle à manger cette odeur suave et embaumée de la bonne cuisine. Oui! je le répète, notre service est la seule manière de servir les souverains avec splendeur et dignité.

La table russe n'a pas six pieds dans sa largeur; le milieu se garnit de vases remplis de fleurs, dont les Russes sont grands amateurs; entre ces vases sont placées les assiettes de dessert; le tout forme un filet très-agréable à la vue; le reste du couvert se met de même que le nôtre. Mais, j'ose le dire, ces tables peuvent parfaitement convenir pour des repas militaires et civils; ensuite le service à la Russe peut être très-agréable pour l'intérieur d'une famille; mais, dans une grande réunion, le service français est plus splendide et plus imposant.

---

(1) Surtout lorsqu'elles sortent de la fabrique de M. Thomire.

Pendant mon voyage à Saint-Petersbourg, je vis un grand diner qui eut lieu à Pawlovsky, beau palais de plaisance de l'impératrice mère. Ce jour-là était consacré à la fête de S. M. I. Dans une salle tout en stuc, se trouvait une table de 100 couverts servie en fer à cheval. J'ai donc joui d'un spectacle bien imposant, en pouvant voir à table les impératrices, les grands ducs, les duchesses, les princes et princesses et la noblesse de Russie; le souvenir de cette pompe sera toujours présent à ma mémoire. Tout en contemplant cette noble assemblée, je regrettais de ne pas voir la table couverte du service à la Française; il aurait infiniment mieux convenu dans cette fête solennelle. J'ai donc été à portée d'observer le service à la russe en Russie; mais je n'en fus pas satisfait, comme je l'avais pensé en France. Le rechauffoir se trouvait loin de la salle à manger; et très-certainement, le temps que les hommes de service mettaient à monter ce vaste escalier d'un étage, puis, étant arrivés à la salle du couvert, ils déclochaient les mets et les présentaient à chaque convié, en faisant le tour de la table; ce laps de temps était plus que suffisant pour refroidir le diner.

Je suis toujours étonné qu'on n'ait pas avisé, en Russie comme en France et en Angleterre, à faire faire des doubles bouilles, destinées seulement pour le service de cuisine, avec des cloches de cuivre plaquées, afin de conserver plus long-temps la chaleur des entrées et entremets; car, que peuvent garantir du froid ces chétives cloches de fer-blanc? Cette observation n'est pas seulement pour la Russie, mais pour le reste de l'Europe; presque toujours les bouches se trouvent beaucoup trop éloignées des salles à manger, et particulièrement dans les palais des grands seigneurs.

Quant aux détails du dîner, ils me parurent en rapport avec le service que j'avais fait à Aix-la-Chapelle et à Paris. Seulement nous observerons que nous avons pensé devoir laisser dans cette collection de menus servis à la Russe, les hors-d'œuvres, afin que les jeunes praticiens pussent juger des objets servis en hors-d'œuvres de cuisine.

Les Russes, ainsi que les autres nations, possèdent certains ragoûts et entremets nationaux; mais cela ne constitue pas une cuisine. Nous en donnerons les détails dans notre description de la cuisine française, ouvrage qui précèdera celui-ci.

CHAPITRE XVI.

TRAITÉ DES MENUS SERVIS EN ANGLETERRE.

Remarques et observations sur mon séjour à la cour d'Angleterre.

M. W.... contrôleur de la maison du prince régent, vint à Paris en 1816, pour différentes acquisitions, et en même temps faire le choix d'un cuisinier. On s'adressa à la célèbre maison Robert, et à M. Lasne, chef de cuisine de la maison de MONSIEUR, frère du roi, et je dus à MM. Robert et Lasnes la place de chef de cuisine du prince régent d'Angleterre. Je partis satisfait de l'avenir qui se présentait, puisque j'allais recueillir le fruit de mes travaux, en servant l'un des plus grands princes de l'Europe. Cette pensée m'éleva au niveau de ma nouvelle destination, en m'inspirant de nouvelles conceptions; j'allais doubler mon existence en n'étant plus de service que tous les huit jours, étant deux chefs de cuisine, et chaque semaine nous devions changer notre service. Je m'estimais très-heureux du temps qui allait m'appartenir, et que j'allais consacrer à l'achèvement de mon grand ouvrage sur l'art de la cuisine française au dix-neuvième siècle. Mais, combien je connaissais peu la puissance de ce sentiment sublime de l'amour de la patrie! A trente-trois ans je venais de quitter Paris pour la première fois, et me trouvant sur cette terre étrangère, du climat nébuleux de l'Angleterre, alors j'éprouvais le douloureux ennui de ne plus voir ma belle patrie; chaque jour établissant de nouvelles différences entre ces deux pays, si près et si étrangers l'un de l'autre, alors j'éprouvais cette maladie de l'ame (qu'on appelle vulgairement maladie du pays), qui énerve toutes nos facultés intellectuelles : cependant, je n'avais rien à désirer dans la maison du prince. S. A. royale aimait mon service, le contrôleur m'estimait; de tout cela mon cœur était reconnaissant : mais cette idée de me fixer pour toujours à l'étranger, me faisait perdre la raison; nulle richesse au monde ne pourrait me séduire à l'abandonner. Ensuite, je ne trouvais pas dans mon cœur ce misérable sentiment de l'ingratitude, qui fait quitter ceux dont la générosité a fait notre bonheur et notre fortune. Mon service, en plaisant au prince, devait m'attacher pour toujours à son auguste personne; mais toute mon ame était restée dans ma belle patrie, et je me décidais avec un chagrin seulement connu dans mon cœur, à me séparer de la maison royale d'Angleterre, étant bien persuadé de ne plus jamais retrouver une situation aussi douce et aussi honorable.

Quelques jours après mon arrivée au palais du prince régent, je fis mon essai en confectionnant vingt entrées, grand diner que S. A. royale donnait pour la réception à sa cour du grand-duc Nicolas, frère de l'empereur de toutes les Russies. Dans l'après-midi, le contrôleur me fit demander pour me faire voir la salle à manger. Le couvert y était placé, et je fus étonné par la richesse et l'élégance du service de l'argenterie et du vermeil, qui décorait cette table somptueuse et toute royale; puis cette belle salle à manger que le prince fit exécuter pour recevoir l'auguste Alexandre. L'architecture de cette salle est gothique, et tous les détails sont dorés sur un fond blanc mat; les vitraux sont en verres de couleurs. Ces lustres en cristaux, ces ornements des glaces, les meubles, tout rappelle là le goût et le luxe asiatiques; puis ce buffet tout couvert de viandes froides de toutes les espèces, posées sur des plats d'or et d'argent. Mais je fus plus surpris encore en remarquant le nombre infini de vases, de coupes et de grands bassins antiques et modernes, tous en or et en vermeil, adossées sur le buffet ou portés au-dessus par des consoles élégantes, des candélabres de belle et grande dimension, et je retournai tristement finir mes travaux. Je regrettais dans le fond de mon cœur que tout ce que je venais de voir fut unique en Europe, et n'appartînt point à la France.

Mon diner eut de la fraîcheur et de l'élégance; S. A. royale en fit compliment, et M. W...., contrôleur, soupa à l'office pour la première fois; cela fit sensation sur l'esprit des anciens officiers de la bouche, qui furent, dès ce moment, peu disposés à m'être agréables. Cet honneur fut donc une peine réelle pour moi, car je n'avais nulle envie de leur causer des tribulations; mais ma manière de faire n'était pas la leur, et voilà ce qui me valut leur inimitié. Ah! que l'injustice des hommes est pitoyable, et comme elle afflige le cœur de l'homme honnête!

Durant notre diner, le contrôleur proposa plusieurs santés à nos amis en France, qui furent portées avec cette vive émotion si naturelle aux Français, mais plus expressive encore quand nous sommes chez l'étranger. Il faut être témoin de ces scènes touchantes pour en avoir une juste idée. A chaque toast proposé, chaque convive se leva, la figure rayonnante de joie et les yeux humides de pleurs. Toutes nos pensées se reportèrent en France: chacun de nous se crut transporté dans sa chère patrie, voyant, caressant les objets de ses tendres affections; quelques-uns de nous essuyèrent les pleurs du sentiment!... O patrie!... Cette scène muette donna à tous ses membres ce beau caractère de l'homme qui l'élève au-dessus de lui-même; elle sera toujours présente à ma mémoire. A la suite de cette aimable soirée, le contrôleur me dit: vous nous voyez tous réunis; ainsi, vous devez désormais vous habituer avec nous : puis, ajouta-t-il avec émotion, vous avez des amis dans la maison. Je lui en témoignai ma reconnaissance ; mais alors j'arrivais seulement en Angleterre, et je croyais à la possibilité de m'y fixer.

Quelques jours après ce premier dîner, le voyage de Brighton fut ordonné, et nous partîmes. Une partie des fournisseurs à Londres suivait la maison royale. Les ressources de Brighton sont les mêmes que celles de la capitale. Cette ville se trouve sur le bord de la mer, les gros poissons nous arrivaient tout vivants. Les bouches n'y étaient pas très-commodes ; mais, depuis mon voyage, on a achevé la grande cuisine qui est d'une grande beauté. La table du milieu est ovale et assez grande pour recevoir le service de quarante entrées ; l'épaisseur de la table est un foyer chauffé par la vapeur, et la surface est en fer battu et poli. Ces sortes de tables, avant la révolution, existaient également dans nos premières maisons de France.

Le Pavillon, c'est ainsi qu'on appelle le palais de plaisance du prince régent ; cette demeure royale n'a rien d'étranger à Brighton, mais au reste de l'Europe, et aussitôt que vous entrez dans ces beaux salons, vous vous croyez transporté dans la capitale de la Chine, parcourant les riches et somptueuses salles habitées par l'empereur chinois ; chaque salle redouble l'étonnement de l'homme observateur. Je m'estimais heureux d'avoir été à même de parcourir à mon aise cette demeure étrangère et royale, et surtout connaissant les détails de l'architecture chinoise que Chambert a décrite avec tant de talent. Je me sus bon gré de mes recherches à la bibliothèque royale ;

car ce que j'avais vu et revu dans les dessins des voyages en Chine, je le retrouvais là, mais en grand et très-beau style. Tout ce que la Chine peut offrir de magnifique, se trouve donc là réuni : un grand nombre de statues peintes, représentant de jolis chinois et chinoises, grandeur de nature, revêtues des costumes les plus distingués de leur lointain pays. Ces figures sont posées sur des piédestaux élégants; mais ce qui caractérise plus encore ce magnifique Pavillon, ce sont les détails de l'architecture intérieure; puis les tableaux, les draperies, peintures d'ornements, meubles, lustres, flambeaux, vases, porcelaines : tout cela est tiré à grands frais des fabriques chinoises; et puis une infinité d'objets curieux, des pagodes, des trophées, de petits navires; le tout exécuté en ivoire, et d'une rare perfection. Ceci atteste aux Européens l'intelligence, le goût et le génie des Chinois; et, quoi qu'on en dise, ces Chinois de la Chine font grand honneur à leur patrie.

Une seule chose dans le travail m'était désagréable, cela a sans doute contribué à l'ennui extrême que j'éprouvais sur cette terre étrangère; ce fut dans la division des grands diners en trois parties, c'est-à-dire, de la manière qui suit : les deux chefs de cuisine devaient chaque semaine se renouveler; si, durant ma semaine de service, il se donnait un grand diner, alors je confectionnais seulement les entrées et les sauces générales; puis le chef en repos était demandé pour exécuter les potages, les grosses pièces de poissons et autres, et l'entremets de légumes; ensuite, le chef pâtissier donnait ce qu'il lui plaisait de faire : voilà donc trois personnes pour préparer un grand diner ; et cela sans s'entendre ensemble, afin de convenir sur l'ordonnance de son menu, pour que le tout réuni se trouvât être en parfaite harmonie, sûr moyen d'avoir de l'élégance et de produire de l'effet. Mais ce n'est point ainsi que la chose se passait ; de même que dans la semaine de mon camarade, lorsqu'il y avait grand diner, j'étais appelé. Arrivant à la cuisine, j'écrivais mon menu pour les potages, grosses pièces et entremets de légumes seulement. Le pâtissier donnait l'entremets de douceurs avec sa pâtisserie ; chacun de nous faisait ses commandes selon son menu. Les provisions nous étaient données par le pourvoyeur ; le contrôleur voyait seul nos trois menus, et nous travaillions dans la même cuisine avec les égards que l'on se devait, mais sans pour cela savoir de quoi et comment notre service se composait. Je sais bien que cet arrangement de la part du contrôleur était pour nous rendre indépendants les uns des autres : cela est très-estimable de sa part ; mais l'ensemble du service devait l'emporter sur cette considération qui n'avait rien en elle-même que de louable. Moi, pour éviter de froisser les amours-propres ; étrange amour-propre ; car le seul que nous devions avoir devait être de servir dignement l'auguste prince auquel nous appartenions. Le chef de cuisine aurait donc pu établir le menu général, et les commis du contrôle les divisant en trois parties, alors chaque chef aurait également conservé son indépendance dans son travail, en demandant ses provisions d'après sa manière de faire. Mais, au moment du service, le grand menu aurait retrouvé son ensemble, et les grands diners auraient eu plus d'élégance et plus de dignité ; cette observation est facile à mettre en usage, et bientôt on va voir la différence de cette manière de faire, avec celle qu'il exécute encore maintenant à la cour du roi d'Angleterre (alors prince régent); pour s'en convaincre, on doit remarquer l'ordonnance de nos grands menus de quarante entrées, tels que nous aurions pu le servir en devenant les maîtres de notre gestion. Je pense donc, avec raison, que chaque chef aurait ressenti plus d'émulation en reprenant, dans sa semaine de service, la suprématie dans ses travaux, et cela pouvait s'obtenir aisément en remplaçant le chef en repos par un homme d'extra : alors la cuisine se serait trouvée réunie en une seule et même partie; le diner aurait donc porté le cachet de l'homme de service, et le chef devant être remplacé après la semaine de repos, son collègue aurait eu le temps nécessaire pour se rappeler et même pour composer des entrées nouvelles; cette vérité est d'autant moins à dédaigner, qu'elle est incontestable.

Enfin, l'on va voir le mauvais côté du travail tel que nous venons de l'annoncer dans la série des menus que nous avons servis à Brighton : nous ne donnons qu'une partie de ces diners, et tels qu'ils furent exécutés; seulement, nous en avons supprimé le mois de décembre, et quinze jours de janvier 1817. Cela nous a paru même plus que suffisant, pour donner une juste idée de l'état de la cuisine française en Angleterre, et des ressources du pays.

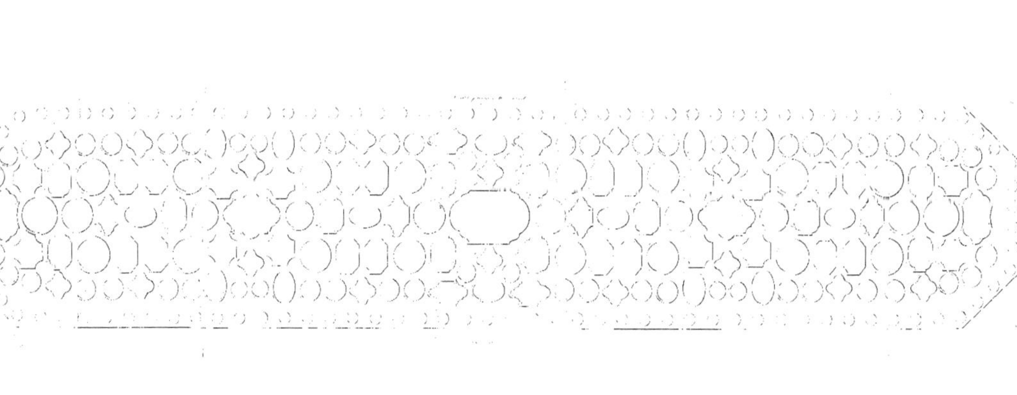

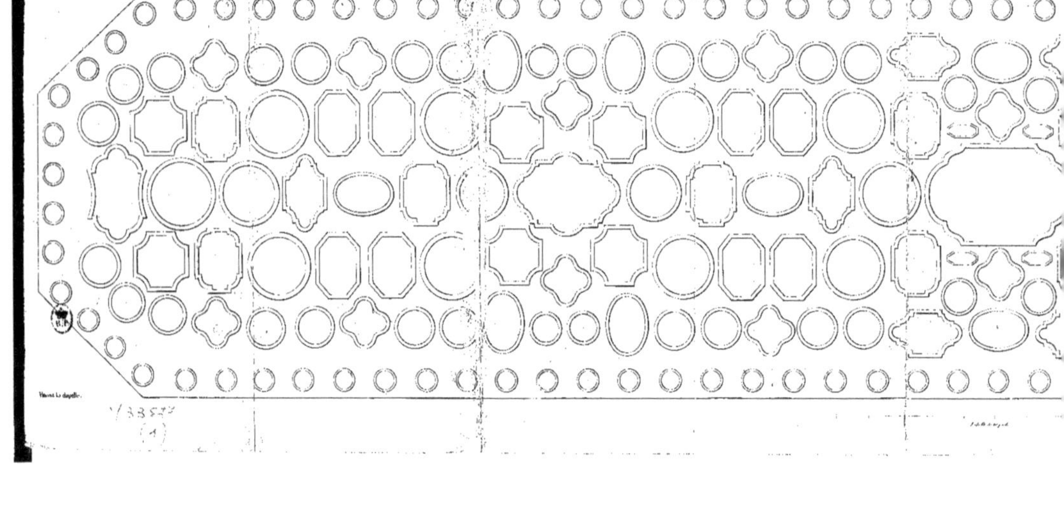
Table première, 100 couve

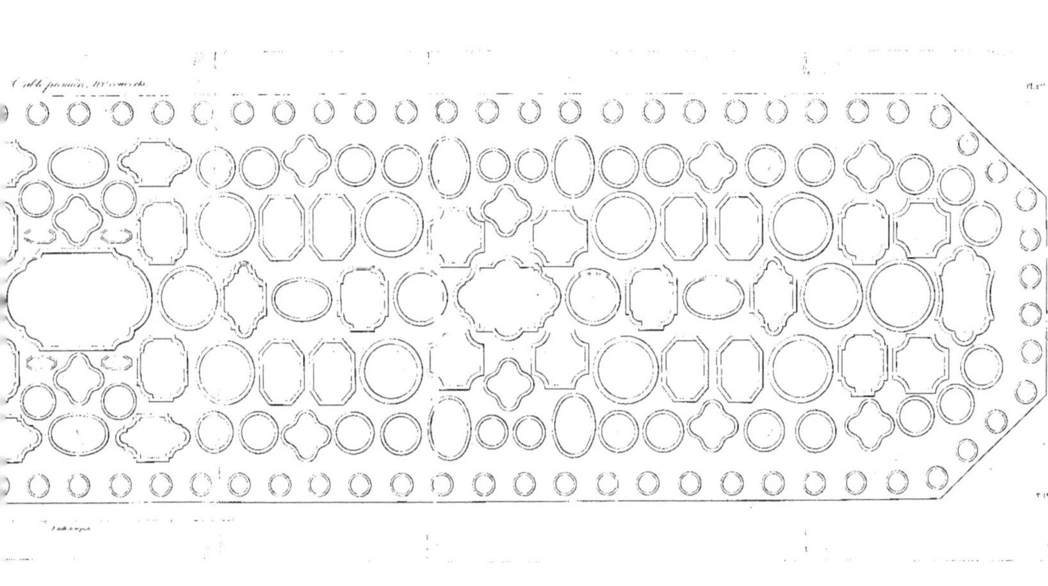

Pl. 2me
T. 1er

TABLE DE S. A. R. LE PRINCE RÉGENT,

Servie au pavillon de Brighton, Angleterre, 1er *Janvier* 1817. *Menu de* 32 *entrées.*

Le sauté de poulardes à la royale,
Les petites croustades à la Béchamel,
Les côtelettes d'agneaux sautées,
Les foies gras à la Toulouse,
Les ris de veaux piqués glacés aux pointes d'asperges,
Le salmis de bécasses au vin de Bordeaux,
Le sauté de volaille au beurre d'écrevisses,
Les quenelles de faisans à la Villeroy,
L'émincé de volaille au gratin,
Les filets de soles à l'Italienne,.
La poularde à la Périgueux,
Le sauté de perdreaux à la Monglas,
Les côtelettes de levrauts à la Périgueux,
Le pain de foies gras, demi-espagnole;
Les perdreaux au suprême,
Les côtelettes de moutons à la Singara,
Le turban de filets mignons de volaille,
Le faisan à la régence,
Les filets de sarcelles à la bigarade,
Le fritot de volaille, sauce poivrade;
Les petits poulets à la reine à la ravigote,
Le sauté de faisans au suprême,
Les tendons de veaux à la Nivernais,
L'émincé de gibier au fumet et à l'Espagnole,
Les côtelettes de levrauts à la maréchale,
Les croquettes de riz à la Russe,
L'anguille roulée glacée au four,
Les escalopes de ris de veaux à la Lyonnaise,
La blanquette de poulardes aux truffes,

La chartreuse garnie de pigeons,
Les petits vols-au-vent à la reine,
Les filets de volaille en damier.

TABLE DE S. A. R. LE PRINCE RÉGENT,

Servie au pavillon de Brighton, Angleterre, 2 *Janvier* 1817. *Menu de* 24 *entrées.*

Les petits pâtés à la Baraquine,
Les bouchées à la reine,
Les croquettes de volaille à l'Allemande,
La orly de filets mignons (italienne),
Le sauté de filets de poularde au suprême.
Le sauté de perdreaux à la Périgueux,
Les ailes de poulardes à la Bretagne,
Le sauté de faisans aux fines herbes,
Les côtelettes d'agneaux grillées, sauce poivrade;
Les côtelettes de mouton sautées, purée de p. de terre,
Les ris de veaux glacés à la purée d'oseille,
La chartreuse garnie de gibier,
Les cervelles de veaux à la magnonaise,
Le pain de gibier à la dauphine,
Le turban de filets de merlans à la Conti,
La croustade d'un hachis de gibier à la Polonaise,
La blanquette de poulardes aux truffes,
Les filets de lapereaux à la Soubise,
La fricassée de poulets à l'Italienne,
Le sauté de volaille aux pointes d'asperges,
Les filets de canetons à la bigarade,
Les filets de poulets à la Chevalier,
La lamproie de Glocester,
Les cuisses de poulets en bigarrure.

TABLE DE S. A. R. LE PRINCE RÉGENT,

Servie au pavillon de Brighton, Angleterre, 3 *Janvier* 1817. *Menu de* 24 *entrées.*

La blanquette de poulardes en croustade,
La timbale de nouilles au chasseur,
La chartreuse à la Minime, demi-glace;
Le pain de gibier à la dauphine,
Les tendons de veau glacés aux laitues,
Les filets de poulardes Conti ou mangot,
Les escalopes de cabillaud aux fines herbes,
Le sauté de perdreaux aux truffes,
Les pieds d'agneaux à la poulette (demandé),
L'émincé de volaille à la Française,
Les filets de moutons piqués, sauce poivrade;
Les quenelles de volaille au consommé,
Les cuisses de canards en haricots vierges,
Le karic de poulets à l'Indienne,
La noix de veau en turban à la financière,
Le hachis de gibier à la Polonaise,
Les filets de poulardes soufflés à la Béchamel,
Les escalopes de levrauts à la Périgueux,
Les ailerons de volaille à l'Allemande,
Le sauté de filets de gélinottes au vin de Bordeaux,
La balotine d'agneau à la Saint-Cloud,
Les filets de poulardes à l'écarlate,
Les filets de lapereaux en bigarrure,
La orly de volaille, sauce poivrade.

TABLE DE S. A. R. LE PRINCE RÉGENT,

Servie au pavillon de Brighton, Angleterre, 4 Janvier 1817. Menu de 24 entrées.

Le vol-au-vent à la Nesle, sauce allemande;
Le fritot de poulets à la Saint-Florentin, sauce tomate;
La casserole au riz à la reine,
Les hatelets de blancs de volaille à la royale,
La petite poularde à la Chevry à l'Anglaise,
Les faisans aux racines, demi-glace;
Les poulets à la reine, sauce aux huîtres;
Les perdreaux à la Périgueux,
Les filets de soles en épigramme,
Le sauté de poulardes à la Lyonnaise,
Les filets de chevreuil piqués glacés, sauce poivrade;
L'émincé de gibier à l'Espagnole,
Lee côtelettes de perdreaux à l'Allemande,
Les attereaux de palais de bœufs au gratin,
L'anguille à la Tartare, sauce magnonaise;
La blanquette de poulardes aux truffes,
Les filets de canetons à l'orange,
La noix de veau en bedeau, demi-glace;
Les filets de lapereaux Conti garnis d'une escalope;
Les côtelettes d'agneau à la d'Armagnac,
Les filets de poulets en bigarrure à la Toulouse;
Les boudins à la Troyenne, sauce au suprême;
Les filets mignons de poulets sautés à la d'Artois,
Le sauté de faisans aux truffes de France.

TABLE DE S. A. R. LE PRINCE RÉGENT,

Servie au pavillon de Brighton, Angleterre, 5 Janvier 1817. Menu de 24 entrées.

La belle poularde à la régence,
Le pâté de lapereaux à l'ancienne,
Le faisan piqué à la Godard,
La timbale de macaroni à la Milanaise,
Le sauté de poulardes aux truffes de France,
Le carré de veau à la Conti, Espagnole;
Le gratin de bonne morue à la Béchamel,
L'émincé de volaille à la chicorée,
La orly de filets mignons, sauce poivrade;
Les mauviettes sautées aux fines herbes,
Les carbonades de mouton à la Soubise,
Les escalopes de levrauts au chasseur,
La blanquette de poulardes aux champignons,
La darne de saumon à la Hollandaise,
Les cuisses de poulardes à la purée de navets,
Le sauté de bécasses au vin de Madère,
Les poulets à la reine à la ravigote verte,
Les filets de lapereaux à l'écarlate,
Les escalopes de faisans au fumet,
Le sauté de volaille à l'Italienne,
Les cervelles de veaux à l'Allemande,
Les côtelettes de mouton à la purée de pommes de terre,
Les perdreaux à la Périgueux,
L'épigramme d'agneau aux pointes d'asperges.

TABLE DE S. A. R. LE PRINCE RÉGENT,

Servie au pavillon de Brighton, Angleterre, 6 *Janvier* 1817. *Menu de* 24 *entrées.*

La croustade de mauviettes au gratin,
Les petites timbales de gibier au fumet,
La marinade de volaille, sauce tomate,
Le vol-au-vent de cabillaud à la crème,
Les filets de poulets à la d'Artois,
Les côtelettes de veau sautées aux fines herbes,
Les papillotes garnies de laitances,
Le sauté de perdreaux aux truffes de France,
L'émincé de mouton à l'écarlate, sauce Clermont;
Le sauté de poulardes aux champignons,
Le sauté de filets de soles au vin de Bordeaux,
Les ailes de volaille à la maréchale,
Le hachis de lapereaux à l'Espagnole,
Les poulets à la reine à la pluche, aspic chaud;
Le pain de foies gras à la dauphine,
La blanquette de poulardes aux truffes de France,
Les escalopes de faisans à l'Espagnole,
Les côtelettes de mouton sautées à l'Anglaise,
Le sauté de poulets à la Lyonnaise,
Les boudins de gibier, sauce Périgueux;
L'épigramme d'agneau aux épinards,
Les filets de poulardes à la Chevalier,
Les petits canetons de volaille à la Nivernais,
Les tendons de veau glacés aux laitues.

TABLE DE S. A. R. LE PRINCE RÉGENT,

Servie au pavillon de Brigthon, Angleterre, 7 Janvier 1817. Menu de 24 entrées.

Le vol-au-vent à la financière,
Le fritot de poulets à la Marengo,
La timbale de macaroni au chasseur,
Les croquettes de volaille au velouté,
Les ris de veaux piqués glacés au céleri,
Les côtelettes de mouton à la purée de navets,
Les filets de merlans sautés aux fines herbes,
Le sauté de poulardes à la d'Orléans,
Le sauté de faisans aux truffes,
Les ailes de volaille garnies de mangot, poivrade;
Les petits canetons à la Villeroy,
La fricassée de poulets à la Vénitienne,
Les quenelles de faisans au suprême,
Les filets de volaille en demi-deuil,
Le turban de filets mignons à la Toulouse,
Les ailerons à la purée de champignons,
Les filets de canetons à l'essence de bigarade,
La blanquette de poulardes à l'Italienne,
Les petits cornets garnis d'un émincé de gibier,
Le salmis de perdreaux au vin de Bordeaux,
L'émincé de volaille à la chicorée,
L'anguille roulée glacée au four, sauce tomate;
Les escalopes de volaille à la Provençale.

TABLE DE S. A. R. LE PRINCE RÉGENT,

Servie au pavillon de Brighton, Angleterre, 8 Janvier 1817. Menu de 32 entrées. Changement de semaine et de travail.

Quatre potages.

Le potage de lièvre au chasseur,
Le potage de sauté au consommé de volaille,
Le potage aux laitues,
Le macaroni lié à l'Italienne.

Quatre relevés de poissons.

Les perches au vin de Champagne,
L'anguille à la régence,
Le turbot grillé, sauce aux homards,
Le cabillaud à la Hollandaise.

Quatre grosses pièces.

Le dindon braisé aux huîtres,
Le filet de bœuf piqué glacé,
Les poulets à la financière,
Le quartier de sanglier, gelée de groseilles.

Quatre contre-flans.

Le pain de gibier sur un socle,
La poularde sur un socle,
Le turban sur un socle,
La galantine sur un socle.

Quatre plats de rôts.

Le chapon au cresson,
Le lièvre à l'Anglaise,
Le dindonneau au cresson,
Les pluviers bardés.

Huit entremets.

Les pommes de terre frites,

Les asperges,
Les huîtres au gratin,
La salade de volaille (singulier entremets),
Les salsifis au beurre,
Les épinards à la Française,
Les truffes à la serviette,
Les écrevisses au Madère.

TABLE DE S. A. R. LE PRINCE RÉGENT,

Servie au pavillon de Brighton, Angleterre, 9 *Janvier* 1817. *Menu de* 40 *entrées.*

Six potages.

La purée de navets aux petits croûtons,
Le potage de mouton à l'Anglaise,
Le vermicelle au blond de veau,
Le potage de faisans au Chasseur,
La julienne au consommé,
Le potage de tortue au Madère.

Quatre relevés de poissons.

Les perches à la Waterfisch,
Le turbot, sauce aux homards;
Les soles au vin de Champagne,
Le cabillaud à la crème, Béchamel.

Six grosses pièces.

L'oie braisée aux racines glacées,
Le quartier d'agneau à l'Anglaise,
Le chapon au riz à l'Indienne,
La selle de chevreuil; sauce poivrade;
Le dindon à la financière,
Le quartier de sanglier mariné.

Quatre contre-flans.

La noix de veau à l'aspic,
La galantine à la gelée,

Le jambon glacé sur un socle.

Les poulets à la belle vue sur un socle;

Six plats de rôts.

Les faisans,

Le chapon,

Les sarcelles,

Les bécasses,

Les poulets,

Les gelinottes.

Seize entremets.

Les épinards,

La croûte aux champignons,

Les asperges,

Les cardes à la moelle,

Les truffes à la serviette,

Les œufs au fumet de faisans,

La magnonaise de volailles,

Le faisan à la gelée,

Les choux-fleurs à la maître d'hôtel,

Les salsifis au beurre,

Les scakls, choux de mer;

Les écrevisses au Madère,

Le macaroni au Parmesan,

Les petites timbales à l'aspic,

Les filets de poulets à la gelée,

Les huîtres au gratin.

TABLE DE S. A. R. LE PRINCE RÉGENT,

Servie au pavillon de Brighton, Angleterre, 10 *Janvier* 1817. *Menu de* 32 *entrées.*

Quatre potages.

Le potage de lièvres à l'Anglaise,

Le potage à la civette, à l'Allemande;

La garbure aux racines,
Le potage à l'oseille liée à la Hollandaise.

Quatre relevés de poissons.

La truite à la Génoise,
Le turbot à l'Anglaise, sauce aux huîtres,
Le brochet à la régence,
Le cabillaud à la Hollandaise.

Quatre grosses pièces.

Le faisan à la Périgueux,
Le jambon aux épinards,
Le pâté de poulets à l'Anglaise,
La longe de veau à la crème.

Quatre plats de rôts.

Les canards sauvages,
Le levraut à l'Anglaise,
Le chapon au cresson,
Les gelinottes des bois.

Quatre contre-flans.

La noix de veau en damier, sur un socle;
Le buisson d'écrevisses,
Le pain de lièvres sur un socle,
Le pâté de foies gras aux truffes de France.

Huit entremets.

Les cardes à la moelle,
Les asperges,
Les éperlans frits,
Les écrevisses,
Les scakls (ou choux de mer),
Les navets glacés à la Chartres,
Les salsifis à la dauphine,
Les truffes à la serviette.

TABLE DE S. A. R. LE PRINCE RÉGENT,

Servie au pavillon de Brighton, Angleterre, 11 *Janvier* 1817. *Menu de 40 entrées.*

Six potages.

Le potage à la reine,
Le potage à la Faubonne,
Le sagou à la purée de navets,
Le potage à la tortue, au Madère;
Le potage de santé au consommé de volaille,
Le potage de perdrix à l'Espagnole.

Quatre relevés de poissons.

Le turbot à la Hollandaise,
Le cabillaud à la crème,
Les soles au vin de Champagne,
Les truites saumonées à la Génoise.

Huit grosses pièces.

La poularde à la royale,
Le quartier d'agneau à l'Anglaise,
Les canards en haricots vierges,
Le filet de bœuf mariné,
Les faisans aux racines,
La selle de mouton en rosbif,
Les poulets à la Chevry,
Le quartier de chevreuil.

Quatre contre-flans.

Le jambon glacé sur un socle,
La poularde décorée sur un socle,
La galantine de poularde à la gelée,
L'anguille à l'Anglaise, à la gelée.

Seize entremets.

Les asperges,

Les épinards à la Française,
Les petites pommes de terre au beurre,
Les cardes au Parmesan,
Les écrevisses en buisson,
Les croquettes de pommes de terre,
Les homards en salade,
Les ailes de poulets à l'aspic,
Les scakls à l'Espagnole,
La croûte aux champignons,
Les salsifis frits à la Villeroy,
Les huîtres au gratin,
Les truffes à la serviette,
Les petits pots de gibier,
Les petits aspics à la moderne,
Le poulet à la gelée.

TABLE DE CÔTÉ.

La longe de veau,
L'épaule de mouton,
L'aloyau.

TABLE DE S. A. R. LE PRINCE RÉGENT,

Servie au pavillon de Brighton, Angleterre, 12 *Janvier* 1817. *Menu de* 32 *entrées.*

Quatre potages.

Le potage de karic à l'Indienne,
Le vermicelle à la régence,
Le potage à la d'Artois,
Le potage aux choux, à la Russe.

Quatre relevés de poissons.

La morue à la maître d'hôtel,
Les brochets à l'Espagnole,

Les darnes de saumon à l'Italienne blanche,
Les truites à la Génoise.

Quatre grosses pièces.

Le quartier de chevreuil,
Les poulets à la Chevry,
Les faisans aux racines,
La longe de veau à la crème.

Quatre contre-flans.

La poularde à la Saint-Cloud, à la gelée;
Le jambon glacé à la gelée,
La galantine de cochon de lait à la gelée,
Le pâté de Périgord à la gelée.

Huit entremets.

Les scakls (petits choux de mer),
Les épinards en croustades,
Les huîtres au gratin,
La salade de homards,
Les asperges,
Les salsifis à la Hollandaise,
Le buisson d'écrevisses,
Les canapés aux anchois.

TABLE DE S. A. R. LE PRINCE RÉGENT,

Servie au pavillon de Brighton, Angleterre, 13 *Janvier* 1817. *Menu de* 24 *entrées.*

Quatre potages.

Le potage de mouton à l'Anglaise,
Le potage de perdrix à la Provençale,
Le potage à la jardinière au consommé,
Le potage à la Clermont.

Quatre relevés de poissons.

La matelote au vin de Bordeaux,

Le cabillaud à la Hollandaise,
Le turbot, sauce aux huîtres;
Les perches à la Waterfisch.

Quatre grosses pièces.

Le chapon aux oignons d'Espagne,
La selle de chevreuil, sauce poivrade;
Les biftecks au beurre d'anchois,
Le rond de veau à la royale.

Quatre contre-flans.

Les poulets à la reine à l'aspic,
La darne de saumon au beurre de Montpellier,
La galantine à la gendarme,
L'aspic oval de blancs de volaille.

Quatre plats de rôts.

Les mauviettes,
Les chapons au cresson,
Le coq de bruyère,
Les bécassines.

Huit entrêmets.

Les épinards à la Française,
Les œufs à l'aurore,
Les huîtres au gratin,
Les choux-fleurs au Parmesan,
Les asperges,
Les choux de mer à l'Espagnole,
Les salsifis frits,
Les écrevisses en buisson.

En donnant cette collection de Menus, mon intention fut de démontrer quel était l'état actuel de la cuisine française en Angleterre, et la manière de servir. J'aurais pu arranger ces mêmes diners tels qu'ils ont été servis; mais puisque ces travaux se sont faits de cette manière, nous avons préféré n'y rien changer, afin que nos amis d'outre mer les retrouvent bien intacts. Tels qu'ils sont, ils seront toujours nécessaires dans de grandes opérations : on y trouvera le matériel de grands dîners, en y ajoutant quelques entrées de poissons, de four, et des froides. Les praticiens verront combien le service à l'ancienne était insupportable, en servant les entrées froides à l'entremets, ainsi qu'on le fait encore chez le roi d'Angleterre. Je l'ai déja dit dans cet ouvrage, la cuisine moderne est infiniment plus élégante et mieux ordonnée : l'entremets porte son caractère particulier ; et si nous avons conservé les grosses pièces froides au second service, c'est encore par suite de l'élégance que nous avons donnée à ces beaux socles en saindoux dont la décoration porte le cachet du goût du jour ; et, malgré que quelques cuisiniers prétendent qu'on faisait de ces socles avant la renaissance de l'art, nous les avons vus ces socles informes ; mais le peu de dessins que nous avons et les recherches que nous avons faites, pendant des années, à la grande Bibliothèque, nous ont donné les moyens de faire les profils de nos socles d'après les belles et élégantes formes des vases antiques. Il sera facile de s'en convaincre dans notre premier ouvrage.

Mais, revenons à nos dîners : si, au lieu de diviser les travaux, ainsi que nous l'avons indiqué, chaque semaine nous nous fussions renouvelés, comme dans le service ordinaire, notre travail aurait porté le cachet du talent du chef de service ; il n'en fut point ainsi, et cette manière de faire me déplut singulièrement ; car comment produire quelque chose de parfait, si trois personnes, et plus encore, trois personnes qui ne se voient pas; car mon collègue et le chef pâtissier et moi, nous composions, ainsi que je l'ai déja dit, nos menus séparément, et sans nous douter de ce que nous pouvions donner. Je le répète, cet ordre de choses ne peut rien produire de fini, tandis que mon camarade et moi, en commandant ces grands travaux chacun notre semaine, nous eussions ressenti plus d'émulation en voulant nous faire remarquer par notre manière de faire. Monsieur le pâtissier aurait fort bien pu nous donner le menu de sa partie, tel que je le faisais dans le temps des grands extraordinaires du prince de Talleyrand; alors nos menus auraient eu un ensemble. Et, très-certainement, si S. A. R. a daigné remarquer notre service, en nous faisant dire, par le contrôleur et par le maître d'hôtel anglais, des choses très-honorables pour nous, qu'aurait donc pensé S. A. R., si j'avais été maître d'agir seul pour confectionner mes diners, tels qu'on va le voir dans l'ordonnance de ces grands menus que nous avons composés, d'après ceux que nous avons servis, à la même époque, dans la même semaine que S. A. I. le grand duc Nicolas a passée à la cour du prince régent : j'étais précisément aux entrées; j'ai donc conservé le brouillon de mes menus, que je vais recomposer en grand.

LE MAITRE D'HOTEL FRANÇAIS.

TABLE DE S. A. ROYALE LE PRINCE RÉGENT,

Servie au pavillon de Brighton, Angleterre, le 14 janvier 1817. Menu de 40 entrées.

HUIT POTAGES.

La tortue au vin de Madère,
La croûte gratinée au céleri,
Le potage rossolis à la Polonaise,
Le potage de santé au consommé,

Le vermicelle à la d'Orléans,
Le potage de lièvres à l'Anglaise,
Le macaroni lié a l'Italienne,
Le potage de queneffes à l'Allemande.

HUIT RELEVÉS DE POISSONS.

Le cabillaud à la crème,
Le brochet à la Chambord moderne,
L'esturgeon au vin de Madère,
Les merlans frits panés à l'Anglaise,

Le turbot grillé, sauce aux huîtres;
La carpe farcie glacée au four,
Le saumon à la Génoise,
Les soles frites pommées à l'Anglaise.

HUIT GROSSES PIÈCES POUR RELEVER LES POISSONS.

Le rosbif d'aloyau au raifort,
~~Les faisans à la choucroute à l'Allemande,~~
Le quartier de daim à l'Anglaise,
Les poulardes à la Montmorency,

La dinde truffée à la Périgord,
~~La longe de veau à la Monglas,~~
Le cochon de lait à la Grecque,
Le quartier de chevreuil mariné, poivrade.

QUARANTE ENTRÉES.

1. Le sauté de volaille à la Lyonnaise,
2. Les côtelettes de mouton à la Soubise,
3*. Les timbales de nouilles à la reine,
4. La matelote de foies gras au Madère,
5. Les petits canetons de poulets à la Nivernoise.

LE CABILLAUD A LA CRÈME.

6. Les escalopes de faisans aux truffes de France,
7**. La noix de veau au beurre de Montpellier,
8. Les ailes de poulardes à la Chevalier,
9. L'émincé de levrauts à la Clermont,
10. Le turban de filets mignons à l'écarlate.

LE BROCHET A LA CHAMBORD MODERNE.

11. Le sauté de perdreaux au suprême,
12. Les boudins de volaille à la Troyenne,
13. L'anguille roulée glacée au four,
14**. La magnonaise de volaille à la gelée,
15. Les mauviettes au gratin, demi-glace.

L'ESTURGEON AU VIN DE MADÈRE.

16. Les filets de lapereaux à la Conti,
17. La noix de jambon glacée aux épinards,
18*. La casserole au riz à la Nesle,
19. La blanquette de poulardes aux champignons,
20. Les filets de canards sauvages à la bigarade.

20. Le sauté de bécasses, sauce salmis;
19. Les filets de carpes en papillottes à la maître d'hôtel,
18*. Le pâté chaud de poulets à l'Anglaise,
17. L'épigramme d'agneau aux pointes d'asperges,
16. Les filets de volaille à la Pompadour.

LE TURBOT GRILLÉ, SAUCE AUX HUÎTRES.

15. Les pigeons innocents à la cuillère,
14**. Le pain de foies gras à la gelée,
13. Les poulets dépecés à la Vénitienne,
12. Les quenelles de gibier en turban à la Périgueux,
11. L'émincé de poulardes aux lazannes.

LA CARPE FARCIE GLACÉE AU FOUR.

10. Le hachis de volaille à la Turque,
9. Les cailles à la Mirepoix à la Toulouse,
8. La bigarrure de poulets à la jardinière,
7**. Le salmis de perdreaux à la gelée,
6. Les ailerons de poulardes à la purée de navets.

LE SAUMON A LA GÉNOISE.

5. Les escalopes de poulardes à la Provençale,
4. La caisse de lapereaux aux fines herbes,
3*. Les petites croustades à la Monglas,
2. Les ris de veaux glacés à la chicorée,
1. Les filets de volaille à la belle vue.

POUR EXTRA, DOUZE ASSIETTES VOLANTES.

6. De petits soufflés de volaille et de gibier,

6. De filets de poissons à la Orly à la friture.

TABLEAU N° XI.

Suite de la page 177, Tome II.

LE MAITRE D'HOTEL FRANÇAIS.

HUIT GROSSES PIÈCES D'ENTREMETS POUR LES EXTRÊMES CONTRE-FLANCS.

La fontaine des Arcades,
La dinde en galantine sur un socle,
Le pavillon persan sur un pont,
Le buisson de petits homards sur un socle,

La cascade demi-circulaire,
Le jambon glacé sur un socle,
Le grand pavillon turc,
Le buisson de truffes sur un socle.

HUIT PLATS DE ROTS.

Les gelinottes bardées,
Le dindonneau au cresson,
Les faisans piqués,
Les poulets gras,

Les poulets à la reine,
Les perdreaux bardés,
Les chapons à l'Anglaise,
Les cailles bardées.

QUARANTE ENTREMETS.

1*. Les tartelettes glacées aux pistaches,
2**. Le fromage bavarois aux abricots,
3. Le céleri à l'Espagnole.

LA FONTAINE DES ARCADES.

4. Les navets glacés à la Chartres,
5**. La gelée d'oranges moulée.

LES FAISANS PIQUÉS.

6*. Les gâteaux à la dauphine,
7. Les œufs pochés à l'essence de jambon.

LA DINDE EN GALANTINE SUR UN SOCLE.

8. Les champignons à la Provençale,
9** Le pouding de cabinet,
10. Les truffes à l'Italienne.

LE DINDONNEAU AU CRESSON.

11. Les scakls ou choux de mer au beurre,
12**. La charlotte de pommes glacées,
13. Les truites au gratin.

LE BUISSON DE PETITS HOMARDS SUR UN SOCLE.

14. Les haricots verts à l'Anglaise,
15*. Les génoises glacées au chocolat.

LES GELINOTTES BARDÉES.

16**. La gelée de liqueur des îles,
17. Les laitues au consommé.

LE PAVILLON PERSAN SUR UN PONT.

18. Les choux-fleurs au velouté,
19**. Le blanc-manger aux avelines,
20*. Les choux à la Mecque.

20*. Les petits pains à la paysanne,
19**. La crème française au café moka,
18. Les truffes à la Provençale.

LE PAVILLON TURC.

17. Les concombres farcies au suprême,
16**. La gelée au rhum.

LES POULETS A LA REINE.

15*. Les tartelettes d'abricots,
14. Les homards au gratin.

LE BUISSON DE TRUFFES SUR UN SOCLE.

13. Les carottes à la Flamande,
12**. Le flan de poires glacées,
11. Les œufs à la Bretonne.

LES PERDREAUX BARDÉS.

10. La croûte aux champignons,
9**. Les pannequets à la marmelade d'abricots,
8. Les pommes de terre frites à la Lyonnaise.

LE JAMBON GLACÉ SUR UN SOCLE.

7. Les asperges, sauce au beurre;
6*. Les darioles à la fleur d'orange.

LES CHAPONS A L'ANGLAISE.

5**. La gelée de citrons moulée,
4. Les macaronis au Parmesan.

LA CASCADE DEMI-CIRCULAIRE.

3. Les cardes à l'Espagnole,
2**. Le fromage bavarois au thé,
1*. Les gâteaux d'amandes pralinées.

POUR EXTRA, DOUZE ASSIETTES VOLANTES.

6. De petits soufflés à l'orange,

6. De fondus au Parmesan.

Assurément, si j'eusse servi ce dîner sur la table du prince régent, Son Altesse eût été charmée de l'ensemble de ce menu; elle eût applaudi à l'élégance de la cuisine moderne, et la cuisine française aurait brillé d'un nouvel éclat à la cour d'Angleterre. Les potages, les poissons, les grosses pièces, les entrées, les grosses pièces montées, les socles, l'entremets de sucre, et la pâtisserie; ces assiettes volantes du premier et du second service, tout est en harmonie, et appartient à la haute cuisine française du dix-neuvième siècle.

Voilà l'ensemble qu'un seul homme peut obtenir dans son travail, mais on n'obtiendra jamais les mêmes résultats en divisant les parties, et plus encore en ne se consultant point pour les rapports que ces parties doivent avoir entre elles, afin que leur réunion produise un bel ensemble. Je me rappelle, à ce sujet, une anecdote plaisante dont je fus l'un des joyeux témoins, car les jeunes gens en ont beaucoup ri; c'est pour en revenir à plusieurs personnes qui commandent à la fois dans la même opération; voici le fait :

En 1812, lors de la campagne de Russie, l'impératrice Marie-Louise vint passer quelques jours chez un de ses beaux frères qui possédait la plus belle maison de plaisance des environs de Paris. Cet extraordinaire dura cinq jours; le contrôleur, le premier jour, vint dans l'après-midi à la bouche, et voulut changer quelques entrées que le matin il avait trouvées fort bonnes, et appela près de lui son chef de cuisine et le chef d'extra, qui discourent sur les entrées à changer; chacun d'eux donnait la sienne, et prétendait qu'elle plairait davantage à S. M. I. Enfin, tous trois étaient appuyés sur la table de cuisine, et ce groupe était fort bon à observer, et nous fit rire de tout cœur. Ils rayaient une entrée, pour en écrire une autre; puis rayaient encore pour une nouvelle que la mémoire vient de leur rappeler: les débats durèrent plus de trois quarts-d'heure, et pourquoi? Pour changer deux entrées et un entremets dans un menu de seize entrées. Je dis que c'est toujours un grand tort pour un contrôleur, quand il veut changer, le soir, ce que le matin il a fait ou approuvé.

LE MAITRE D'HOTEL FRANÇAIS.

TABLE DE S. A. R. LE PRINCE RÉGENT,

Servie au pavillon de Brighton, Angleterre, 15 Janvier 1817. Menu de 36 entrées.

QUATRE POTAGES.

Le potage à la Monglas,
La garbure aux choux,

Le potage d'orge perlée à la Crécy,
Le potage de poissons à la Russe.

QUATRE RELEVÉS DE POISSONS.

La matelote au vin de Bordeaux,
Les truites au bleu à la Provençale,

Le turbot à l'Anglaise, sauce aux homards;
La grosse anguille à la régence.

QUATRE GROSSES PIÈCES POUR LES CONTRE-FLANCS.

Le jambon à la broche, au Madère;
L'oie braisée aux racines glacées,

Les poulardes à la Périgueux,
Le rond de veau à la royale.

TRENTE-SIX ENTRÉES, DONT QUATRE SERVENT DE CONTRE-FLANCS.

1. Les filets de volaille à la maréchale,
2. Le sauté de merlans aux fines herbes,
3*. La timbale de macaroni à la Napolitaine,
4. La noix de veau à la jardinière,
5. Les filets de volaille à la d'Orléans.

LE JAMBON A LA BROCHE.

6**. La darne de saumon au beurre de Montpellier,
7. Le sauté de faisans aux truffes,
8. La fricassée de poulets à l'Italienne,
9. Le turban de filets de lapereaux.

LES TRUITES AU BLEU.

10. Les boudins de volaille à la Béchamel,
11. Le sauté de ris de veaux à la Provençale,
12. Les ailes de poulardes glacées à la chicorée,
13**. Les galantines de perdreaux à la gelée.

L'OIE BRAISÉE AUX RACINES GLACÉES.

14. Les petits canetons de volaille en haricots vierges.
15. Les poulets à la reine, à la Chevry;
16*. Les petites croustades de mauviettes au gratin,
17. Les côtelettes de mouton à l'Irlandaise,
18. Les filets de bécasses à la royale.

18. Les filets de sarcelles à la Bourguignotte,
17. Les petits poulets à l'Indienne,
16*. Les petits pâtés de mouton à l'Anglaise,
15. L'épigramme de poulardes, purée de céleri,
14. Le faisan à la Minime, bordure de racines.

LES POULARDES A LA PÉRIGUEUX.

13**. L'aspic de blanc de volaille à la ravigote,
12. Les filets de perdreaux à la Pompadour,
11. L'émincé de poulardes au gratin,
10. La côte de bœuf aux oignons glacés.

LE TURBOT A L'ANGLAISE.

9. Le sauté de poulardes à la Provençale,
8. Le salmis de cailles au vin de Madère,
7. Les escalopes de volaille aux truffes,
6**. La salade de filets de brochets aux huîtres.

LE ROND DE VEAU A LA ROYALE.

5. Le pain de carpes au beurre d'anchois,
4. Les côtelettes d'agneau glacées à la Toulouse,
3*. Le vol-au-vent de quenelles à l'Allemande,
2. Les ailerons de poulardes aux champignons,
1. Les pigeons à la Mirpoix financière.

POUR EXTRA, DIX ASSIETTES VOLANTES DE FRITURE.

5. De harly de filets de soles,

5. De filets de gelinottes à l'Allemande.

HUIT GROSSES PIÈCES DE PATISSERIE.

La brioche au fromage,
Le nougat à la Française,
La ruine d'Antioche,
L'hermitage Syrien,

Le biscuit à l'orange,
Le croque-en-bouche aux pistaches,
L'hermitage chinois,
La ruine de la mosquée turque.

QUATRE PLATS DE ROTS.

Les coqs de Bruyères,
Les canards sauvages,

Les poulets gras bardés,
Les gelinottes.

TRENTE-DEUX ENTREMETS.

1. Les truffes à la cendre,
2**. La gelée d'oranges moulée,
3. Les épinards à l'essence.

LA BRIOCHE AU FROMAGE.

4. Les homards au gratin,
5*. Les petits pains à la duchesse.

LES COQS DE BRUYÈRES.

6*. Les gâteaux glacés aux abricots,
7**. Le fromage bavarois aux avelines,
8. La purée de haricots.

L'HERMITAGE CHINOIS.

9**. Les scakls au beurre,
10. Le pouding de pommes au muscat,
11*. Les mirlitons aux citrons.

LES CANARDS SAUVAGES.

12*. Les bouchées perlées aux groseilles,
13. Les œufs brouillés aux truffes.

LE NOUGAT A LA FRANÇAISE.

14. Les pommes de terre à la Hollandaise,
15**. La gelée de punch renversée,
16. Les champignons à la Provençale.

16. Les navets glacés à la Chartres,
15**. La gelée de liqueurs des îles,
14. Les concombres à la Béchamel.

LES BISCUITS DE FÉCULE A L'ORANGE.

13. Les laitues farcies à l'essence,
12*. Les petits paniers aux confitures.

LES POULETS GRAS BARDÉS.

11*. Les génoises glacées au café,
10. La charlotte à l'Américaine,
9**. Les choux-fleurs au Parmesan.

L'HERMITAGE SYRIEN.

8. Le céleri en cardes à l'Espagnole,
7**. La crème française à l'ananas,
6*. Les petits soufflés d'abricots.

LES GELINOTTES.

5*. Les gâteaux de feuilletage pralinés,
4. Les huîtres au gratin.

LE CROQUE-EN-BOUCHE.

3. Les petites carottes à la Flamande,
2**. La gelée de citrons moulée,
1. Les truffes à l'Italienne.

POUR EXTRA, DIX ASSIETTES VOLANTES.

5. De petits souflés de pommes,

5. De petits soufflés au chocolat.

Suite de la page 180, Tome II.

LE MAITRE D'HOTEL FRANÇAIS.

TABLE DE S. A. R. LE PRINCE RÉGENT,

Servie au pavillon de Brighton, Angleterre, 16 Janvier 1817. Menu de 36 entrées.

HUIT POTAGES.

Le potage à la Condé,
Les nouilles à la Napolitaine,
La julienne au blond de veau,
La bisque d'écrevisses au blanc de volaille,
Le potage de santé, consommé de volaille;
Le potage de perdrix au chasseur,
Le potage à la Hollandaise,
L'orge perlée à la Russe.

HUIT RELEVÉS DE POISSONS.

La hure d'esturgeon au vin de Champagne,
Le gros brochet à la Chambord moderne,
Le turbot à la Hollandaise,
Les tronçons d'anguilles à l'italienne,
Les perches à la Vaterfisch,
Le saumon à la Vénitienne;
Les soles à l'Anglaise, sauce aux huîtres,
Le cabillaud à l'Anglaise, sauce aux homards.

QUATRE GROSSES PIÈCES.

Le dinde aux truffes à la Périgord,
La pièce de bœuf à la cuillère,
Le quartier de veau à la Monglas,
Les faisans à la moderne.

TRENTE-SIX ENTRÉES, DONT QUATRE POUR LES CONTRE-FLANCS.

1. Les escalopes de perdreaux à la Périgord,
2. Les côtelettes de porc frais à la sauce Robert,
3*. Les petis vols-au-vent à la reine,
4. Le fritot de poulets à la tomate,
5. L'émincé de gibier garni de croûtons farcis.
18. Les filets de poulardes à la Chevalier,
17. Les côtelettes de veau à la Polonaise,
16*. La croustade de cailles au gratin,
15. Les ailerons de poulardes à la Macédoine,
14. Le hachis de faisans garni d'œufs pochés.

LE GROS BROCHET A LA CHAMBORD.

LES PERCHES A LA WATERFISCH.

6. Les filets de gélinottes au chasseur,
7**. La côte de bœuf à la gelée,
8. Les quenelles de volaille à l'Italienne,
9. Le sauté de pigeons à la Toulouse.
13. Les filets de poulardes soufflés au suprême,
12**. Le pain de levrauts à la pelée,
11. Les caisses de foies gras à la Monglas,
10. La fricassée de poulets aux champignons.

LE TURBOT A LA HOLLANDAISE.

LE SAUMON A LA VÉNITIENNE.

10. Les escalopes de ris d'agneaux aux fines herbes,
11. Les filets de moutons à la Conti,
12**. La salade de homards aux laitues,
13. Le sauté de poulardes aux pointes d'asperges.
9. Le turban de palais de bœufs aux truffes,
8. Les boudins de perdreaux à la Richelieu,
7**. La blanquette de volaille à la magnonaise,
6. Les bécasses à la financière, entrée de broche.

LES TRONÇONS D'ANGUILLES A L'ITALIENNE.

LES SOLES A L'ANGLAISE.

14. Les filets de faisans à la Pompadour,
15. Les poulets dépecés à la Vénitienne,
16*. Le pâté de lapereaux à l'ancienne,
17. Les papillottes de mauviettes à la Duxelle,
18. Les filets de volaille en damier.
5. Les filets de lapereaux en lorgnettes,
4*. Les côtelettes de mouton glacés, purée de navets;
3. Les petits pâtés à la Russe,
2. Les petits canetons de poulets à la Macédoine,
1. Les aiguillettes de canards à l'orange.

POUR EXTRA, DIX ASSIETTES VOLANTES DE FRITURE.

4. De laitances de carpes à la Harly,
4. De filets mignons panés à l'Anglaise,
2. De filets de perdreaux.

HUIT GROSSES PIÈCES D'ENTREMETS.

Le casque à la Romaine,
Le trophée de marine,
La dinde en galantine sur un socle,
La pyramide de p. de terre à la gelée, à l'Anglaise;
Le palmier aux boucliers,
Le casque à la grecque,
Le signe de saindoux dans une île,
Le jambon glacé sur un socle.

QUATRE PLATS DE ROTS.

Les faisans piqués,
Les poulets à la reine,
Les poulardes à l'Anglaise, sauce aux œufs;
Les gelinottes bardées.

TRENTE-DEUX ENTREMETS.

1. Les champignons grillés, demi-glace;
2**. La gelée de marasquins fouettée,
3. Les pommes de terre frites à la Lyonnaise.
16. Les cardes à l'Espagnole,
15**. La crème au caramel, au bain-marie;
14. Les truffes au vin de Champagne.

LA GALANTINE SUR UN SOCLE.

LE CYGNE DE SAINDOUX DANS UNE ÎLE.

4. Les truffes à l'Italienne,
5*. Les gâteaux glacés à la crème au café.
13. Les épinards à l'essence et en croustade.
12*. Les gaufres à la Parisienne.

LES FAISANS PIQUÉS.

LES CHAPONS A L'ANGLAISE.

6*. Les madelaines au cédrat confies,
7**. La gelée de champignons rosée,
8. Les œufs pochés à la chicorée.
11*. Les choux à la crème de vanille,
10**. La gelée d'ananas garnie,
9. La salade à l'Italienne.

LE CASQUE ROMAIN.

LE CASQUE A LA GRECQUE.

9. Les salsifis à la Magnonaise,
10**. La gelée d'orange à la belle vue,
11*. Les marrons d'abricots glacés.
8. Les œufs à l'aurore,
7**. La gelée d'épines-vinettes moulée,
6*. Les fanchonnettes à l'orange.

LES POULETS A LA REINE.

LES GELINOTTES.

12*. Les diadèmes au gros sucre,
13. Les truffes à la serviette.
5*. Les gâteaux renversés garnis de groseille,
4. Les navets à la Béchamel.

LA PIRAMYDE DE POMMES DE TERRE A LA GELÉE.

LE JAMBON SUR UN SOCLE.

14. Le céleri à la Française,
15**. Le blanc-manger aux noix,
16. Les scakls ou choux de mer au beurre.
3. Les truffes à la Périgueux,
2*. Le fromage bavarois aux framboises,
1. Les laitues à l'essence de jambon.

POUR EXTRA, SIX ASSIETTES VOLANTES.

Les soufflés en croustade à l'orange, au cédrat, au marasquin, aux avelines.

LE MAITRE D'HOTEL FRANÇAIS.

TABLE DE S. A. R. LE PRINCE RÉGENT,

Servie au pavillon de Brighton, Angleterre, le 18 janvier 1817. Menu de 40 entrées.

HUIT POTAGES.

Les profitralles de volaille à la moderne,
Le potage de santé au consommé,
Le potage de mouton à l'Anglaise,
Le potage de riz à la Crécy,

Le potage de pigeons à la marinière,
Le potage de karick à l'Indienne,
Le potage à la d'Orléans,
Le potage de céleri, consommé de volaille.

HUIT RELEVÉS DE POISSONS.

Les perches à la Hollandaise,
La truite saumonée à la Génoise,
Le cabillaud à la crème,
Le brochet à l'Espagnole garni de laitances,

Les soles au gratin et aux truffes,
Le turbot, sauce aux crevettes,
Les merlans frits à l'Anglaise,
La hure d'esturgeon au vin de Champagne.

HUIT GROSSES PIÈCES.

Le quartier de sanglier mariné,
Les poulardes à l'Anglaise,
Les filets de bœuf à la Napolitaine,
Les faisans truffés à la Périgueux.

La dinde à la Godard moderne,
La longe de veau à la Monglas,
Les perdrix aux choux et racines glacées,
Le rosbif de quartier de mouton.

QUARANTE ENTRÉES.

1. Le sauté de poulardes à la d'Artois,
2. Les ris de veau glacés à la chicorée,
3*. La croustade de grives au gratin,
4. Les poulets à la reine, à la Chevry;
5. Les côtelettes de lapereaux en lorgnette.

LES PERCHES A LA HOLLANDAISE.

6. Les quenelles de volaille en turban,
7. Les cailles à la Mirepoix, ragoût à la financière;
8**. La magnonaise de perdreaux à la gelée,
9. L'émincé de langues à la Clermont,
10. Les poulets dépecés à l'Italienne.

LA TRUITE SAUMONÉE A LA GÉNOISE.

11. Les filets de volaille en demi-deuil,
12. Les aiguillettes de canards à la bigarade,
13**. La darne de saumon au beurre de Montpellier,
14. Le pain de volaille à la royale,
15. Les filets d'agneaux à la Toulouse.

LE CABILLAUD A LA CRÈME.

16. La caisse de lapereaux au laurier,
17. La blanquette de poulardes aux champignons,
18*. La casserole au riz à la Monglas,
19. Les petits canetons à la Nivernoise,
20. Le sauté de faisans à la Périgord.

20. Les sautés de perdreaux au suprême,
19. La chevalier de poulets garni de Orly,
18*. La timbale de nouilles à la Polonaise,
17. Les escalopes de chevreuil à l'Espagnole,
16. Les ballotines de poulardes à la tomate.

LES SOLES AU GRATIN.

15. Les bécasses, entrée de broche à l'Espagnole,
14. Les filets de volaille à la belle vue,
13**. Les hatelets d'aspic de filets de soles,
12. Les cervelles de veaux à la Milanaise,
11. Les escalopes de gelinottes, sauce salmis.

LE TURBOT, SAUCE AUX CREVETTES.

10. Les filets de poulardes glacés aux concombres,
9. Les boudins de faisans à la Richelieu,
8**. La salade de volaille à l'ancienne,
7. La noix de jambon aux épinards,
6. Les ailerons de poulardes à la Piémontaise.

LES MERLANS FRITS A L'ANGLAISE.

5. Les pigeons au beurre d'écrevisses,
4. La poularde à la Maquignon,
3*. Le vol-au-vent à la Nesle, allemande;
2. Les côtelettes de moutons à la purée de p. de terre,
1. Les filets de poulardes à la Pompadour.

POUR EXTRA, QUINZE ASSIETTES VOLANTES A SERVIR APRÈS LES POISSONS.

3. De petits vols-au-vent à la reine,
3. De petits pâtés de mauviettes,
3. De croquettes à la royale,

3. De cannelons à la Luxembourg,
3. De filets de poissons à la Orly.

TABLEAU N° XIII.

Suite de la page 180, Tome II.

LE MAITRE D'HOTEL FRANÇAIS.

HUIT GROSSES PIÈCES D'ENTREMETS.

Le pavillon italien,
L'hermitage suisse,
La grosse méringue à la Parisienne,
Le croque-en-bouche aux pistaches,
L'hermitage gaulois,
Le grand pavillon asiatique,
Le gros nougat à la Française,
Le croque-en-bouche aux anis.

HUIT PLATS DE ROTS.

Les bécasses bardées,
Le dindonneau,
Les faisans piqués,
Les poulardes au cresson,
Les sarcelles au citron,
Les poulets à la reine,
Les gelinottes,
Les cailles bardées.

TRENTE-DEUX ENTREMETS, DONT SEIZE DE DOUCEUR.

1. Les concombres farcies au velouté,
2**. La gelée de groseilles (conserve).

LES BÉCASSES BARDÉES.

3*. Les gaufres aux raisins de Corinthe,
4. Les épinards à l'Anglaise.

LE PAVILLON ITALIEN.

5. Le buisson de homards,
6*. Les tartelettes d'abricots pralinées.

LES DINDONNEAUX.

7**. La gelée de marasquins fouettée,
8. Les œufs brouillés aux truffes.

LA GROSSE MÉRINGUE A LA PARISIENNE.

9. Les navets à la Chartres,
10**. Le pouding de pommes au rhum.

LES FAISANS PIQUÉS.

11*. Les diadèmes au gros sucre,
12. Les choux-fleurs à la magnonaise.

L'HERMITAGE SUISSE.

13. Les truffes à la serviette,
14*. Les fanchonnettes aux avelines.

LES POULARDES AU CRESSON.

15**. La gelée de citrons renversée,
16. La croûte aux champignons.

16. Les céleris à l'Espagnole,
15**. La gelée de cuirassau de Hollande.

LES SARCELLES AUX CITRONS.

14*. Les gâteaux d'amandes glacés à la rose,
13. Les pommes de terre à la Lyonnaise.

L'HERMITAGE GAULOIS.

12. Les truffes à la serviette,
11*. Les pains à la Duchesse.

LES POULETS A LA REINE.

10**. Les pannequets à la Chantilly,
9. Les champignons grillés demi-glace.

LE NOUGAT A LA FRANÇAISE.

8. Les laitues à l'essence de jambon,
7**. Le fromage bavarois aux abricots.

LES GELINOTTES.

6*. Les gâteaux à la dauphine,
5. La salade de salsifis à l'Italienne.

LE PAVILLON ASIATIQUE.

4. Le buisson de crevettes,
3*. Les gâteaux renversés, glacés au gros sucre.

LES CAILLES BARDÉES.

2. La gelée de fraises (conserve),
1. Les cardes à l'Espagnole.

DOUZE ASSIETTES VOLANTES.

4. De soufflés de pommes,
4. *Idem* à la vanille,
4. De fondus.

Ces trois menus ont toute l'élégance et la somptuosité de la grande cuisine du XIXe siècle; cependant nous fûmes contraints de revenir sur la même série d'entrées, n'ayant point voulu employer de grosses entrées entières, et ensuite peu de boucherie et peu de poissons; car en servant huit relevés de gros poissons, on doit devenir avare de ses entrées; et ce que je n'ai pu obtenir en Angleterre, ce sont ces noisettes de veaux, excellentes entrées, et les ailerons de dindons. Ces entrées appartiennent cependant à la bonne cuisine; mais, je le répète, quelle différence de ces dîners avec ceux que nous avons servis! D'après la donnée de ces menus, on voit aisément combien ces parties s'unissent entre elles, et combien l'harmonie de l'ensemble doit produire un grand effet.

Oui certes, si S. A. royale avait été servie de cette manière, elle aurait ressenti une douce satisfaction, en voyant briller d'un nouvel éclat la magnificence de la grande et unique argenterie et du vermeil, dont la table de S. A. royale est si richement couverte.

Cependant ce voyage de Brighton est des plus somptueux; tous les plus grands personnages de la cour viennent y passer quelque temps, et ce renouvellement de la noblesse doit avoir mille attraits pour l'auguste amphitryon.

Ces grands travaux durèrent deux mois, et nous rentrâmes à Londres; mais, le 1er avril, S. A. royale fit un nouveau voyage au pavillon, et M. le contrôleur me donna l'ordre de partir, et d'emmener le monde nécessaire à mes travaux; cette préférence me flatta beaucoup, et chaque jour j'eus lieu d'être satisfait par les choses agréables que l'on disait à la table de mon service.

Cependant ce mois d'avril n'est pas avantageux pour la cuisine; le manque de gibier se fait sentir, la volaille a vieilli, les légumes viennent chaque jour plus rares encore; enfin, tout annonce le renouvellement de la nature, et dans peu la cuisine va se rajeunir à mesure que les primeurs vont donner. Je joins donc ici ce second voyage, en donnant les menus que j'ai servis depuis le 31 mars jusqu'au 18 avril; ces diners ont le même ensemble que nos grands diners, sans en avoir la variété, par la raison du manque de comestibles, tel que je viens de le faire remarquer.

DINER DE S. A. R. LE PRINCE RÉGENT,

Servi au pavillon de Brighton, Angleterre,
31 *Mars* 1817.

Deux potages.

Le potage de levrauts à l'Anglaise;
Le vermicelle au consommé de volaille.

Deux relevés de poissons.

Le turbot à l'Anglaise, sauce aux homards;
Le cabillaud à la Hollandaise.

Deux grosses pièces.

La poularde garnie de choux-fleurs,
Le quartier d'agneaux à la maître-d'hôtel.

Huit entrées.

Le sauté de poulardes aux pointes d'asperges,
Les filets de canetons à la bigarade,
La noix de veau piquée glacée, purée d'oseille;

Les escalopes de faisans aux truffes,
La fricassée de poulets à la Vénitienne,
Les côtelettes de mouton sautées à la minute,
Le fritot de poulets, sauce poivrade;
La timbale de macaroni à la Parisienne.

Pour extra, *les petits vols-au-vent à la reine.*

Deux flans d'entremets.

La terrine de faisans à l'aspic,
Le buisson de homards au vin de Madère.

Deux plats de rôts.

Les bécasses bardées,
Les poulets gras au cresson.

Deux relevés de plats de rôts.

Les choux à la d'Artois,
Les beignets de pommes glacées aux pistaches.

Huit entremets.

Les scakls au beurre,
Les pommes de terre frites,
Les œufs de pluviers,
Les petits pots de gibier au fumet,
Le fromage bavarois aux abricots,
Les gâteaux pralinés aux amandes,
La gelée d'oranges moulées,
Les tartelettes de cerises.

Pour extra, *les petits soufflés au café.*

TABLE DE S. A. R. LE PRINCE RÉGENT,

Servie au pavillon de Brighton, Angleterre,
1er *Avril* 1817.

Deux potages.

Le potage carik à l'Indienne,
Le potage de civette à l'Allemande,

Deux relevés de poissons.

Les filets de turbots grillés, sauce aux huîtres;
Le saumon à l'Anglaise, sauce au vin de Champagne.

Deux grosses pièces.

Le chapon aux nouilles à l'Allemande,
Le faisan à la régence.

Huit entrées.

Les biftecks sautés, garnis de petites pommes de terre;
Les filets de volaille à la maréchale,
Le salmis de bécasses au vin de Bordeaux,
Les escalopes de volaille à la Piémontaise,
Les filets de soles sautés à la royale,
La orly de filets mignons, poivrade;
Les boudins de perdreaux au fumet,
La magnonaise de volaille à la gelée.

Pour extra, *les croquettes de gibier au fumet.*

Deux flans d'entremets.

Le soufflé au chocolat,
Le flan de pommes au beurre et glacés.

Deux plats de rôts.

Les canetons de ferme,
Les poulets gras au cresson.

Deux relevés de plats de rôts.

Le buisson de truffes,
La salade de volaille à la gelée.

Huit entremets.

Les œufs pochés au fumet de faisan,
Les épinards en croustade,
Les champignons à la Provençale,
Les homards au vin de Madère,
La gelée de crème de noyau,
Les nougats à la Française,
Le blanc-manger dans des cristaux,
Le gâteau d'abricots glacés.

Pour extra, *les fondus au Parmesan.*

TABLE DE S. A. R. LE PRINCE RÉGENT,

Servie au pavillon de Brighton, Angleterre,
2 *Avril* 1817.

Deux potages.

Le potage tortue à l'Américaine,
La julienne au blond de veau.

Deux relevés de poissons.

Les merlans frits à l'Anglaise,
Le turbot à la Hollandaise.

Deux grosses pièces.

La longe de veau à la crème,
Le jambon glacé à la Piémontaise.

Huit entrées.

La fricassée de poulets à la Toulouse,
L'épigramme d'agneau garni d'haricots verts,
Le sauté de poulets à la royale,
Les ris de veaux piqués glacés à la chicorée,
Les filets de truites à la Provençale,
La casserole au riz à la reine,
La blanquette de poulardes aux truffes,
Le salmis chaud-froid à la gelée.

Deux plats de rôts.

Les poulets gras,
Le paon bardé.

Deux relevés de plats de rôts.

Le soufflé de riz à la vanille,
Les pommes cuites à la Française et à la fleur d'orange.

Huit entremets.

Les haricots verts aux fines herbes,
Les salsifis frits à la Villeroy,
Les sckals à l'Espagnole.

Les huîtres au gratin,
La gelée de citrons moulée,
La crème française à la religieuse,
Les tartelettes de groseilles,
Les petits nougats à la Parisienne.

Pour extra, *les ramequins à la crème.*

TABLE DE S. A. R. LE PRINCE RÉGENT,

Servie au pavillon de Brighton, Angleterre,
3 *Avril* 1817.

Deux potages.

Le potage de mouton à l'Anglaise,
La crème de riz à la royale.

Deux relevés de poissons.

Le cabillaud à la crème,
Le saumon grillé, sauce italienne.

Deux grosses pièces.

Le pâté de poulets à l'Anglaise,
La pièce de bœuf à la jardinière.

Huit entrées.

Le sauté de perdreaux aux truffes,
La fricassée de poulets à la dauphine,
Les filets de mouton piqués, sauce poivrade;
Le sauté de poulardes aux concombres,
Les filets de carpes en papillote à la duxelle,
Les côtelettes de veau aux fines herbes à la Polonaise,
Les petis canetons garnis de pointes d'asperges,
Le pain de gibier à la gelée.

Pour extra, *les canetons à la Luxembourg.*

Deux flans d'entremets.

La galantine de volaille à la gelée,
Le pâté de Périgueux.

Deux plats de rôts.

Les poulets gras,
Les faisans.

Deux relevés de plats de rôts.

Les choux à la paysanne,
Les pommes méringuées.

Huit entremets.

Les asperges,
Les pommes de terre à la Bretonne,
Les œufs de pluviers,
La gelée de café à l'eau,
Le fromage bavarois aux groseilles (conserve),
Les gâteaux d'amandes,
Les gâteaux à la d'Artois,
Les homards à la magnonaise.

Pour extra, *les soufflés à l'orange.*

TABLE DE S. A. R. LE PRINCE RÉGENT,

Servie au pavillon de Brighton, Angleterre,
4 *Avril* 1817.

Deux potages.

Le riz au consommé de volaille et à la régence,
Le potage de santé au blond de veau.

Deux relevés de poissons.

L'anguille à la royale,
Le turbot aux homards.

Deux grosses pièces.

Le chapon à la Chevry,
Le quartier d'agneau à la maître d'hôtel.

Huit entrées.

Le sauté de poulardes aux truffes,
La noix de veau glacée à la chicorée,

La Orly de filets de merlans,
Les petits pâtés à la Béchamel,
La fricassée de poulets à la Bretonne,
Le hachis de mouton à la Portugaise,
La blanquette de poulardes aux concombres,
La caisse de lapereaux aux fines herbes.

Pour extra, *les petites croustades à la Béchamel.*

Deux flans d'entremets.

Le buisson d'écrevisses,
Le jambon glacé à la gelée.

Deux plats de rôts.

Les grans bardés,
Les canetons.

Deux relevés de plats de rôts.

Les ramequins à la Suisse,
Les pains à la duchesse aux abricots.

Huit entremets.

Les scakls, sauce au beurre;
La croûte aux champignons,
Les truffes au vin de Bordeaux,
Les huîtres au gratin,
Les petites bouchées de crème au café,
La gelée de marasquins fouettée,
Les tartelettes de pommes glacées,
La gelée de vin muscat.

Pour extra, *les soufflés de pommes.*

TABLE DE S. A. R. LE PRINCE RÉGENT,

Servie au pavillon de Brighton, Angleterre,
5 *avril* 1817.

Deux potages.

Le potage à la Clermont,

La crème d'orge au consommé de volaille.

Deux relevés de potages.

Le saumon à la sauce génoise,
Les soles à l'Anglaise, sauce aux huîtres.

Deux grosses pièces.

Le chapon au riz,
Le jambon à la broche au vin de Madère.

Huit entrées.

La timbale de macaroni à l'Italienne,
Les filets de poulardes garnies de mangot,
Les côtelettes de mouton sautées, purée de p. de terre;
Les ailes de volaille à la Chevalier,
Les filets de canetons à l'orange,
La poularde dépecée à la ravigote verte,
Le vol-au-vent de cabillaud à la crème,
La blanquette de poulardes aux truffes de France.

Deux plats de rôts.

Les poulets gras,
Les perdreaux.

Deux flans d'entremets.

La terrine de gibier à la gelée,
La salade de homards.

Deux relevés de plats de rôts.

Le soufflé à l'orange,
Le flan de pommes à la Portugaise.

Huit entremets.

Les asperges à la Hollandaise,
Les truffes à la serviette,
Les salsifis au beurre,
Les œufs de pluviers,
La gelée de violette nouvelle,
Les nougats de pommes,

La crème à la Française au Moka,
Les gâteaux d'abricots.

Pour extra, *les fondus au Parmesan.*

TABLE DE S. A. R. LE PRINCE RÉGENT,

servie au pavillon de Brighton, Angleterre, 6 *avril* 1817.

Deux potages.

Le potage de tortue au vin de Madère,
Le vermicelle à la régence.

Deux relevés de poissons.

Les soles à l'Anglaise,
Le turbot grillé, sauce vénitienne.

Deux grosses pièces.

L'aloyau à l'Anglaise,
Le dindon à la Périgueux.

Huit entrées.

L'aile de tortue braisée au vin de Champagne,
Les riz de veaux piqués glacés, purée d'oseille;
Les filets de volaille à la maréchale,
Les côtelettes d'agneau à l'Allemande, sauce tomate,
Les côtelettes de porc frais à la sauce Robert,
Le sauté de poulardes au suprême, pointes d'asperges,
Les filets de lapereaux à la Orly,
Le hachis de poulardes à la royale aux œufs de pluviers.

Pour extra, *les petits pâtés à la Monglas.*

Douze flans d'entremets.

Le jambon glacé à la gelée,
Le nid d'oiseaux à la Russe.

Deux plats de rôts.

Les poulardes au cresson,
Les canards sauvages.

Deux relevés de plats de rôts.

Le soufflé aux macarons amers,
Les choux à la Saint-Cloud.

Huit entremets.

Les haricots verts à l'Anglaise,
Les concombres au velouté,
Les crevettes en buisson,
Les œufs de pluviers,
Le fromage bavarois au marasquin,
La gelée d'oranges,
Le flan de pommes méringuées,
Les gaufres à la Française.

Pour extra, *les beignets de crème à la pâtissière.*

TABLE DE S. A. R. LE PRINCE RÉGENT,

servie au pavillon de Brighton, Angleterre, 7 avril 1817.

Deux potages.

Le potage à la jardinière au consommé,
Le potage de perdreaux au chasseur.

Deux relevés de poissons.

Les soles gratinées au vin de Champagne,
Les merlans frits à l'Anglaise.

Deux grosses pièces.

La longe de veau à la crème,
Le chapon à la Périgueux.

Huit entrées.

Le fritot de poulets à la Marengo,
Les escalopes de riz de veaux à la Provençale,
Le sauté de poulardes à la Westphalienne,
L'épigramme d'agneau garnie d'haricots verts,
L'émincé de volaille aux nouilles,
Les filets de poulardes à la Pompadour,

Le vol-au-vent de turbot à la Béchamel,
Les quenelles de volaille au suprême.

Pour extra, *les petits soufflés de faisans.*

Deux flans d'entremets.

La salade de volaille à la magnonaise,
La terrine de gibier aux truffes.

Deux plats de rôts.

Les chapons au cresson,
Les faisans bardés.

Deux relevés de plats de rôts.

Le soufflé à la vanille,
Les pommes au riz glacées au four.

Huit entremets.

Les sckals au choux de mer au beurre,
Les champignons à l'Espagnole,
Les œufs de pluviers,
Les homards au vin de Madère,
La gelée de violette moulée,
La crème française aux zestes d'orange,
Les choux à la crème,
Les tartelettes de cerises.

Pour extra, *les darioles au café Moka.*

TABLE DE S. A. R. LE PRINCE RÉGENT,

Servie au pavillon de Brighton, Angleterre, 8 *avril* 1817.

Deux potages.

Le potage à la tortue au vin de Madère,
La croûte gratinée au consommé de volaille.

Deux relevés de poissons.

Le saumon grillé à la Hollandaise,
Le cabillaud à la crème Béchamel.

Deux grosses pièces.

Le chapon aux oignons d'Espagne,
Les filets de chevreuils piqués marinés, poivrade.

Huit entrées.

Les ailerons de poulardes aux concombres,
Le pâté chaud à la financière, quenelles de faisans;
Les filets de soles sautées à la maître d'hôtel,
Le sauté de poulets à la Lyonnaise,
Les côtelettes de mouton à la Soubise,
La fricassée de poulets à la Vénitienne,
Les escalopes de volaille aux fines herbes,
Les filets de canetons à la bigarade.

Pour extra, *les petits pâtés au naturel.*

Deux flans d'entremets.

Le cygne dans une île,
La langue à l'écarlate glacée, formant un pont.

Deux plats de rôts.

Les poulets gras,
Le levraut à l'Anglaise.

Deux relevés de plats de rôts.

Les pannequets au riz à l'orange,
Les choux à la d'Artois au café.

Huit entremets.

Les haricots verts à la Française,
Les épinards au velouté,
Les œufs de pluviers,
Les huîtres au gratin,
Les génoises au citron,
Le vol-au-vent au verjus glacé,
La gelée de rhum fouettée,
La gelée d'oranges en écorces.

Pour extra, *les rissoles d'abricots à l'Allemande.*

TABLE DE S. A. R. LE PRINCE RÉGENT,

Servie au pavillon de Brighton, Angleterre,
9 *avril* 1817.

Deux potages.

Le potage à la tortue au vin de Champagne,
Le potage à la Condé aux petits croutons,

Deux relevés de poissons.

Le turbot grillé à l'Italienne,
Les soles frites et bouillies.

Deux grosses pièces.

Le quartier d'agneau braisé à l'Anglaise,
Le faisan à la choucroute à l'Allemande.

Huit entrées.

Le turban de filets mignons à la Conti,
Le sauté de poulardes aux truffes,
La marinade de cervelles de veaux,
La blanquette de volaille à la Piémontaise,
La timbale de macaronis à la Toulouse,
Les foies gras au vin de Madère,
La fricassée de poulets à la Provençale,
Les escalopes de cabillaud sautés aux fines herbes.

Pour extra, *les petits vols-au-vent à la Béchamel.*

Deux flans d'entremets.

Le cochon de lait en galantine à la gelée,
Le buisson d'écrevisses au vin de Madère.

Deux plats de rôts.

Les poulets gras,
Les canetons.

Deux relevés de plats de rôts.

Les pannequets à la reine,
Les fondus en caisse au Parmesan.

Huit entremets.

Les sikels à l'Espagnole,
Les asperges,
Les œufs de pluviers,
Les salsifis frits,
La gelée de groseilles de France (conserve),
Les petits gâteaux à la royale,
Le fromage bavarois aux amandes,
Les gâteaux glacés aux pistaches.

Pour extra, *les soufflés aux marasquins.*

TABLE DE S. A. R. LE PRINCE RÉGENT,

Servie au pavillon de Brighton, Angleterre, 10 *avril* 1817.

Deux potages.

Le potage à la reine,
Le potage à la jardinière au blond de veau,

Deux relevés de poissons.

Le brochet au vin de Champagne,
Le cabillaud à la crème.

Deux grosses pièces.

Le chapon à la régence,
Le jambon braisé au vin de Madère.

Huit entrées.

Les tendons de veau glacés à la Macédoine,
Les filets de poulardes à la Pompadour,
Les filets de merlans sautés à la Provençale,
La fricassée de poulets à la Villeroy,
Les côtelettes de mouton à la minute, demi-glace;
Les quenelles de poissons au beurre d'écrevisses,
Les filets de poulardes à la Orly,

La blanquette de volaille aux truffes.

Pour extra, les croquettes au blanc-manger.

Deux flans d'entremets.

La salade de homards aux laitues,
Le cochon de lait en galantine à la gelée.

Deux plats de rôts.

Les poulets gras,
Les bécasses bardées.

Deux relevés de plats de rôts.

Le soufflé aux citrons,
Le biscuit aux amandes à la marmelade.

Huit entremets.

Les concombres en cardes au velouté,
Les sikels au beurre,
Le buisson d'écrevisses,
Les œufs de pluviers,
La gelée d'oranges,
Le fromage bavarois au chocolat,
Le flan de pommes à la Portugaise,
Les gâteaux à la Condé.

Pour extra, *les petits soufflés aux abricots* (*conserve*).

TABLE DE S. A. R. LE PRINCE RÉGENT,

Servie au pavillon de Brighton, Angleterre,
11 *avril* 1817.

Deux potages.

La tortue au vin de Madère,
Le potage de riz à la Provençale.

Deux relevés de poissons.

Le turbot au gratin au vin de Champagne,
Les soles frites à l'Anglaise.

Deux grosses pièces.

La pièce de bœuf aux oignons d'Espagne,
Les poulardes à la Périgueux.

Huit entrées.

La caisse de foies gras à l'Italienne,
Le sauté de poulardes à la Lyonnaise,
La lamproie de Closter,
L'émincé de mouton aux concombres,
La blanquette de poulardes aux pointes d'asperges,
Le sauté de bécasses au vin de Bourgogne,
Le fritot d'ailes de poulets à la Saint-Florentin,
Les croquettes de gibier au suprême.

Deux flans d'entremets.

Le jambon glacé à la gelée,
La galantine de cochon de lait à la gelée.

Deux plats de rôts.

Les pintades au cresson,
Les grous bardés.

Deux relevés de plats de rôts.

Les pommes méringuées,
Le soufflé à la Suisse.

Huit entremets.

Les salsifis frits,
Les asperges au beurre,
Les crevettes en buisson,
Les œufs de pluviers,
La gelée de citrons,
Les tartelettes de cerises,
La crème à la vanille,
Les cannelons aux amandes.

Pour extra, *les soufflés à la vanille.*

TABLE DE S. A. R. LE PRINCE RÉGENT,

Servie au pavillon de Brighton, Angleterre,
12 *avril* 1817.

Deux potages.

Le potage à la tortue à l'Américaine,
La crème de riz à la royale.

Deux relevés de poissons.

Le saumon, sauce génoise;
Les maquereaux à l'Anglaise.

Deux grosses pièces.

La longe de veau à la crème,
Le chapon au consommé entouré d'oignons d'Espagne.

Huit entrées.

Les ris de veaux sautés à la Provençale,
La Orly de filets mignons, sauce poivrade;
La casserole au riz à la reine, garnie d'œufs de pluviers;
Les filets de truites sautés à la maître d'hôtel,
Le sauté de poulardes à la royale au suprême,
Les boudins de gibier à la Richelieu au fumet,
Les ailerons de poulets aux pointes d'asperges,
Les canetons dépecés à l'orange.

Pour extra, *les petits pâtés garnis de filets de soles à l'Anglaise.*

Deux flans d'entremets.

Le jambon glacé à la gelée,
Le buisson d'écrevisses au vin de Madère.

Deux plats de rôts.

Les poulets au cresson,
Le paon bardé.

Deux relevés de plats de rôts.

Le pouding de cabinet au rhum,

Les darioles à la fleur d'orange.

Huit entremets.

Les cardes à la Béchamel,
Les haricots verts à l'Anglaise,
Les œufs de pluviers,
Les huîtres au gratin et en caisses,
La gelée d'oranges moulée,
La crème au café moka,
Le flan d'abricots glacé,
Les jalousies à la gelée de groseilles.

Pour extra, *les biscuits à la crème.*

TABLE DE S. A. R. LE PRINCE RÉGENT,

Servie au pavillon de Brighton, Angleterre, 13 *avril* 1817.

Deux potages.

La tortue au vin de Madère,
La croûte gratinée aux pointes d'asperges.

Deux relevés de poissons.

Le brochet glacé, sauce italienne;
Les turbots à la Hollandaise.

Deux grosses pièces.

Le jambon glacé aux épinards,
La dinde aux truffes de France à la Périgueux.

Huit entrées.

Le fritot de poulets à la Marengo,
Les noix de veaux piquées, glacées à la purée d'oseille;
Le sauté de poulardes aux haricots verts,
Les filets de lapereaux sautés aux fines herbes,
Les hatelets à la Westphalienne,
L'émincé de volaille aux œufs de pluviers,
Le sauté de filets de maquereaux à la maître d'hôtel,

La fricassée de poulets aux champignons.

Pour extra, *les cannelons à la Luxembourg.*

Deux gros entremets.

Le buisson de truffes au vin de Champagne,
La terrine de faisans à la Nérac.

Deux plats de rôts.

Le babas au Madère,
Les pommes au riz méringuées.

Huit entremets.

Les concombres farcis au velouté,
Les haricots verts à la Française,
Les écrevisses au buisson,
Les œufs de pluviers,
Le blanc-manger au café à l'eau,
La gelée de rhum,
La tourte aux abricots à la Française,
Les tartelettes à la crème à l'orange.

Pour extra, *les soufflés aux macarons amers.*

TABLE DE S. A. R. LE PRINCE RÉGENT,

Servie au pavillon de Brighton, Angleterre,
14 *avril* 1817.

Deux potages.

Le potage de levrauts à l'Anglaise,
Le potage à la jardinière au consommé.

Deux relevés de poissons.

Les soles au vin de Champagne,
Les merlans panés à l'Anglaise.

Deux grosses pièces.

Les filets de bœuf piqués marinés, sauce poivrade;
Le chapon à la Tartare ravigote.

Huit entrées.

Les escalopes de volaille à l'Italienne,
Les ris de veaux en bigarrure à la Soubise,
Le sauté de poulardes à la d'Artois,
Les filets mignons à la Orly, sauce tomate;
Les côtelettes de mouton garnies de petites pommes de terre,
Le sauté de faisans aux truffes,
La fricassée de poulets à la Saint-Lambert,
La lamproie de Closter au vin de Porto.

Pour extra, *les petits pâtés de mouton à l'Anglaise.*

Deux flans d'entremets.

Le jambon glacé à la gelée,
Le buisson de homards.

Deux plats de rôts.

Les poulets au cresson,
Les canetons de ferme.

Deux relevés de plats de rôts.

Le soufflé de riz à la vanille,
Le gros ramequin au Parmesan.

Huit entremets.

Les sikels à l'Espagnole,
Les haricots verts à la Française,
Les œufs de pluviers,
Le buisson de truffes au vin de Madère,
Les génoises à l'orange,
La crème de café à la Française,
Les tartelettes de poires pralinées,
La gelée de vin de Madère sec.

Pour extra, *les soufflés de fécule à la vanille.*

TABLE DE S. A. R. LE PRINCE-RÉGENT,

Servie au pavillon de Brighton, Angleterre, 15 avril 1817.

Deux potages.

Le potage de mouton à l'Anglaise,
Le potage de santé au consommé de volaille.

Deux relevés de poissons.

Le turbot à la Hollandaise,
Le saumon à la Génoise.

Deux grosses pièces.

Le faisan à la choucroute à l'Allemande,
Le quartier d'agneau aux épinards.

Huit entrées.

Le sauté de poulardes aux concombres,
Les filets de canetons à la bigarade,
Les ailerons de volaille aux champignons,
Les côtelettes de veaux aux fines herbes, demi-glace;
La fricassée de poulets à la Vénitienne,
Les quenelles de faisans au fumet,
Le vol-au-vent de cabillaud à la Béchamel,
Les croquettes de volaille au suprême.

Pour extra, *les petits pâtés aux huîtres.*

Deux flans d'entremets.

Le jambon glacé à la gelée,
Le buisson d'écrevisses.

Deux plats de rôts.

Les poulets à la reine,
Les sarcelles garnies de citrons.

Deux relevés de plats de rôts.

Les gaufres à la Flamande,
Le flan de cerises glacé.

Huit entremets.

Les asperges,
La croûte aux champignons,
Les œufs de pluviers,
Les homards au gratin,
La gelée d'oranges renversée,
La crème au chocolat,
Les tartelettes à la bonne femme,
Les gâteaux à la d'Artois.

Pour extra, *les fondus au Parmesan.*

TABLE DE S. A. R. LE PRINCE RÉGENT,

Servie au pavillon de Brighton, Angleterre, 16 *avril* 1817.

Deux potages.

Le potage à l'oseille, lié à la Hollandaise;
Le vermicelle au blond de veau, à la régence.

Deux relevés de poissons.

Les soles à l'Anglaise, sauce aux homards;
Les merlans frits à l'Allemande.

Deux grosses pièces.

Le jambon au vin de Madère,
Les poulets gras aux huîtres.

Deux flans d'entremets.

La fricassée de poulets à la dauphine,
Le pâté chaud de pigeons à l'Anglaise.

Quatre entrées.

Les côtelettes d'agneau sautées, sauce tomate;
Le sauté de poulardes aux haricots verts,
Les quenelles de volailles à l'Italienne,
L'émincé de mouton à la Clermont.

Pour extra, *les rissoles de gibier à l'Allemande.*

Deux flans d'entremets.

Le buisson de homards au vin de Madère,
La terrine de gibier à la gelée.

Deux plats de rôts.

Les grous bardés,
Le chapon au cresson.

Deux relevés de plats de rôts.

Le flan à la Suisse,
La bouillie gratinée au naturel.

Quatre entremets.

Les petites pommes de terre frites à la Lyonnaise,
Les haricots verts à la Française,
La gelée de noyau moulée.
Les tartelettes d'abricots glacées.

Pour extra, *le soufflé de riz à la fleur d'orange.*

TABLE DE S. A. R. LE PRINCE RÉGENT,

Servie au pavillon de Brighton, Angleterre, 17 avril 1817.

Deux potages.

Le potage rossolis à la Polonaise,
Le potage à la Clermont.

Deux relevés de poissons.

Les maquereaux à la maître d'hôtel,
Le cabillaud à la Béchamel, maigre.

Deux grosses pièces.

Le chapon à la Chevry à l'Anglaise,
La pièce de bœuf à la Macédoine.

Deux flans d'entremets.

Le fritot d'ailerons à la Saint-Florentin,
Le vol-au-vent à la Nesle.

Quatre entrées.

Les escalopes de poulardes aux concombres,
La noix de veau piquée, glacée, purée d'oseille ;
Le sauté de poulets à l'estragon au suprême ;
Les lapereaux sautés au vin de Champagne.

Pour extra, *les petits pâtés de gibier.*

Deux flancs d'entremets.

Le nougat au gros sucre,
La sultane à la Chantilly.

Deux plats de rôts.

Les poulets au cresson,
L'oie à la purée de pommes.

Deux relevés de plats de rots.

La charlotte de pommes glacée,
La crème frite à la fleur d'orange.

Quatre entremets.

Les asperges,
Les sikels au velouté,
La gelée de crème de noyau fouettée,
Les crevettes en hérisson.

Pour extra, *les soufflés aux abricots* (*conserve*).

TABLE DE S. A. R. LE PRINCE RÉGENT,

Servie au pavillon de Brighton, Angleterre,
18 *avril* 1817.

Deux potages.

La crème d'orge à la royale,
La brumoise au consommé de volaille.

Deux relevés de poissons.

Le saumon à la Vénitienne,
Les soles frites panées à l'Anglaise.

Deux grosses pièces.

Le jambon glacé aux oignons d'Espagne,
La dinde à la Périgueux, aux truffes de France.

Deux flans.

Le pain de gibier à la dauphine,
La casserole au riz à la Polonaise.

Quatre entrées.

La fricassée de poulets à la Chevalier,
Les filets de moutons grillés, demi-glace;
Le sauté de poulardes aux pointes d'asperges,
La blanquette de ris de veaux aux fines herbes.

Pour extra, *les croquettes à la marinière.*

Deux flans d'entremets.

Le buisson d'écrevisses au vin de Madère,
Le pâté de faisans à l'aspic.

Deux plats de rôts.

Les canetons de ferme,
Le chapon au cresson.

Deux relevés de plats de rôts.

Les pannequets à l'Anglaise,
Les beignets de pommes glacés aux pistaches.

Quatre entremets.

Les haricots verts à la Française,
Les asperges à la Hollandaise,
Le flan d'abricots glacés,
La gelée de punch moulée.

Pour extra, *les fondus au Parmesan.*

Observations.

Le mois d'avril devient déja défavorable pour la variété des entrées; le manque de gibier se fait sentir chaque jour davantage : la volaille, qui a vieilli, est tout ce qui reste. Seulement les primeurs potagères viennent enrichir l'entremets de légumes.

Aussi remarquera-t-on que ces menus de huit entrées sont peu variés par cette même raison ; cependant ces diners sont fins et splendides. J'aime, pour huit entrées, servir deux potages, deux relevés de poissons pour les milieux, et deux grosses pièces pour les bouts. Pour le second service, deux flans d'entremets, deux plats de rôts: ces relevés font très-bien pour un diner de huit et quatre entrées ; mais non pas pour un grand menu de douze, seize, vingt, et quarante entrées. Les plats de rôts doivent rester sur la table tout le temps du second service ; ils servent à couper les grosses pièces de pâtisserie, et c'est généralement ce qui rend le service plus pittoresque. Aussi nous nous sommes bien gardés de marquer des relevés de plats de rôts dans nos grands diners ; nous avons préféré les remplacer par des assiettes volantes de soufflés en caisses et en croustades.

Les menus des 16, 17 et 18 ne sont que de quatre entrées. Ce service est le même que nous servions à Londres. Par la même raison, nous ne parlerons point des diners servis à Carlton-House, comme nous l'avons déja annoncé dans le cours de cet ouvrage. Nous avons été bien flattés de retrouver, à la cour d'Angleterre, de nos anciens potages à garnitures ; puis ces relevés de poissons remplacés par des grosses pièces, et les relevés de plats de rôts par de bons entremets chauds de pâtisserie, tels que nos cuisiniers les servaient vers la fin du 18e siècle. Nous en avons fait notre profit, pour en enrichir nos menus modernes. C'est encore un nouvel hommage que nous aimons à rendre à l'art culinaire.

D'après ce traité des menus servis en Angleterre, les praticiens doivent juger des ressources de Londres; et si Vienne, après Paris, l'emporte sur Londres, c'est par le prix modéré de ses comestibles. Pour vivre dans la capitale des trois royaumes, on dépense les deux tiers de plus qu'à Paris et à Vienne : à cela près, Londres est assez agréable pour le travail de la cuisine française.

Remarques sur les productions en comestibles anglais.

Les bœufs y sont gras et de bonne qualité, ainsi que le mouton, le veau et l'agneau ; les rosbifs sont tendres et succulents, c'est-à-dire, généralement plus tendres que les nôtres, et cela, par deux causes faciles à concevoir : la première vient de ce que les bouchers de Londres ont la bonne habitude de tuer les bœufs assez jeunes encore pour les obtenir très-tendres, ce qui n'est pas assez pratiqué chez nous: en second lieu, je pense avec raison, que le charbon de terre, dont les âtres sont chargés, donne une chaleur plus égale, plus pénétrante que le bois ne peut faire. Ce combustible se brûle vite, une fois qu'il est enflammé, tandis que le charbon de terre se conserve une demi-journée avec un feu égal. J'ai vu le rôtisseur, chez le prince régent : une fois qu'il avait chargé son âtre, le matin, il durait une grande partie du jour; et ce qui est très-agréable, pour les gens chargés de faire rôtir en Angleterre, c'est de n'avoir pas à remonter à chaque quart d'heure le tournebroche ; car ici les broches tournent par l'effet d'un volant adapté dans le milieu de la cheminée, que la vapeur et la fumée du charbon de terre font sans cesse tourner. Assurément cette régularité est quelque chose pour obtenir de beaux rôtis. Je sais parfaitement que nous obtenons les mêmes résultats dans nos grandes maisons de France; mais je veux parler des maisons à cuisinier ordinaire, et même à cuisinière. En Angleterre, toutes les femmes font bien le rôt. L'essentiel de la cuisine anglaise, c'est les rosbifs de bœuf, de veau, de mouton et d'agneau; ensuite, ces mêmes viandes cuites à l'eau de sel, ainsi que le poisson et les légumes (quelques-uns de nos anciens potages français); mais le potage à la tortue est vraiment le potage national des Anglais : le pâté de fruits et le pouding de toutes les espèces, les poulardes et dindonneaux aux choux-fleurs, le bœuf salé, les jambons de ferme, et quelques mets et ragoûts à peu près semblables, voilà tout ce qui constitue la cuisine anglaise; le reste appartient à la cuisine française : et malgré que dans toutes les maisons des grands seigneurs, il y ait un cuisinier français, la fille de cuisine est chargée de confectionner les mets à l'Anglaise; ce qu'elle fait ordinairement très-bien, et c'est ce qui nous convient beaucoup; car le cuisinier français, et particulièrement en Angleterre, se trouve seul, et n'a pour aides que des femmes. Il s'ensuit que les jours de grand gala il ne peut point soigner également toutes les parties de son service.

Si dans ces grandes maisons le cuisinier se trouve seul avec ses filles, Londres, d'un autre côté, offre quelques ressources pour abréger ses travaux; d'abord le marchand de volaille vous envoie vos commandes prêtes à être employées, et même toutes troussées, c'est-à-dire, à la manière du pays. Le poisson est vidé, lavé, et d'une propreté que l'on ne retrouve qu'en Hollande : les légumes de même vous arrivent tout épluchés et tout lavés. Cet arrangement de choses est favorable au travail ; mais aussi, combien ces soins sont chèrement payés !

Je l'ai déja observé, la boucherie à Londres est très-belle, très-ragoûtante, et de belle qualité. Cependant elle n'a pas autant d'onctuosité que la nôtre, pour les potages, les sauces et les consommés ; cela provient encore du climat des Iles Britanniques, dont les brouillards presque continuels, en donnant aux prairies cette verdure printanière, ôtent en même temps une partie des sucs nutritifs des pâturages.

Notre bétail est donc supérieur en qualité nutritive à celui de l'Angleterre. De même Londres n'a rien à pouvoir mettre en parallèle avec nos élégantes boucheries de Paris, et particulièrement avec nos beaux bâtiments des abattoirs.

Les marchands de volaille de Londres ont l'habitude de ne point saigner le volatile ; par conséquent, les cous des poulets et autres volailles ne sont point ensanglantés, ce que je trouve fort agréable dans notre travail, pour ne point salir les nappes et les tables de cuisine : quelques-uns de nos confrères prétendent que la volaille étouffée est moins blanche, et que la chair conserve des parties sanguines ; cependant, les fournisseurs de la maison royale nous donnaient de belles poulardes, des chapons et des poulets ; seulement, nous avons remarqué qu'il existait entre le gros filet et le filet mignon, à la partie adhérente aux fibres qui les unit à la carcasse; là, seulement, dis-je, nous avons remarqué une petite place rosée qui provient de ce que la volaille étant étouffée, le sang se porte vers la poitrine; mais, en parant les filets pour les sautés, cela disparaît; ensuite la volaille rôtie étant dépecée chaude ou froide, ne conserve qu'une trace à peine sensible de cette teinte rosée, et même très-souvent ces traces ont disparu à la cuisson.

Ce que je n'aime pas chez les marchands de volaille de Londres, c'est la mauvaise habitude qu'ils ont de *sous-poudrer* la volaille, pour la rendre plus blanche à la vue seulement; car, à la cuisson elle noircit, ce que j'ai remarqué dans des maisons particulières, dont les cuisiniers ont la manie de faire cuire les poulets pour entrées dans du lait (ou tout bonnement à l'eau de sel), afin de les conserver blancs. Mais ce résultat ne peut s'obtenir, et cependant c'est la manière Anglaise; certes elle est à mille lieues de notre excellente manière de poêler nos volailles. D'ailleurs, notre volaille est bien supérieure en beauté et qualité nutritive.

Les chasses n'étant point permises, les seigneurs seulement en ont le droit exclusif: par conséquent, point de gibier dans le commerce; cependant le superflu des grandes seigneuries se porte chez le marchand de volaille; mais ce gibier ne peut paraître en étalage, et se vend en cachette. Cette triste circonstance le rend cher et peu varié, au lieu qu'à Paris et à Vienne, le gibier volatile et celui de venaison sont abondants et peu coûteux, comparativement aux prix de la capitale des Iles Britanniques.

L'Angleterre ne produit point de gibier de venaison, le daim seulement y est commun; mais l'Écosse produit du menu gibier que l'on nomme Grouse; il est de la grosseur du perdreau et sa chair est délicate, mais il est original par la variété de son plumage, nul ne se ressemble par la nuance de ses couleurs.

Ce qui est bien supérieur à nous à Londres, et je le dis avec regret, ce sont les boutiques des marchands de poissons; assurément, j'aimerais trouver dans nos belles rues de Paris, de ces établissements à l'instar de ceux de l'Angleterre; enfin, je souhaite bien ardemment de voir quelques-unes de nos riches marchandes de poissons de la halle et de nos grands marchés, ouvrir dans nos beaux quartiers de la capitale, quelques belles boutiques, toutes remplies de poissons de mer et d'eau douce. La Tamise fournit un poisson qui a quelque ressemblance avec la brème: on l'appelle Gramultt. Ce poisson est fort distingué et d'une chair blanche, d'un goût agréable, et d'une facile digestion.

Les boutiques de charcutier à Londres sont bien inférieures aux nôtres; elles en sont si éloignées, qu'elles ne peuvent supporter aucun rapprochement. Seulement, j'ai trouvé à Londres une espèce de cochon qui est originaire de la Chine: cette espèce est beaucoup plus petite que celle du reste du continent. La chair en est tendre et fort délicate; il serait à désirer que quelques-uns de nos confrères introduisissent cette espèce en France, ce serait un vrai service rendu à l'art de la gastronomie.

Les légumes à Londres sont fort chers, et même

en été il est assez difficile de s'en procurer. Mais ce qui est très-agréable pour nous, c'est d'obtenir des marchands fruitiers les légumes tout appropriés, et les champignons tournés avec soin et conservés très-blancs dans une eau de citron ; mais ces petits services rendus sont bien chèrement payés, et ce qui coûte à Londres une guinée, se vendrait à Paris quelques francs. Ensuite là, comme en Russie et à Vienne, les serres chaudes donnent toute l'année des légumes d'entremets qui se vendent bien cher, et qui n'ont point la qualité de nos prémices de France : notre heureux climat nous donne en abondance des nouveautés selon les quatre saisons ; ensuite, on ne trouve à Londres que des truffes venant de France. Cependant, quelques-uns de nos confrères nous ont assuré en avoir trouvé dans certaines campagnes de seigneurs ; mais nous qui avons fait un voyage dans le nord de l'Angleterre, dans une des plus grandes propriétés des trois royaumes unis, et durant notre séjour à la cour du prince régent, nous n'avons point vu de truffes provenant du pays.

L'on trouve à Londres une espèce de *légumes* que l'on nomme sikèles (sea-kales), ou choux de mer ; ils ressemblent aux branches du céleri, et se servent de même que les asperges à la sauce au beurre ; mais je préfère les servir à l'*Espagnole*, comme nous servons les cardes et les pieds de céleri. Les pommes de terre sont, comme tout le monde le sait, une partie de la nourriture du peuple anglais, puisqu'elles remplacent, en quelque sorte, le pain dont nous faisons une si grande consommation ; aussi les pommes de terre sont cultivées avec soin dans les Trois

Royaumes. L'introduction en grand de ce végétal dans la culture des nations européennes, a été d'une amélioration qui fait le plus grand honneur au génie et à l'industrie du siècle présent.

Les fruits sont peu savoureux et aromatiques; aussi nos fruits de France et nos excellents vins font les délices des riches des îles de la Grande-Bretagne, tandis que chez nous tout le monde peut se permettre, à peu de frais, de faire d'excellents repas. La France est véritablement la mère patrie de l'art culinaire, et le seul pays au monde qui réunisse avec le plus d'abondance et de variété, les productions nécessaires à la vie de l'homme. Nous regrettons de n'avoir pas travaillé en Italie, durant le voyage que nous y avons fait, afin d'enrichir cet ouvrage de notes intéressantes sur les productions de la terre sacrée des beaux arts; et si même l'achèvement de cette nouvelle production ne nous eût retenu à Paris, nous avions le projet de nous rendre au congrès de Vérone, pour y acquérir de nouvelles connaissances sur l'état de la cuisine en Italie; mais plusieurs de nos confrères nous ont assuré que Milan, Gènes, Florence, Rome et Naples, offraient de grandes ressources pour la cuisine française, de même que les principales villes de l'Espagne et du Portugal; mais nous nous plaisons à le répéter, aucune ville de l'Europe ne peut être comparée à Paris.

CHAPITRE XVII.

Traité des menus des dîners servis à Vienne, à Son Excellence Lord S..., ambassadeur extraordinaire de S. M. Britannique près la cour d'Autriche.

Après Paris, c'est Vienne qui est le plus agréable pour la cuisine française; aussi, passerais-je quelques années à Vienne, de préférence à Londres, et à Saint-Pétersbourg. Cette ville a beaucoup plus de rapprochements avec Paris, par la belle construction de ses hôtels et de ses maisons; ses rues, ses boutiques, ses promenades et les agréments de la société me conviennent mieux. Ses environs présentent des sites enchanteurs; le Prater est délicieux pour les promenades : mais les nuages de poussière, durant la belle saison, sont le mauvais côté de Vienne.

Les boucheries, dans cette capitale, sont dans un état de vétusté tel, que je suis toujours étonné, quand je vois que les peuples voisins ne savent pas profiter de l'industrie les uns des autres. La boucherie est bien mauvaise à Vienne; la viande est là, comme dans tout le nord et l'Allemagne, mal coupée, mal saignée, mal-proprement arrangée. Dans la matinée, c'est curieux de voir ces boucheries; elles sont toujours garnies de ménagères et de cuisinières qui attendent leur tour; deux garçons bouchers se trouvent élevés dans une espèce de dépôt tout rempli de viandes; l'un coupe les morceaux qui lui sont demandés, l'autre les pèse, et en garnit le petit panier de la ménagère, qui paie sans oser faire la moindre observation sur ce qu'il a plû au garçon de lui servir : c'est l'usage, et cela passe.

Le bœuf, le mouton, le veau, sont de pauvre mine, et bien désagréables pour le travail. Deux ou trois maisons de bouchers fournissent les cuisiniers français ; eux seuls se permettent des observations sur la qualité de la viande, et sur la mauvaise tenue des boucheries. Mais les Viennois répondent à cela qu'ils font comme faisaient leurs pères. Très-certainement avec cette logique on ne peut profiter des lumières du siècle. Ces boutiques ressemblent à nos marchands d'abats de Paris. Cependant, depuis quelques années, on commence à obtenir du bœuf assez bon, des moutons assez couverts, du veau assez blanc, et des agneaux excellents ; mais tout cela ne peut soutenir la comparaison avec notre belle boucherie de Paris et celle de Londres.

La volaille n'est pas chère, les poulets sont passables, les poulardes, les chapons et les dindons de même ; les crètes et les rognons y sont abondants ; par conséquent pas chers ; les oies, les canards, les canetons, les pigeons, sont très-communs.

Je crois que dans aucune ville de l'Europe, il ne se vend autant de gros gibier de venaison qu'à Vienne. Le daim, le cerf, la biche, le chevreuil, le sanglier, remplissent les marchés ; les faisans de Bohême sont excellents, et communs à cause de leur abondance, de même les levrauts. Ici, comme dans le Nord, point de lapereaux. La gélinotte n'est point rare ; les perdreaux gris, les bécasses, les cailles, les grives, les pluviers et les autres petits oiseaux de passage, s'y trouvent également en quantité.

Le Danube, le premier fleuve de l'Europe, donne de très-beaux poissons, tels que des truites, des saumons, des esturgeons, des esterlaits, des chiles, des oucques, des carpes, des brochets, des anguilles, des perches, des lottes, des tanches, des goujons, des écrevisses : ce poisson se vend à la livre, et à des prix modérés. Les chiles, les truites et les saumons, sont à des prix plus élevés ; les turbots et turbotins, les soles, les cabillauds, les homards, les truites, arrivent de Trieste, le port de mer le plus voisin de Vienne, et se vendent fort cher, à raison de leur rareté. J'ai payé un cent d'huîtres jusqu'à 30 florins, ce qui fait 31 fr. 50 cent. de France. Paris et Londres, sont les deux capitales où les poissons de mer et d'eau douce, sont en plus grande quantité et d'espèces plus variées.

Le beurre que l'on vend à Vienne est très-ordinaire en qualité ; les œufs y sont bons. Ce que j'aime à Vienne, comme à Londres, c'est de trouver au printemps des œufs de faisans, de perdreaux et de pluviers ; ils sont chers, mais on en fait d'élégantes bordures pour des entrées de volaille et de gibier, des casseroles au riz et des entremets ; puis, on les sert à la serviette.

Les fruits rouges sont abondants ainsi que les ananas, les pêches, les abricots, les prunes, les pommes et les poires ; mais point de pommes de reinette, point de poires de crésanne, de Saint-Germain, de beurré, point de raisins de Fontainebleau ;

et ces fruits ne sont point remplacés à Vienne par d'autres.

Les racines potagères et les légumes sont également abondants à Vienne ; mais, durant l'hiver, ils sont fort chers. Une seule fruitière fournit et peut fournir les grandes maisons; c'est-à-dire qu'il n'y a à Vienne qu'une seule fruitière bien approvisionnée, et c'est seulement chez elle que se trouvent les choses rares et de toutes les qualités; aussi, rançonne-t-elle les cuisiniers français et allemands d'une bonne manière.

Elle vend, pendant tout l'hiver, de grosses asperges blanches d'un goût agréable; la botte se paie jusqu'à 30 et 40 florins; les champignons y sont excellents; mais là, comme en Russie et en Angleterre, point de truffes. Il en arrive d'Italie, qu'on appelle les *truffes romaines ;* elles sont sans fumet, très-rares et fort coûteuses; j'en ai payé, dans les moments de rareté, 25 et 30 florins la livre; il manque à Vienne les truffes de France, le poisson de mer, et nos bons fruits d'hiver, puis nos vins exquis.

Le pain, à Vienne, est très-bon, le vin peu coûteux. Cette capitale est, sans contredit, celle de l'Europe où l'on peut vivre en dépensant le moins. Malgré tous ces avantages, Vienne ne peut être comparée à Paris; nulle ville ne possède avec autant d'abondance toutes les productions de la gastronomie.

DINER DE SON EXCELLENCE LORD S...

Vienne, 26 *janvier* 1821.

Deux potages.

Le potage de riz à la Polonaise,
Le potage de santé au consommé de volaille.

Deux relevés de poissons.

Le chile à la Hollandaise,
Le saumon, sauce aux homards.

Deux grosses pièces.

Le rosbif de mouton à l'Anglaise,
Les poulardes à la Macédoine.

Quatre entrées.

La tête de veau en tortue,
Le sauté de poulardes aux truffes,
La casserole au riz à la Nesle,
Les escalopes de faisans aux champignons.

Pour extra, *quatre assiettes de petits pâtés.*

Deux flans d'entremets.

Le flan de pommes à la Portugaise,
Le gâteau à la royale.

Deux plats de rôts.

Les faisans de Bohême, sauce au pain;
Les poulardes à l'Anglaise, sauce aux œufs.

Huit entremets.

Les asperges au beurre,
La salade de pommes de terre à la magnonaise,
Les cardes à la moelle,
Les choux-fleurs au Parmesan,
La gelée de groseilles (conserve),
La gelée de marasquin,

Le pouding de cabinet,
La charlotte de pommes glacée.
Pour extra, *les choux glacés à la d'Artois.*

DINER DE SON EXCELLENCE LORD S...

Vienne, 30 *janvier* 1821.

Deux potages.

Le potage à la Condé,
Le potage de tortue au vin de Madère.

Deux relevés de poissons.

Le chile à la Vénitienne,
Les soles frites à l'Anglaise.

Deux grosses pièces.

Les biftecks glacés aux pommes de terre,
La dinde à la Périgord.

Quatre entrées.

Les escalopes de perdreaux au fumet,
La magnonaise de poulets à la gelée,
La timbale de macaroni à la Napolitaine,
Les filets de poulardes à la d'Artois.

Deux plats de rôts.

Les faisans, sauce au pain;
Les poulets gras au cresson, sauce aux œufs.

Huit entremets.

Les asperges,
Les choux-fleurs à la Hollandaise,
Les cardes à l'essence,
Les champignons à la Provençale,
La gelée au vin de Champagne rosé,
La gelée d'épines-vinettes moulée,
La crème d'ananas à la Française,
Le fromage bavarois aux framboises.

Pour extra, *huit assiettes volantes.*

Les petits vols-au-vent à la Béchamel,
Les petits soufflés de pommes,
Les méringues à la Chantilly.

DINER DE SON EXCELLENCE LORD S...

Vienne, 6 *février* 1821.

Deux potages.

Le potage de marrons à la Lyonnaise,
Le vermicelle à la régence.

Deux relevés de poissons.

Le chile, sauce au beurre d'anchois;
Les truites au bleu, sauce italienne.

Deux grosses pièces.

La longe de veau à la crème,
Les chapons à la Montmorenci.

Quatre entrées.

Le pain de foies gras à la dauphine,
Le sauté de faisans aux truffes,
Les pâtés chauds à la financière,
Le sauté de poulardes à la royale.

Deux relevés de plats de rôts.

Les faisans, sauce au pain;
Les poulardes à l'Anglaise, sauce aux œufs.

Deux gros entremets.

La ruine d'Athènes,
La cascade demi-circulaire.

Huit entremets.

Les cardes à la moelle,
Les choux-fleurs à la maître d'hôtel,
Les brocolis au velouté,
Les asperges,

La gelée d'oranges,
La gelée de rhum,
Le pouding à l'Anglaise,
Le fromage bavarois aux abricots.

Pour extra, *les petits vols-au-vent à la Béchamel*,
Les fondus au Parmesan,
Les soufflés à l'orange.

DINER DE SON EXCELLENCE LORD S...

Vienne, 10 *février* 1821.

Un potage.

Le potage de tortue, imitation anglaise.

Deux relevés de poissons.

Le turbot à la Hollandaise,
La truite frite à l'Anglaise.

Deux grosses pièces.

Le rosbif garni de pommes de terre,
L'oie glacée garnie de marrons.

Quatre entrées.

Le sauté de volaille à la Toulouse,
Les boudins de faisans à la Soubise,
Les petites croustades à la Béchamel,
Les côtelettes de levrauts à la maréchale.

Deux gros entremets.

Le biscuit aux amandes,
Le croque-en-bouche à la reine.

Deux plats de rôts.

Les poulets gras au cresson, sauce aux œufs,
Les faisans, sauce au pain.

Quatre entremets.

Les asperges,
Les champignons à la Provençale,

La gelée d'oranges dans un bol,
Le pouding au cédrat.

Pour extra, *le pâté de faisans à la gelée, la hure de sanglier historiée.*

GRAND SOUPER DE 80 COUVERTS.

SOUPER DE SON EXCELLENCE LORD S... 12 COUVERTS.

Vienne, 16 *février* 1821.

Un potage.

Le potage à la Provençale.

Deux relevés de poissons.

L'esturgeon, sauce poivrade;
Le chile à la Hollandaise.

Deux grosses pièces.

La dinde à la Périgueux aux truffes de France,
Le cochon de lait à la moderne.

Quatre entrées.

Les cailles à la Mirepoix aux pointes d'asperges,
Le sauté de faisans au suprême,
La salade de volaille à la gelée,
Le pain de foies gras à la Monglas.

Deux plats de rôts.

Les faisans, sauce au pain;
Les poulardes, sauce aux œufs.

Deux grands entremets.

L'hermitage parisien,
La cascade de Rome moderne.

Quatre entrées.

Les asperges à la Hollandaise,
Les cardes à l'essence,
La gelée d'oranges moulée,

Le fromage bavarois à la fleur d'oranges grillées.

Pour extra, *le jambon glacé décoré de gelée, la hure de sanglier.*

GRAND SALON,

Cinq petites tables servies à 10 *couverts en ambigu.*

Deux potages, un poisson, dix entrées, deux rôts, dix entremets, cinq pièces montées.

Deux potages.

Le potage de vermicelle à la régence,
Le potage au lait d'amandes.

Un relevé de poissons.

L'esturgeon au vin de Madère.

Dix entrées.

Deux de sautés de volaille à la royale,
Deux de turbans de gibier à la gelée,
Deux de salmis de perdreaux au vin de Bourgogne,
Deux de fricassées de poulets à la gelée,
Deux de côte de bœuf au vin de Madère à la gelée.

Dix entremets.

Deux de cardes à l'Espagnole,
Deux d'asperges,
Deux de gelées d'oranges moulées,
Deux de suédoises de pommes,
Deux de fromages bavarois aux abricots.

Quatre plats de rôts.

Deux de faisans, sauce au pain;
Deux de poulardes, sauce aux œufs.

Cinq pièces montées.

La fontaine égyptienne,
La fontaine de Rome antique,
La fontaine des seize colonnes,
La cascade de Pœstum,
La ruine de Palmyre.

TABLE DE LA BIBLIOTHÈQUE.

20 *couverts servis en ambigu.*

Deux potages.

Le potage de riz au lait d'amandes,
Le vermicelle au consommé de volaille.

Un relevé de poissons.

L'esturgeon, sauce au vin de Champagne.

Quatre entrées.

La fricassée de poulets à la Chevalier,
Les escalopes de levrauts liés au sang,
La noix de veau à l'aspic,
La magnonaise de volaille à la ravigote.

Deux plats de rôts.

Les perdreaux, sauce aux pois;
Les poulardes, sauce aux œufs.

Quatre entremets.

Les asperges à la Hollandaise,
Les épinards à l'Anglaise,
La pâtisserie mêlée,
La gelée d'oranges moulée.

Pour extra, *la hure de sanglier décorée, la pièce de bœuf salée.*

DINER DE SON EXCELLENCE LORD S...

Vienne, 18 *février* 1821.

Un potage.

Le potage de perdreaux au chasseur.

Un relevé de poissons.

La truite à la sauce Génoise.

Une grosse pièce.

La tête de veau en tortue au vin de Madère.

Quatre entrées.

Les croquettes de volaille au suprême,
Le turban de faisans à la Toulouse,
La fricassée de poulets à la Vénitienne,
Les filets de canards à la bigarade.

Deux gros entremets.

La brioche à la crème,
Le poupelin glacé au four.

Deux plats de rôts.

Les faisans, sauce au pain;
Les poulardes, sauce aux œufs.

Quatre entremets.

Les asperges,
La croûte aux champignons,
La gelée de citrons moulée,
Le pouding au Madère.

DINER DE SON EXCELLENCE LORD S...

Vienne, 2 mars 1821.

Deux potages.

La gibelotte d'oie au vin de Madère,
Le potage de quenelles à l'Italienne.

Deux relevés de poissons.

Les soles à l'Anglaise,
Le chile à la Hollandaise.

Deux grosses pièces.

La dinde à la financière,
Le jambon glacé aux épinards.

Quatre entrées.

Les petites cassolettes de riz à la reine,

Le sauté de volaille à la Lyonnaise,
Les escalopes de levrauts au fumet,
Les côtelettes d'agneau aux pointes d'asperges.

Deux plats de rôts.

Les faisans, sauce au pain;
Les poulardes, sauce aux œufs.

Quatre entremets.

Les asperges,
Les choux-fleurs au Parmesan,
Le pouding de cabinet,
La gelée d'oranges moulée.

Pour extra, *les fondus en caisses.*

DINER DE SON EXCELLENCE LORD S...

Vienne, 11 *mars* 1821.

Deux potages.

Le potage de lièvre au vin de Porto,
Le potage de céleri au consommé.

Deux relevés de poissons.

La carpe avec garniture sans matelote,
Le chile, sauce hollandaise.

Deux grosses pièces.

Les filets de bœuf glacés à l'Italienne,
Les poulardes à la Périgueux.

Quatre entrées.

Les petits vols-au-vent de faisans au suprême,
Les ailes de poulardes aux pointes d'asperges,
La tête de veau en tortue au vin de Madère,
Le salmis de perdreaux à l'ancienne.

Deux plats de rôts.

Les faisans,
Les poulardes au cresson.

Quatre entremets.

Les asperges,
La croûte aux champignons,
La gelée de fraises (conserve),
Les pommes méringuées.

Pour extra, *les fondus.*

DINER DE SON EXCELLENCE LORD S...

Vienne, 20 *mars* 1821.

Deux potages.

La tortue à l'Indienne,
Le macaroni à l'Italienne.

Deux relevés de poissons.

La bonne morue à la maître d'hôtel,
Les truites du Danube, sauce génoise.

Deux grosses pièces.

La chartreuse printanière garnie de perdreaux,
Le bœuf à la cuillère à la moderne.

Deux milieux pour relevés de poissons.

La croustade garnie d'une escalope de faisans aux truffes,
La poularde à la régence.

Quatre entrées.

Le pain de carpes garni de queues d'écrevisses,
Les filets de volaille glacés à la chicorée,
Les filets de canetons au vin de Champagne,
Les petits vols-au-vent à la reine.

Deux gros entremets.

Le flan de pommes à la Portugaise.

Deux plats de rôts.

Les bécasses et faisans, sauce au pain;
Les poulardes, sauce aux œufs.

Quatre entremets.

Les asperges au beurre,
Les champignons à la Provençale,
La gelée d'oranges dans un moule,
Le fromage bavarois aux abricots.

Pour extra, *les petits soufflés au café.*

DINER DE SON EXCELLENCE LORD S...

Vienne, 22 *mars* 1821.

Deux potages.

Le karick de volaille à l'Indienne,
La Brunoise au blond de veau.

Deux relevés de poissons.

Les truites, sauce au vin de Champagne,
Le chile, sauce au beurre d'écrevisses.

Deux grosses pièces.

Le jambon glacé aux épinards,
Les biftecks glacés à l'Italienne.

Quatre entrées.

Le sauté de perdreaux au suprême,
La matelote de foies gras au vin de Madère,
Les poulets à l'Allemande et aux champignons,
La casserole au riz à la Polonaise.

Deux plats de rôts.

Le faisan et les bécasses, sauce au pain;
Les poulardes, sauce aux œufs.

Deux gros entremets.

La hure de sanglier truffée,
Le gâteau d'abricots.

Quatre entremets.

Les asperges,

Le céleri à l'Espagnole,
La gelée de fraises, (conserve);
Le pouding de cabinet.

DINER DE SON EXCELLENCE LORD S...

Vienne, 2 *avril* 1821.

Deux potages.

Le potage de santé ou consommé de volaille,
Le potage de perdreaux au chasseur.

Deux relevés de poissons.

Le saumon, sauce génoise;
Le chile du Danube à l'Anglaise.

Deux grosses pièces.

Les poulardes à la financière,
Le cochon de lait à la moderne.

Quatre entrées.

Les petits vols-au-vent à la Béchamel,
Le sauté de volaille aux truffes,
Les filets de sarcelles à la bigarade,
Le pain de faisans au suprême.

Deux gros entremets.

Le buisson de truffes au vin de Madère,
La hure de sanglier à la Troyenne.

Deux plats de rôts.

Les poulardes, sauce aux œufs;
Les gélinottes, sauce au pain.

Quatre entremets.

Les asperges,
Les épinards à l'essence,
La gelée de citrons renversée,
Les gâteaux d'amandes.

Pour extra, *les biscuits à la crème.*

DINER DE SON EXCELLENCE LORD S...

Vienne, 1er mai 1821. Service journalier.

Un potage.

Le potage de poissons à la Russe.

Un relevé de poissons.

La carpe du Danube avec garniture en matelote.

Une grosse pièce.

Le bœuf garni de racines glacées.

Deux entrées.

La caisse de levrauts sautés aux champignons,
Le fritot de poulets nouveaux, sauce tomate.

Un plat de rôt.

Les bécasses, sauce au pain.

Quatre entremets.

Les choux-fleurs, sauce au beurre;
Les champignons à la Provençale,
La gelée de fraises, (conserve);
Le gâteaux de vermicelle au raisin de Corinthe.

Pour extra, *les petits pâtés maigres.*

DINER DE SON EXCELLENCE LORD S...

Vienne, 2 mai 1821.

Un potage.

Le potage d'orge perlée à la royale.

Un relevé de poissons.

Le chile à la Hollandaise.

Une grosse pièce.

Le quartier de mouton en rosbif.

Deux entrées.

Le chapon au consommé,
Le vol-au-vent garni à la Nesle.

Un plat de rôt.

Les levrauts à l'Anglaise, gelée de groseilles.

Quatre entremets.

Les asperges au beurre,
Les épinards à l'Espagnole,
Le fromage bavarois aux fraises, (conserve);
Le flan à la Suisse.

DINER DE SON EXCELLENCE LORD S...

Vienne, 3 *mai* 1821.

Un potage.

Le potage à la tortue au vin de Madère.

Un relevé de poissons.

Les truites au vin de Champagne.

Une grosse pièce.

Les biftecks à l'Italienne.

Deux entrées.

Le pain de faisans à la royale,
Le sauté de volaille aux concombres.

Un plat de rôt.

Les gélinottes.

Quatre entremets.

Les asperges à la Hollandaise,
Les œufs à l'aurore,
Le pouding à la moëlle,
Les méringues garnies d'abricots.

DINER DE SON EXCELLENCE LORD S...

Vienne, 4 *mai* 1821.

Un potage.

Le potage de nouilles au Parmesan.

Un relevé de poissons.

Le chile, sauce au beurre d'anchois.

Une grosse pièce.

Le rosbif garni de raiforts.

Deux entrées.

La casserole au riz à la Polonaise,
La noix de veau braisée aux racines.

Un plat de rôt.

Le chapon au cresson.

Quatre entremets.

Les haricots verts à l'Anglaise,
Les choux-fleurs au beurre,
Le blanc-manger à la crème,
Les beignets de pommes glacées.

Pour extra, *les petits flans de fraises nouvelles.*

DINER DE SON EXCELLENCE LORD S...

Vienne, 5 *mai* 1821.

Un potage.

La purée de pois nouveaux garnie de petits croutons.

Deux relevés de poissons.

Le chile, sauce au beurre, ravigote.

Une grosse pièce.

La longe de veau à la crème.

Deux entrées.

Le chapon au riz,
Les côtelettes d'agneau au pointes d'asperges.

Un plat de rôt.

Les bécasses bardées, sauce au pain.

Quatre entremets.

Le céleri à l'Espagnole,
Les épinards à l'essence,
La gelée au rhum dans un bol,
Les madelaines au raisin de Corinthe.

DINER DE SON EXCELLENCE LORD S...

Vienne, 6 *mai* 1821.

Un potage.

Le karick de poulets à l'Indienne.

Un relevé de poissons.

Le turbot, sauce aux homards.

Une grosse pièce.

Le bœuf garni de racines glacées.

Deux entrées.

Le fritot de volaille à la Viennoise,
Les filets de sarcelles à la bigarade.

Un plat de rôt.

Le chapon au cresson, sauce aux œufs.

Quatre entremets.

Les asperges nouvelles,
La croûte aux champignons,
Le fromage bavarois à l'orange,
Le gâteau de cerises glacées.

DINER DE SON EXCELLENCE LORD S...

Vienne, 7 *mai* 1821.

Un potage.

Le potage à la tortue au vin de Champagne.

Un relevé de poissons.

Le chile, sauce vénitienne.

Deux grosses pièces.

Le filet de bœuf à la Périgueux,
Les chapons garnis de racines glacées.

Quatre entrées.

Les côtelettes de pigeons aux concombres,
Le sauté de volaille à la royale,
Le pâté chaud de faisans à l'ancienne,
Les boudins de volaille au beurre d'écrevisses.

Pour extra, *les petits pâtés au naturel.*

Deux plats de rôts.

Les poulets au cresson, sauce aux œufs;
Les canards sauvages garnis de citrons.

Quatre entremets.

Les asperges,
Les choux-fleurs au Parmesan,
Le macaroni au Parmesan,
La gelée de citrons renversée.

Pour extra, *les petits soufflés au café.*

DINER DE SON EXCELLENCE LORD S...

Vienne, 8 *mai* 1821.

Un potage.

Le potage de pois fins au consommé.

Un relevé de poisson.

Le chile, sauce au beurre d'écrevisses.

Une grosse pièce.

La selle d'agneau à la broche.

Deux entrées.

Les poulets nouveaux à l'estragon,
Le pâté chaud à la financière.

Un plat de rôt.

Les poulardes au cresson, sauce aux œufs.

Quatre entremets.

Les asperges,
Les épinards,
La gelée de fines oranges,
Le biscuit de Savoie à la Chantilly.

DINER DE SON EXCELLENCE LORD S...

Vienne, 9 *mai* 1821.

Un potage.

Le potage à la Clermont.

Un relevé de poissons.

Le brochet à l'Espagnole garni de laitance de carpes.

Une grosse pièce.

Le quartier de porc frais à l'Anglaise.

Deux entrées.

Les poulets aux nouilles à la Viennoise,
Les côtelettes d'agneau aux pointes d'asperges.

Un plat de rôt.

Les bécassines, sauce au pain.

Quatre entrées.

Les choux-fleurs au Parmesan,
Les asperges à la Hollandaise,
Les fromages bavarois aux abricots,
Les darioles à l'orange.

DINER DE SON EXCELLENCE LORD S...

Vienne, 10 *mai* 1821.

Un potage.

Le potage printanier.

Un relevé de poissons.

Les truites, sauce en matelote.

Une grosse pièce.

La selle de mouton à la Bretonne.

Deux entrées.

La fricassée de poulets à la Vénitienne,
Le filet de bœuf glacé aux morives.

Un plat de rôt.

La poularde au cresson, sauce aux œufs.

Quatre entremets.

Les asperges,
Les œufs pochés à la reine,
La gelée à la crème de vanille des Isles,
Les gâteaux à la crème au chocolat.

DINER DE SON EXCELLENCE LORD S...

Vienne, 11 *mai* 1821.

Un potage.

Le potage à la Condé.

Un relevé de poissons.

Les carpes frites à l'Anglaise.

Une grosse pièce.

La longe de veau à la magnonaise.

Deux entrées.

L'émincé de Chevreuil à la Soubise,

La poularde aux champignons.

Un plat de rôt.

Les canards sauvages garnis de citrons.

Quatre entremets.

Les asperges,
Les champignons grillés, demi-glace;
Le pouding de pommes à l'Anglaise,
Le gâteau de groseilles glacé.

DINER DE SON EXCELLENCE LORD S...

Vienne, 12 *mai* 1821.

Un potage.

Le potage de lièvre à l'Anglaise.

Un relevé de poissons.

Le chile, sauce hollandaise.

Une grosse pièce.

Le rosbif garni de raiforts.

Deux entrées.

Les poulets dépecés à la Tartare,
Les quenelles de gibier à l'Espagnole.

Un plat de rôt.

Les poulardes au cresson, sauce au œufs.

Quatre entremets.

Les concombres au velouté,
Les épinards à l'essence,
Le pouding au raisin de Corinthe,
Le soufflé au Parmesan.

Pour extra, *les choux à la reine aux citrons.*

DINER DE SON EXCELLENCE LORD S...

Vienne, 13 *mai* 1821.

Un potage.

Le potage de civette à l'Allemande.

Un relevé de poissons.

Les brochets farcis à la Polonaise.

Une grosse pièce.

Le chapon au riz.

Deux entrées.

Les biftecks à la maître d'hôtel,
Les boudins de faisans à la Richelieu.

Un plat de rôt.

Les canetons nouveaux à la purée de pommes.

Quatre entremets.

Les asperges au beurre,
Les concombres farcis au suprême,
La gelée d'oranges de Malte,
Les gâteaux de Pithiviers.

Pour extra, *la gelée d'ananas garnie de fruits.*

DINER DE SON EXCELLENCE LORD S...

Vienne, 14 *mai* 1821.

Un potage.

Le potage à la Crécy.

Un relevé de poissons.

Le chile, sauce aux homards.

Une grosse pièce.

La longe de veau garnie d'une blanquette.

Deux entrées.

Les poulardes à l'estragon,

Le pain de carpes au beurre d'écrevisses.

Un plat de rôt.

Les poulardes, sauce aux œufs.

Quatre entremets.

Les asperges au beurre,
Les œufs pochés à l'oseille,
La gelée d'oranges dans un bol,
Les méringues à la crème et aux fraises.

DINER DE SON EXCELLENCE LORD S...

Vienne, 15 *mai* 1821.

Un potage.

Le potage d'orge perlée à la Russe.

Un relevé de poissons.

Le sterlait au bleu à la Provençale.

Une grosse pièce.

La selle de mouton à la purée de pommes de terre.

Deux entrées.

Le pain de faisans au suprême,
La fricassée de poulets aux champignons.

Un plat de rôt.

Les poulets au cresson, sauce aux œufs.

Quatre entremets.

Les asperges au beurre,
La crème au café à l'Anglaise,
Les madeleines,
Les poudings de pommes.

DINER DE SON EXCELLENCE LORD S...

Vienne, 16 *mai* 1821.

Un potage.

La julienne au blond de veau.

Un relevé de poissons.

La truite grillée, sauce génoise garnie de champignons.

Une grosse pièce.

Le cochon de lait garni de riz à l'Italienne.

Deux entrées.

Les côtelettes de pigeons garnies de pointes d'asperges,
La noix de veau glacée à la purée d'oseille.

Un plat de rôt.

Les poulardes au cresson, sauce aux œufs.

Quatre entremets.

Les laitues braisées, demi-glace;
Les asperges à la Hollandaise,
La gelée de liqueur des îles,
Le gâteau de groseilles glacé.

Pour extra, *les méringues aux abricots.*

DINER DE SON EXCELLENCE LORD S...

Vienne, 17 *mai* 1821.

Un potage.

La purée de pois nouveaux aux petits croûtons.

Un relevé de poissons.

La carpe frite à l'Anglaise, garnie de goujons.

Une grosse pièce.

La pièce de bœuf garnie de racines glacées.

Deux entrées.

Les escalopes de chevreuil à la Soubise,

Les petits vols-au-vent à la reine.

Un plat de rôt.

Les canards nouveaux à la purée de pommes.

Quatre entremets.

Les asperges vertes,
Les champignons grillés demi-espagnole,
La gelée d'oranges renversée,
Les gâteaux glacés à la Condé.

DINER DE SON EXCELLENCE LORD S...

Vienne, 18 *mai* 1821.

Un potage.

La croûte gratinée aux petits pois.

Un relevé de poissons.

Les darnes de saumon au vin de Champagne.

Une grosse pièce.

La noix de veau en bedeau à la Macédoine.

Deux entrées.

Les poulets à l'ivoire, aspic chaud;
Les boudins de perdrix à la Richelieu.

Un plat de rôt.

Le levraut à l'Anglaise, gelée de groseilles.

Quatre entremets.

Les haricots verts à la Française,
Les œufs pochés à l'essence de jambon,
Les pommes au beurre,
Les choux à la d'Artois.

DINER DE SON EXCELLENCE LORD S...

Vienne, 19 *mai* 1821.

Un potage.

Le macaroni lié à l'Italienne.

Un relevé de poissons.

Le saumon froid à la Provençale.

Une grosse pièce.

La selle de mouton à l'Anglaise.

Deux entrées.

Les ris de veaux glacés au céleri,
La blanquette de poulardes aux concombres.

Un plat de rôt.

Les jeunes canetons, purée de pommes.

Quatre entremets.

Les asperges au beurre,
Les champignons grillés,
Le fromage Bavarois au café,
Le gâteau de cerises glacées.

DINER DE SON EXCELLENCE LORD S...

Vienne, 20 *mai* 1821.

Un potage.

Le potage à la Crécy, aux carottes nouvelles.

Un relevé de poissons.

Le chile à la sauce hollandaise.

Une grosse pièce.

Le quartier de mouton, sauce aux capres.

Deux entrées.

Les poulardes dépecées à la Tartare,

Le quartier de chevreuil à la gelée de groseille.

Un plat de rôt.

Les poulardes, sauce aux œufs.

Quatre entremets.

Les champignons à la Provençale,
Les épinards à l'Espagnole,
La gelée de liqueurs des îles,
Le gâteau d'amandes pralinées.

DINER DE SON EXCELLENCE LORD S...

Vienne, 21 *mai* 1821.

Un potage.

Le potage de mouton à l'Anglaise.

Un relevé de poissons.

Les truites frites à l'Allemande.

Une grosse pièce.

Le quartier de porc frais garni de racines.

Deux entrées.

Les petites croustades à la Monglas,
Les filets de sarcelles à la bigarade.

Un plat de rôt.

Les poulardes, sauce aux œufs.

Quatre entremets.

Les asperges,
Les concombres au velouté,
La gelée de framboises,
Les pains à la duchesse garnis de groseilles.

DINER DE SON EXCELLENCE LORD S...

Vienne, 22 *mai* 1821.

Un potage.

Le potage karick à l'Indienne.

Un relevé de poissons.

Le sterlait, sauce italienne.

Une grosse pièce.

La longe de veau, sauce à la Béchamel.

Deux entrées.

Le hachis de volaille garni d'œufs de faisans,
Les côtelettes de mouton à la purée de pommes de terre.

Un plat de rôt.

La poularde et le faisan.

Quatre entremets.

Les choux-fleurs au Parmesan,
Le blanc-manger au café à l'eau,
Le flan de pommes méringuées,
Les cardes à l'essence.

DINER DE SON EXCELLENCE LORD S...

Vienne, 23 *mai* 1821.

Un potage.

Le potage printanier au consommé de volaille.

Un relevé de poissons.

Les carpes frites à l'Anglaise.

Une grosse pièce.

La selle de mouton à la broche.

Deux entrées.

La casserole au riz à la Polonaise,

La fricassée de poulets à la Chevalier.

Un plat de rôt.

Les jeunes oies, purée de pommes.

Pour extra, *les poulets nouveaux.*

Quatre entremets.

Les haricots verts à l'Anglaise,
Les asperges au beurre,
Le fromage bavarois aux framboises,
Les gâteaux à la royale.

Pour extra, *les fondus.*

DINER DE SON EXCELLENCE LORD S...

Vienne, 24 mai 1821.

Un potage.

Le potage à la Brunoise au consommé.

Un relevé de poisson.

Le chile, sauce aux écrevisses.

Une grosse pièce.

Les biftecks à l'Italienne.

Deux entrées.

Le quartier de porc à l'Anglaise (demandé),
Les poulets poêlés à l'estragon.

Un plat de rôt.

Le levraut à l'Anglaise.

Quatre entremets.

La croûte aux champignons,
Les asperges,
La gelée d'oranges dans un bol,
Le flan de cerises glacées.

DINER DE SON EXCELLENCE LORD S...

Vienne, 25 mai 1821.

Un potage.

Le potage de céleri au consommé de volaille.

Un relevé de poissons.

Les darnes de saumon à la maître d'hôtel.

Une grosse pièce.

Le bœuf garni d'une macédoine.

Deux entrées.

Les poulets nouveaux au riz,
Le quartier de chevreuil à la gelée de groseilles.

Un plat de rôt.

Les poulets, sauce aux œufs.

Quatre entremets.

Les asperges à la Hollandaise,
Les petits pois au sucre,
La crème frite à l'Anglaise,
Les gâteaux d'abricots glacés.

DINER DE SON EXCELLENCE LORD S...

Vienne, 26 mai 1821.

Un potage.

Le macaroni lié au Parmesan.

Un relevé de poissons.

Le chile à la sauce hollandaise,

Une grosse pièce.

La selle d'agneau à la maître d'hôtel.

Deux entrées.

Les poulets dépecés à la Tartare,

Les côtelettes de porc à la purée de pommes.

Un plat de rôt.

Les poulets nouveaux, sauce aux œufs.

Quatre entremets.

Les laitues à l'essence,
La croûte aux champignons,
La gelée de framboises,
Le flan de cerises.

Pour extra, *les petits pois.*

DINER DE SON EXCELLENCE LORD S...

Vienne, 27 *mai* 1821.

Un potage.

Le potage de levrauts au chasseur.

Un relevé de poissons.

Le turbot grillé, sauce au beurre d'écrevisses.

Deux grosses pièces.

La poularde à la financière moderne,
Le cochon de lait à la Grecque.

Un hors-d'œuvre.

Les petites croustades a la Monglas.

Quatre entrées.

Le sauté de volailles aux truffes,
Les côtelettes d'agneau à la Villeroy,
Les escalopes de faisans dans une bordure de riz,
Les filets de pigeons glacés à la Macédoine.

Deux gros entremets.

La sultane garnie de fraises,
Le nougat au gros sucre.

Quatre entremets.

Les petits pains à la Parisienne,
Les asperges à la Hollandaise,

La gelée d'oranges de Malte,
Le pouding de cabinet.

Deux plats de rôts.

Les poulets nouveaux, sauce aux œufs;
Les cailles, sauce au pain.

DINER DE SON EXCELLENCE LORD S...

Vienne, 28 *mai* 1821

Un potage.

La gibelotte de jeunes oies au vin de Madère.

Un relevé de poissons.

Le chile, sauce hollandaise.

Une grosse pièce.

La longe de veau à la crème.

Deux entrées.

Les poulets au riz.

Un plat de rôt.

Les poulets, sauce aux œufs.

Quatre entremets.

Les épinards à l'Anglaise,
Les asperges,
La gelée de liqueur des îles,
Les gâteaux d'abricots pralinés.

DINER DE SON EXCELLENCE LORD S...

Vienne, 29 *mai* 1821.

Un potage.

Le potage de quenelles de volaille au consommé.

Un relevé de poissons.

Les filets de truites panés à l'Anglaise.

Une grosse pièce.

Le quartier de mouton à la Bretonne.

Deux entrées.

La fricassée de poulets nouveaux aux champignons,
Le quartier de chevreuil à la gelée de groseille.

Un plat de rôt.

Les jeunes oies, purée de pommes.

Quatre entremets.

Les choux-fleurs au Parmesan,
Les haricots vers à la Française,
La gelée de fraises nouvelles,
Les choux à la crème.

DINER DE SON EXCELLENCE LORD S...

Vienne, 30 *mai* 1821.

Deux potages.

Le potage à la Clermont,
Le potage de gibelotte de jeunes oies au Madère.

Deux relevés de poissons.

Le saumon à la royale,
Le chile à la Hollandaise.

Deux grosses pièces.

La pièce de bœuf à la gendarme,
Les poulardes à l'Indienne.

Deux flans pour relever les poissons.

Le jambon glacé aux épinards,
Les timbales de nouilles à la reine.

Quatre entrées.

Le pain de faisans à la dauphine,
Les côtelettes d'agneau à la Macédoine,
L'anguille roulée glacée au four,
Les poulets nouveaux à la régence.

Deux plats de rôts.

Les grives, sauce au pain;
Les poulets nouveaux, sauce aux œufs.

Deux gros entremets.

Le croque-en-bouche aux pistaches,
La sultane aux fraises.

Quatre entremets.

Les petits pois à la Parisienne,
Les asperges au beurre,
La gelée d'ananas, garnie de fruits;
Le fromage bavarois aux abricots.

DINER DE SON EXCELLENCE LORD S...

Vienne, 31 *mai* 1821.

Un potage.

La purée de riz à la duchesse.

Un relevé de poissons.

Le chile, sauce hollandaise.

Une grosse pièce.

La selle d'agneau à l'Anglaise.

Deux entrées.

Le salmis de faisans au vin de France,
Les poulets nouveaux à l'Anglaise.

Un plat de rôt.

Les poulets, sauce aux œufs.

Quatre entremets.

Les asperges au beurre,
Les haricots verts à la Française,
La gelée d'orange dans un bol,
Le flan de nouvelles cerises glacées.

DINER DE SON EXCELLENCE LORD S...

Vienne, 1er *Juin* 1821.

Un potage.

Le potage de vermicelle à la régence.

Un relevé de poissons.

Les carpes frites à l'Anglaise.

Une grosse pièce.

La longe de veau à la crème.

Deux entrées.

Les poulets à l'Anglaise,
Les côtelettes d'agneaux à l'Irlandaise.

Les petits vols-au-vent, extra.

Un plat de rôt.

Le levraut à l'Anglaise.

Quatre entremets.

Les petits pois à la Parisienne,
Les épinards à l'essence,
La gelée de liqueur des îles,
Le gâteau glacé d'abricots.

DINER DE SON EXCELLENCE LORD S...

Vienne, 2 *juin* 1821.

Un potage.

Le potage de lièvres à l'Anglaise.

Un relevé de poissons.

Le chile, sauce vénitienne.

Une grosse pièce.

Le rosbif garni de raiforts.

Deux entrées.

La salade de volaille à la gelée,

Les riz de veaux glacés à la Macédoine.

Un plat de rôt.

Les sarcelles garnies de citrons.

Quatre entremets.

Les asperges au beurre,
Les petits pois à la Parisienne,
La gelée de groseille moulée,
Le gâteaux d'abricots à la Condé.

DINER DE SON EXCELLENCE LORD S...

Vienne, 3 *juin* 1821.

Un potage.

La julienne au consommé de volaille.

Un relevé de poissons.

Les truites froides à la magnonaise.

Une grosse pièce.

La longe de veau à la crème, Béchamel.

Deux entrées.

Les côtelettes de mouton, purée de pommes de terre,
Les filets de sarcelles à la bigarade.

Un plat de rôt.

Les poulets nouveaux, sauce aux œufs.

Quatre entremets.

Les petits pois à la Parisienne,
Les haricots verts à l'Anglaise,
La gelée de fraises dans un bol,
La crème garnie d'ananas.

DINER DE SON EXCELLENCE LORD S...

Vienne, 4 juin 1821.

Un potage.

Le potage de tortue au vin de Champagne.

Un relevé de poissons.

Le chile à la sauce hollandaise.

Une grosse pièce.

Le jambon glacé à la broche.

Deux entrées.

Les poulets à la Périgueux,
La noix de veau à la Nivernaise.

Pour extra, *les petits vols-au-vent à la Béchamel.*

Un plat de rôt.

Les poulets nouveaux, sauce aux œufs.

Quatre entremets.

Les petits pois à l'Anglaise,
Les asperges au beurre,
Le pouding de cabinet,
Les gâteaux glacés garnis d'abricots.

DINER DE SON EXCELLENCE LORD S...

Vienne, 5 juin 1821

Un potage.

Le potage de macaroni lié à l'Italienne.

Un relevé de poissons.

Les darnes de saumon, sauce génoise.

Une grosse pièce.

La selle d'agneau à l'Anglaise.

Deux entrées.

Les poulets garnis de choux-fleurs,
Les côtelettes de porc à la purée de pommes.

Deux plats de rôts.

Les poulets nouveaux, sauce aux œufs,
Les jeunes faisans, sauce au pain.

Quatre entremets.

Les petits pois à la Parisienne,
Les asperges à la Hollandaise,
La gelée de fraises dans un bol,
Les petits flans de cerises glacés.

Pour extra, *les fondus*

DINER DE SON EXCELLENCE LORD S...

Vienne, 6 *juin* 1821.

Un potage.

Le potage à la purée de pois nouveaux.

Un relevé de poissons.

Le saumon à la Génoise.

Deux grosses pièces.

Le rosbif à l'Anglaise,
Les chapons à la Périgueux.

Quatre entrées.

Les ailes de poulets à la Chevalier,
Les petites croustades à la Nesle,
Les côtelettes d'agneaux à la Macédoine,
Les escalopes de pigeons garnies de champignons.

Deux plats de rôts.

Les chapons, sauce aux œufs;
Les cailles, sauce au pain.

Quatre entremets.

Les petits pois au sucre,

Les asperges au beurre,
Le fromage bavarois aux citrons,
Les petits flans de cerises glacés.
Pour extra, *les biscuits à la crème.*

DINER DE SON EXCELLENCE LORD S...

Vienne, 7 *juin* 1821.

Un potage.
Le potage de levrauts au vin de Porto.
Un relevé de poissons.
Le chile, sauce aux câpres au beurre d'écrevisses.
Une grosse pièce.
Le rosbif garni de raiforts.
Deux entrées.
Le pâté de pigeons,
Les poulets à la Béchamel.
Un plat de rôt.
Les canards sauvages garnis de citrons.
Quatre entremets.
Les petits pois à la Française,
Les haricots verts à l'Anglaise;
Le pouding au rhum,
Les gâteaux d'abricots glacés.

DINER DE SON EXCELLENCE LORD S...

Vienne, 8 *juin* 1821.

Un potage.
Le potage de pois nouveaux au consommé de volaille,
Un relevé de poissons.
Les truites froides à la magnonaise.

Une grosse pièce.

La selle de mouton à la maître d'hôtel.

Deux entrées.

Le quartier de porc à l'Anglaise, pouding de pois;
Les quenelles de volaille au suprême.

Un plat de rôt.

Les poulets nouveaux, sauce aux œufs.

Quatre entremets.

Les petits pois au sucre,
Les morives au velouté,
Le fromage bavarois aux fraises,
Les choux à la d'Artois.

DINER DE SON EXCELLENCE LORD S...

Vienne, 9 *juin* 1821.

Un potage.

La brunoise au consommé,

Un relevé de poissons.

Les carpes frites à l'Anglaise.

Une grosse pièce.

La longe de veau garnie d'une blanquette.

Deux entrées.

Les poulets poêlés à l'Indienne,
Les côtelettes de mouton à la Nivernoise.

Un plat de rôt.

Les jeunes oies à la purée de pommes.

Quatre entremets.

Les asperges au beurre,
Les petits pois à l'Anglaise,
La gelée de liqueur des îles,
Les madelaines au cédrat.

Pour extra, *les soufflés de pommes.*

DINER DE SON EXCELLENCE LORD S...

Vienne, 10 *juin* 1821.

Un potage.

La croûte gratinée aux pois nouveaux.

Un relevé de poissons.

Les escalopes de saumon sautées à la Génoise.

Une grosse pièce.

Le quartier de mouton à la Bretonne.

Quatre entrées.

Les poulets à l'Anglaise,
Les petites croustades à la Monglas,
Les côtelettes d'agneau à la Macédoine,
Les filets de volaille à la maréchale.

Un plat de rôt.

Les poulets au cresson, sauce aux œufs.

Quatre entremets.

Les petits pois à la Parisienne,
Les asperges au beurre,
La macédoine de fruits,
Les gâteaux glacés aux abricots,

Pour extra, *les soufflés à l'orange.*

DINER DE SON EXCELLENCE LORD S...

Vienne, 11 *juin* 1821.

Un potage.

Le potage à la jardinière au consommé.

Un relevé de poissons.

Les darnes de saumon au beurre d'écrevisses.

Une grosse pièce.

Le rosbif garni de raiforts,

Deux entrées.

Les chapons à la Milanaise,
Le quartier de chevreuil à la gelée de groseilles.

Un plat de rôt.

Les pigeons bardés.

Quatre entremets.

Les champignons grillés,
Les petits pois à la Parisienne,
Le fromage bavarois aux framboises,
Le pouding au vin de Madère.

DINER DE SON EXCELLENCE LORD S...

Vienne, 12 *juin* 1821.

Un potage.

Le potage à la Clermont.

Un relevé de poissons.

Le chile, sauce hollandaise.

Une grosse pièce.

La selle de mouton à l'Anglaise.

Deux entrées.

Les côtelettes de porc à la purée de pommes,
Les escalopes de volaille aux concombres.

Un plat de rôt.

Le chapon, sauce aux œufs.

Quatre entremets.

Les petits pois au sucre,
Les haricots verts à la Française,
La gelée de cerises aux fraises,
Les choux à la d'Artois.

DINER DE SON EXCELLENCE LORD S...

Vienne, 13 *juin* 1821.

Un potage.

La tortue au vin de Madère.

Un relevé de poissons.

Les truites au bleu, sauce génoise.

Une grosse pièce.

Le rond de veau à l'Anglaise.

Deux entrées.

Les petits vols-au-vent à la Nesle,
Le sauté de volaille au suprême.

Un plat de rôt.

Les poulets nouveaux, sauce aux œufs.

Quatre entremets.

Les petits pois à la Parisienne,
Les asperges au beurre,
Le fromage bavarois aux abricots,
La tourte de cerises à la Française.

DINER DE SON EXCELLENCE LORD S...

Vienne, 14 *juin* 1821.

Deux potages.

Le potage de mouton à l'Anglaise,
Le macaroni lié au Parmesan.

Deux relevés de poissons.

Les darnes de saumon au vin de Champagne,
Le chile à la Hollandaise.

Deux grosses pièces.

Les poulets à l'Anglaise,
Le bœuf à la cuillère.

Quatre entrées.

Les petites cassolettes à la reine,
La noix de veau à l'oseille,
Le turban de quenelles aux truffes,
Les cailles aux petits pois.

Deux plats de rôts.

Les canards sauvages garnis de citrons,
Les poulets, sauce aux œufs.

Quatre entremets.

Les concombres farcis,
Les petits pois à l'Anglaise,
Le pouding de cabinet,
Le flan de cerises glacés.

DINER DE SON EXCELLENCE LORD S...

Vienne, 15 *juin* 1821.

Un potage.

Le potage à la Condé.

Un relevé de poissons.

Le chile, sauce aux câpres.

Une grosse pièce.

La longe de veau à la Monglas.

Deux entrées.

Le quartier de porc à l'Anglaise,
Les croquettes de volaille.

Un plat de rôt.

Les canards nouveaux à la purée de pommes.

Quatre entremets.

Les petits pois nouveaux,
Les asperges à la Hollandaise,
La gelée de liqueur des îles,
Les méringues garnies de crème à la vanille

DINER DE SON EXCELLENCE LORD S...

Vienne, 16 *juin* 1821.

Un potage.

La Brunoise au blond de veau.

Un relevé de poissons.

Les darnes de saumon, sauce italienne.

Une grosse pièce.

Le rosbif garni de pommes de terre.

Deux entrées

Les petits pâtés à la Monglas,
Les poulets au riz.

Un plat de rôt.

Les faisans nouveaux, sauce au pain.

Quatre entremets.

Les asperges au beurre,
Les petits pois à la Française,
Les poudings au vin de Madère,
Les nougats à la Française.

DINER DE SON EXCELLENCE LORD S..

Vienne, 17 *juin* 1821.

Un potage.

Le vermicelle à la régence.

Un relevé de poissons.

Le chile, sauce hollandaise.

Une grosse pièce.

Le rosbif à l'Anglaise,

Deux entrées.

Les côtelettes de mouton à la purée de pommes de terre,

Les poulets à la Maquignon.

Un plat de rôt.

Les jeunes oies, purée de pommes.

Quatre entremets.

Les haricots verts,
Les petits pois à la Française,
Le fromage bavarois à la fleur d'orange,
Les petits flans de fraises.

DINER DE SON EXCELLENCE LORD S...

Vienne, 18 *juin* 1821.

Un potage.

Le potage de Crécy.

Un relevé de poissons.

Les truites frites à l'Anglaise.

Une grosse pièce.

La longe de veau à la crème.

Deux entrées.

La poularde à la Montmorency,
Les côtelettes d'agneau aux pointes d'asperges.

Un plat de rôt.

Les gélinottes, sauce au pain.

Quatre entremets.

Les œufs pochés aux tomates,
Les épinards à l'essence,
Le fromage bavarois à l'orange grillée,
La charlotte de pommes.

DINER DE SON EXCELLENCE LORD S...

Vienne, 19 *juin* 1821.

Un potage.

Le macaroni lié au Parmesan.

Un relevé de poissons.

Le saumon à la sauce génoise.

Une grosse pièce.

La selle d'agneau à la broche à la maître d'hôtel.

Deux entrées.

Le sauté de volaille aux truffes,
Le quartier de chevreuil, gelée de groseilles.

Un plat de rôt.

Les poulets au cresson, sauce aux œufs.

Quatre entremets.

Les asperges au beurre,
Les petits pois à la Parisienne,
La macédoine de fruits à la gelée,
Les gâteaux glacés à la crème d'amandes.

DINER DE SON EXCELLENCE LORD S...

Vienne, 20 *juin* 1821.

Un potage.

La purée de pois à la moderne.

Un relevé de poissons.

Le houque à la sauce hollandaise.

Deux grosses pièces.

Le rosbif à l'Anglaise,
Le jambon glacé aux épinards.

Quatre entrées.

Les petits vols-au-vent à la Béchamel,
Les poulets à la régence,
L'émincé de chevreuil à la Clermont,
Les côtelettes d'agneau à la Macédoine.

Deux plats de rôts.

Les canards sauvages garnis de citrons,
Les poulets, sauce aux œufs.

Quatre entremets.

Les petits pois au sucre,
Les haricots verts à la Française,
Le pâté de cerises à l'Anglaise,
La macédoine de fruits à la gelée.

Pour extra, *le gâteau de semoule.*

DINER DE SON EXCELLENCE LORD S...

Vienne, 21 *juin* 1821.

Un potage.

La gibelotte de jeunes oies au Madère.

Un relevé de poissons.

Les filets de saumon au vin de Champagne.

Deux grosses pièces.

Le rond de veau à l'Anglaise,
Le cochon de lait à l'Italienne.

Quatre entrées.

Les croustades à la Béchamel,
La salade de volaille aux laitues,
Les côtelettes de mouton à la Nivernoise,
Les boudins de volaille au beurre d'écrevisses.

Deux plats de rôts.

Les sarcelles garnies de citrons,
Les poulets, sauce aux œufs.

Quatre entremets.

Les choux-fleurs au Parmesan,
Les petits pois à la Française,
Le fromage bavarois aux fraises,
La macédoine de fruits glacés.

Pour extra, *le pâté de cerises à l'Anglaise.*

DINER DE SON EXCELLENCE LORD S...

Vienne, 22 *juin* 1821.

Un potage.

Le potage à la Brunoise au consommé.

Un relevé de poissons.

Les filets de houque à la Orly.

Une grosse pièce.

La selle de mouton à la Bretonne.

Deux entrées.

Les poulets à l'Anglaise,
Les côtelettes de veau à la Polonaise.

Les rissoles à l'Allemande, extra.

Un plat de rôt.

Les poulets, sauce aux œufs.

Quatre entremets.

Les asperges au beurre,
Les petits pois à la Parisienne,
Le pouding de cabinet,
Les gâteaux à la crème aux pistaches.

SOUPER DE SON EXCELLENCE LORD S...

Vienne, 22 juin 1821. — 48 couverts servis en ambigu.

Deux potages.

La tortue à l'Indienne,
Le riz à la Célestine.

Deux relevés de poissons.

Le saumon, sauce génoise.
Le sterlait au bleu, sauce provençale.

Quatre grosses pièces.

Les poulets à la Montmorency,
Les filets de bœuf à la Périgueux,
Le jambon glacé sur un socle,
Le pain de gibier aux truffes sur un socle.

Quatre entrées chaudes.

Le turban de faisans à la Conti,
Les poulets nouveaux à la régence,
Le pain de volaille à la royale,
La casserole au riz garnie d'une purée de gibier.

Quatre entrées froides.

La galantine d'anguille au beurre de Montpellier,
La magnonaise de volaille à la gelée,
La noix de veau piquée de jambon à la gelée,
Le salmis de bécasses à la gelée.

Quatre plats de rôts.

Les poulets nouveaux, sauce aux œufs;
Les sarcelles garnies de citrons,
Les cailles bardées, sauce au pain;
Les chapons, sauce aux œufs.

Quatre pièces en pâte d'amandes.

Le pavillon romain sur un rocher,

La cascade vénitienne,
Le pavillon irlandais sur un pont,
Le pavillon persan sur un rocher.

Quatre entremets montés.

Les génoises perlées sur des gradins,
Les diadêmes perlés sur des gradins,
Les méringues sur des gradins,
Les nougats à la Française sur des gradins.

Quatre entremets de légumes.

Les petits pois à la Parisienne,
Les choux-fleurs à la magnonaise,
Les haricots verts,
Les asperges au beurre.

Quatre entremets de sucre moulé.

La gelée de fraises,
La gelée d'orange,
La gelée de liqueur des îles,
La gelée de groseilles.

GRANDE TABLE DE LA GALERIE,

70 couverts servis en ambigu.

Deux potages.

Le potage de tortue à l'Indienne,
Le riz à la Célestine.

Deux poissons.

Le sterlait à la Génoise,
Le saumon à la Hollandaise.

Deux grosses pièces froides.

Le jambon sur un socle,
Le gâteau de lièvre sur un socle.

Quatre entrées chaudes.

Le turban de volaille à la Conti,

La casserole au riz à la purée de gibier,
Les poulets à la régence,
Les côtelettes d'agneaux aux pointes d'asperges.

Quatre entrées froides.

La magnonaise de volaille à la gelée,
Le pain de foies gras aux truffes à la gelée,
L'anguille en galantine au beurre de Montpellier,
Le chaud-froid de poulets à la gelée.

Deux plats de rôts.

Les poulets nouveaux, sauce aux œufs;
Les sarcelles garnies de citrons.

Deux grosses pièces.

Le babas au vin de Madère,
Le nougat à la Française.

Trois grosses pièces montées.

Le pavillon turc sur un rocher,
La cascade demi-circulaire sur un gradin,
La ruine d'Athènes sur un rocher en biscuits.

Quatre entremets de légumes.

Les petits pois à la Parisienne,
Les asperges aux beurre,
Les haricots verts à la Française,
Les choux-fleurs à la ravigote.

Quatre entremets de sucre moulé.

La gelée de fraises,
La gelée de groseilles,
La gelée de liqueur des îles,
La gelée d'oranges de Malte.

SALLE DU TRONE,

Quatre tables, 48 couverts servis en ambigu.

Deux potages.

Le potage de tortue à l'Indienne,

Le riz à la Célestine au lait d'amandes.

Deux poissons.

Le chile à la Hollandaise,
Le houque, sauce au beurre d'anchois.

Quatre entrées chaudes.

La casserole au riz, purée de faisans;
Les poulets à la régence,
Les côtelettes d'agneaux à la Macédoine,
Le turban de gibier à la Périgueux,

Quatre entrées froides.

La magnonaise de volaille à la gelée,
Le pain de foies gras à la gelée,
La noix de veau à la gelée,
La galantine d'anguilles au beurre de Montpellier.

Deux plats de rôts.

Les poulets nouveaux, sauce aux œufs;
Les sarcelles garnies de citrons.

Quatre grosses pièces montées.

Le casque anglais,
La lyre ornée d'une couronne,
Le casque autrichien,
Le palmier russe.

Quatre entremets chauds.

Les petits pois à la Parisienne,
Les asperges à la Hollandaise,
Les haricots verts à l'Anglaise,
Les choux-fleurs à la ravigote.

Quatre entremets de sucre moulé.

La gelée de fraises,
La gelée de groseilles,
La gelée de liqueur des îles,
La gelée d'oranges.

DINER DE SON EXCELLENCE LORD S...

Vienne, 23 *juin* 1821.

Un potage.

Le potage de macaroni lié au Parmesan.

Un relevé de poissons.

Les truites frites panées à l'Anglaise.

Une grosse pièce.

Le quartier de porc à l'Anglaise.

Deux entrées.

Les perdreaux en entrées de broches,
La blanquette de riz de veau en croustades.

Un plat de rôt.

Le chapon au cresson.

Quatre entremets.

Les asperges nouvelles,
Les choux-fleurs au beurre,
Les pommes méringuées,
Les pains à la paysanne.

DINER DE SON EXCELLENCE LORD S...

Vienne, 24 *juin* 1821.

Un potage.

Le potage à la d'Artois.

Un relevé de poissons.

Le houque gratiné aux fines herbes.

Une grosse pièce.

Le quartier de mouton à la Bretonne.

Deux entrées.

La fricassée de poulets aux champignons,

Les côtelettes de porc-frais, sauce aux pommes.

Un plat de rôt.

Le chapon au cresson.

Quatre entremets.

Les épinards nouveaux,
Les asperges au beurre,
La gelée d'oranges de Malte,
Le gâteau de semoule à la marmelade.

DINER DE SON EXCELLENCE LORD S...

Vienne, 25 *juin* 1821.

Un potage.

Le potage au céleri au consommé de volaille.

Un relevé de poissons.

Les brochets du Danube à l'Espagnole.

Une grosse pièce.

Le rosbif garni de raiforts.

Deux entrées.

Le pâté de pigeons à l'Anglaise,
La noix de veau glacée, purée d'oseille.

Un plat de rôt.

Le chapon au cresson.

Quatre entremets.

Les petits pois à la Parisienne,
Les asperges au beurre,
Le pouding à l'Américaine,
Les pains à la duchesse.

DINER DE SON EXCELLENCE LORD S...

Vienne, 26 *juin* 1821.

Un potage.

Le potage de mouton à l'Anglaise.

Un relevé de poisson.

Le saumon, sauce au beurre d'écrevisses.

Deux grosses pièces.

Les bifteks garnis de pommes de terre,
Le quartier de mouton aux racines glacées.

Deux entrées.

Les poulets à l'ivoire, aspic chaud;
Les petits vols-au-vent à la Nesle.

Un plat de rôt.

Le lièvre à l'Anglaise à la gelée de groseilles.

Quatre entremets.

Les asperges au beurre,
Les petits pois à la Française,
Le pouding de cerises,
Le biscuit de fécule à la fleur d'orange.

DINER DE SON EXCELLENCE LORD S...

Vienne, 27 *juin* 1821.

Un potage.

Le potage de choux à la Russe.

Un relevé de poisson.

Le chile, sauce aux câpres.

Une grosse pièce.

Le rosbif garni de raiforts.

Deux entrées.

Le pâté de pigeons à l'Anglaise,
Les poulets à la Montmorency.

Un plat de rôt.

Les sarcelles garnies de citrons.

Quatre entremets.

Les petits pois au sucre,
Les haricots verts à la Française,
Le pouding de cabinet,
La gelée de fraises garnie d'une macédoine de fruits.

Pour extra, *les gâteaux à la royale.*

DINER DE SON EXCELLENCE LORD S...

Vienne, 28 *juin* 1821.

Un potage.

Le potage de gibelottes d'oies au vin de Madère.

Un relevé de poissons.

Les darnes de saumon à l'Italienne.

Une grosse pièce.

Le rond de veau à l'Anglaise.

Deux entrées.

Le côtelettes de mouton à la Macédoine,
Les quenelles de faisans au fumet.

Un plat de rôt.

Les poulets nouveaux, sauce aux œufs.

Quatre entremets.

Les petits pois à l'Anglaise,
Les asperges au beurre,
Le pâté de cerises méringuées,
La gelée de fraises dans un bol.

DINER DE SON EXCELLENCE LORD S...

Vienne, 29 *juillet* 1821.

Un potage.

La purée de pois à la moderne.

Un relevé de poisson.

Le saumon à la sauce génoise.

Deux grosses pièces.

La longe de veau à la crème,
Les poulets à l'Anglaise.

Deux entrées.

Les côtelettes d'agneau à la Toulouse,
Le hachis de volaille à la Polonaise.

Deux plats de rôts.

Les sarcelles, sauce au pain;
Les poulets, sauce aux œufs.

Quatre entremets.

Les asperges au beurre,
Les petits pois au sucre.
La gelée de fraises garnie de fruits,
Le soufflé à l'Allemande à la vanille.

DINER DE SON EXCELLENCE LORD S...

Vienne, 30 *juin* 1821.

Un potage.

Les quenelles de volaille au consommé.

Un relevé de poisson.

Le chile à la sauce Hollandaise.

Une grosse pièce.

La selle de mouton à l'Anglaise.

Deux entrées.

Les filets de volaille à la Pompadour,
Le quartier de chevreuil à la gelée de groseilles.

Pour extra, *les rissoles.*

Un plat de rôt.

Les poulets, sauce aux œufs.

Quatre entremets.

Les artichauts à la Lyonnaise,
Les petits pois à la Parisienne,
Le fromage bavarois aux framboises,
Le pâté de cerises à l'Anglaise.

Observations.

Cette série de diners servis à Vienne, atteste les ressources de cette ville pour la cuisine française, et indique en même temps l'ordinaire que l'on peut servir à un grand seigneur qui veut faire bonne chère. Je n'ai point eu de grands diners, attendu qu'une grande partie de la cour, les ministres et les seigneurs se trouvaient réunis au congrès tenu à Laybach, et plus encore par l'effet d'un grand deuil de la maison de milord.

On voit que tous ces menus sont à la Française, tout en servant des potages et de grosses pièces à l'Anglaise ; le chile paraît souvent, puisque c'est le poisson par excellence du Danube, et si l'on remplace ce poisson par nos turbots et cabillauds, les faisans par notre gibier, ces menus peuvent s'exécuter en France pour le service d'un grand personnage d'Angleterre : ces diners pourraient être servis de même à Londres.

Voilà le motif qui me les a fait rapporter dans cet ouvrage.

Relativement aux dessins représentant le service de nos diners, nous avons pensé qu'il était inutile d'indiquer le second service par des dessins particuliers, attendu que le second service doit toujours remplacer le service des entrées et grosses pièces; de même que, pour le dessert, ce service, quoiqu'élégant, ne nous regarde pas, cela est l'affaire des officiers.

Nous avons préféré donner à nos petites tables la forme ronde, elle est plus distinguée pour les couverts peu nombreux.

La *Planche* 9e représente le plan de quatre buffets. Le premier représente le grand dessin de la *Planche* 8e, le second plan est un buffet isolé. Ces sortes de buffets sont de bel effet, surtout si la salle à manger dans laquelle on doit les dresser est vaste et commode, c'est-à-dire, plutôt large que profonde. Le troisième plan représente le dessin de la *Planche* 7e; et le quatrième plan représente un buffet à deux gradins en saillie; ce qui produit un riche effet pour le placement des grosses pièces froides et des pâtisseries montées.

Nous avons également indiqué la table de service qui se trouve devant le buffet et dont elle fait partie. Avant le service, elle doit être garnie de grosses pièces, d'entrées, de plats de rôts et d'entremets. Mais aussitôt que le service du buffet est ordonné, on doit commencer par servir ces mêmes objets, afin d'obtenir la table libre pour avoir plus d'aisance pour le reste du service qui doit se faire avec propreté et célérité. Le devant de cette table de service étant masqué de draperies, le dessous doit être disposé de manière à recevoir plusieurs tablettes pour y déposer les petits pains, les serviettes, les couteaux et les couverts d'argent. De même que dessous le dernier gradin du buffet, on doit y placer plusieurs tablettes propres à recevoir les vins en bouteilles, les verres et les assiettes. Ensuite, les personnes chargées du service des buffets, avec de l'intelligence, feront valoir tous ces avantages; mais ce service réclame beaucoup de vivacité et de sang-froid, afin qu'il n'y ait point de désordre au buffet.

Pour les soirées dansantes de famille, on peut également dresser de petits buffets composés de deux ou trois gradins garnis d'assiettes de pâtisserie, de gelée d'oranges, de fruits et de quelques poulets et perdreaux rôtis, ainsi que de quelques vases garnis de fleurs; ces modestes buffets ont encore quelques restes de l'élégance de la haute cuisine.

Costumes parallèles du cuisinier ancien et moderne.

Pour terminer cet ouvrage, il m'a paru convenable de retracer ici l'analyse de ces costumes dont j'ai placé le dessin en tête de ce second volume.

Sans cesse méditant sur l'élégance de nos travaux, depuis long-temps je songeais aux moyens de changer la manière de porter notre bonnet de coton seulement; car il m'a paru essentiellement nécessaire de ne point changer ce bonnet dont la blancheur s'allie si bien avec le reste de notre costume; et dont l'extrême propreté est le plus bel appanage du cuisinier.

Mais les praticiens se distinguent ainsi et par l'ordre qu'ils apportent dans leurs travaux, je veux dire leurs cuisines ragoûtantes de propreté.

Je ne me permettrai aucune observation sur la différence de nos costumes, le lecteur décidera si nous avons été bien inspiré dans ce changement.

Lorsque j'eus l'idée de porter mon bonnet ainsi garni d'un rond de carton (on pourrait le faire octogone), ce qui lui donne plus de grace, je me trouvais à Vienne dans mon dernier voyage en 1821.

Chaque jour, vers onze heures du matin, je présentais à son Excellence lord S... le menu du diner. L'ambassadeur me regarda, me sourit et me dit : Cette nouvelle coiffure convient mieux à un cuisinier; j'observai à son Excellence qu'un cuisinier devait annoncer l'homme en bonne santé, tandis que notre bonnet ordinaire nous rapprochait beaucoup trop de l'état de convalescence. Milord m'approuva, et je ne quittai plus ma coiffure nouvelle. Mes jeunes gens la prirent, et quelques cuisiniers de Vienne se mirent à la mode, ne doutant pas de trouver des amateurs à Paris. Nous joignons ici l'adresse de monsieur....., auquel nous avons donné un modèle. Pour le poser sur la tête, le dessin doit suffire. Le magasin de bonneterie de M. Pannier est situé au coin de la rue Neuve-du-Luxembourg, et du boulevard de la Madelaine.

FIN.

TABLE

DES CHAPITRES.

FIN DE LA TABLE.

ERRATA.

TOME PREMIER.

Page 5, ligne 5, tirrelai, *lisez* tirroloi.
— 25, — 9, Bahamelle, *lisez* Béchamel.
— 26, — 8, crampines, *lisez* campines.
— 39, — 15, bartadelles, *lisez* bartavelles.
— 89, — 5, quarante, *lisez* vingt entrées.
— 93, — 28, Mauglas, *lisez* Monglas.
Tableau n° V, ligne 44, amis, *lisez* anis.
Page 136, ligne 3, piés, *lisez* pieds.
Tableau n° IX, ligne 37, papillon, *lisez* pavillon.
Page 200, ligne 24, arcelles, *lisez* sarcelles.
Page 222, 8 mai, *lisez* 12 mai.

TOME SECOND.

Tableau n° II, sur un diadème, *lisez* sur un gradin.
Page 15, ligne 88, le gâteau à la royale non mentionné.
Tableau n° IV, grosses pièces, *lisez* la grande selle d'agneau à l'Anglaise au lieu des filets de turbot indiqués.
Tableau n° VII, grand bal. 100 personnes, *lisez* 300 personnes.
Page 79, ligne 34, *lisez* les poulets à la Macédoine.
— 124, — 24, côtelettes, *lisez* côte de bœuf.
— 147, — 10, cassolles, *lisez* casserolles au riz.
Tableau n° XIII, le potage de pigeons, *lisez* poissons.
Page 185, ligne 27, pommes cuites, *lisez* le flan de pommes à la Française.
— 186, — 30, canetons, *lisez* cannelons.
— 188, — 14, grans, *lisez* grous.
— 213, — 33, sea-kales, *lisez* seakls.
— 248, — 30, petits pains, *lisez* petits pois.
— 249, — 16, omission, *lisez* le faisan à la financière.

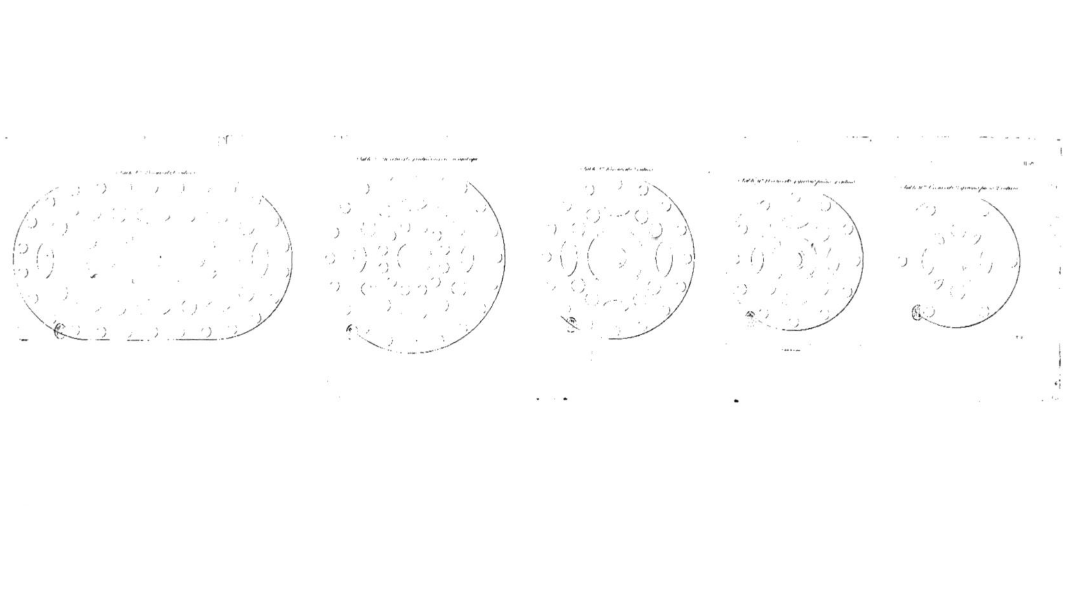

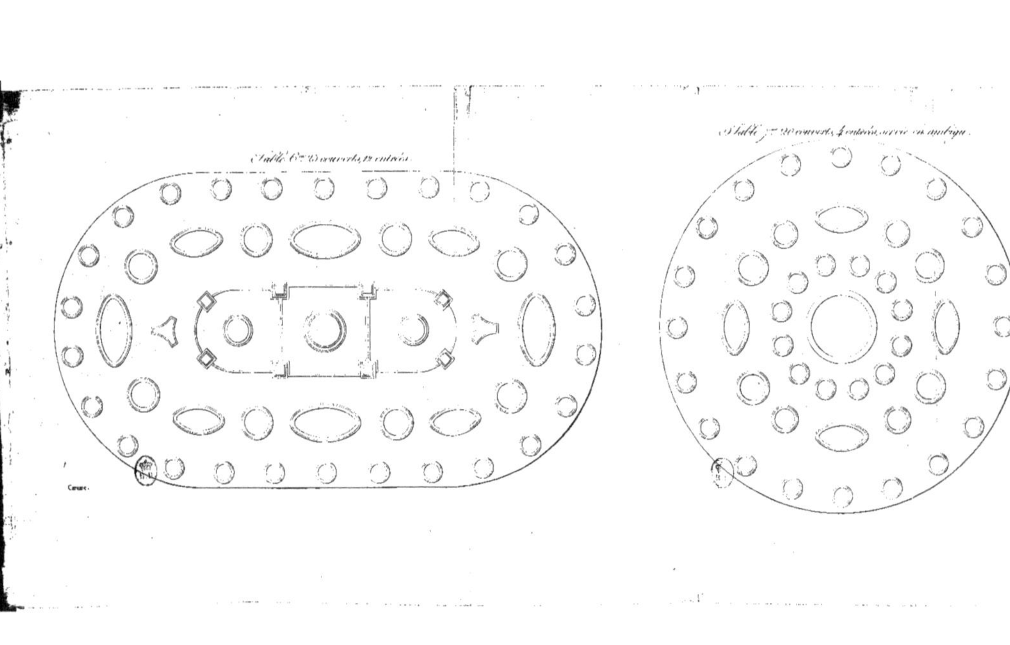
Table 6me 30 couverts, 12 entrées.
Table 7me 20 couverts, 4 entrées, servie en ambigu.
Carême.

Pl. 6me

Table 8me 15 couverts, 8 entrées.

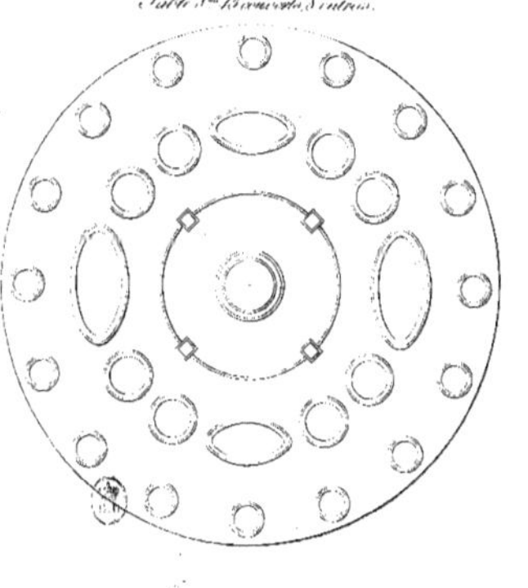

Table 9me 12 couverts, 4 grosses pièces, 4 entrées.

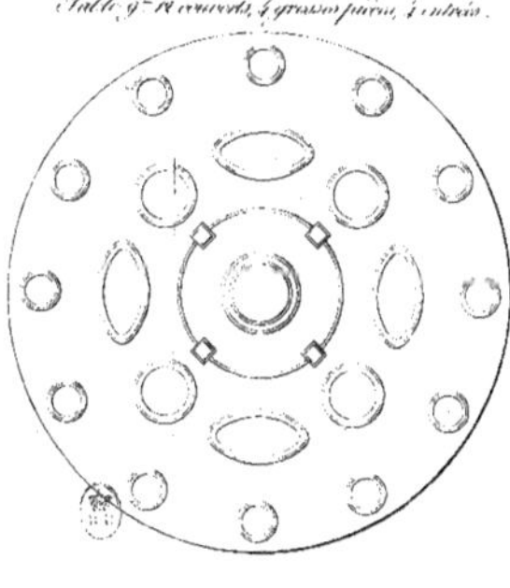

Table 10me 6 couverts, 2 grosses pièces, 2 entrées.

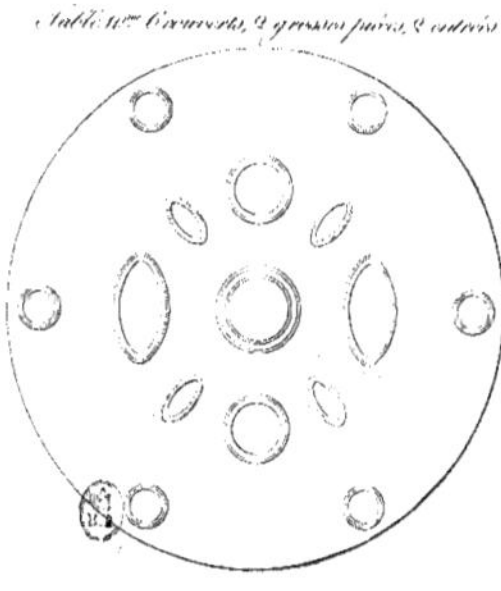

Échelle de 10 pieds

T 2.

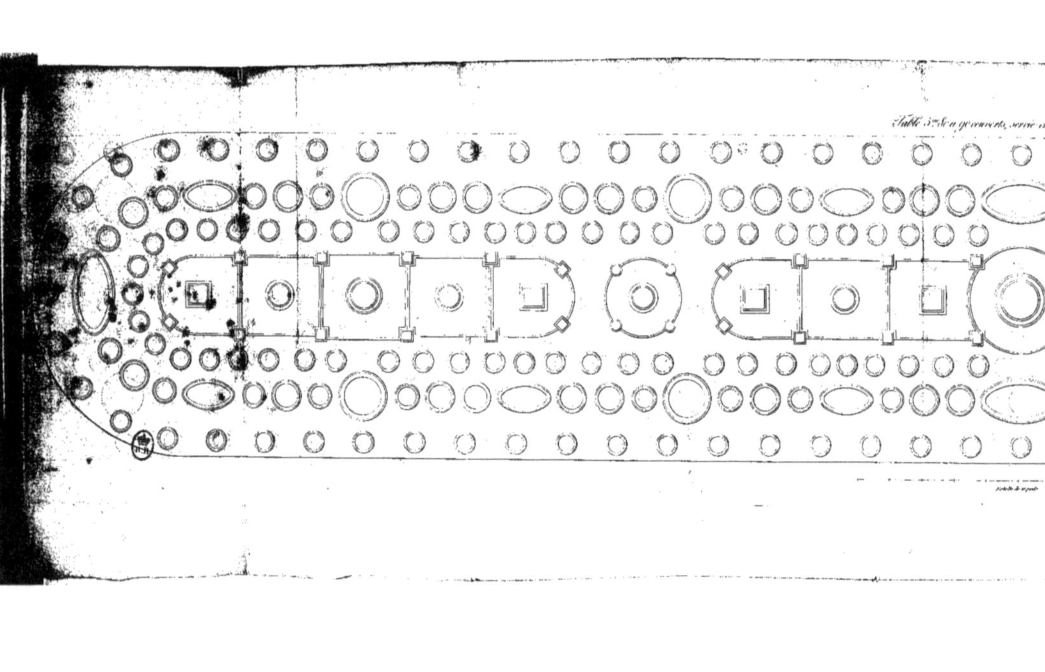
Table 3me S.on à 90 couverts, servie

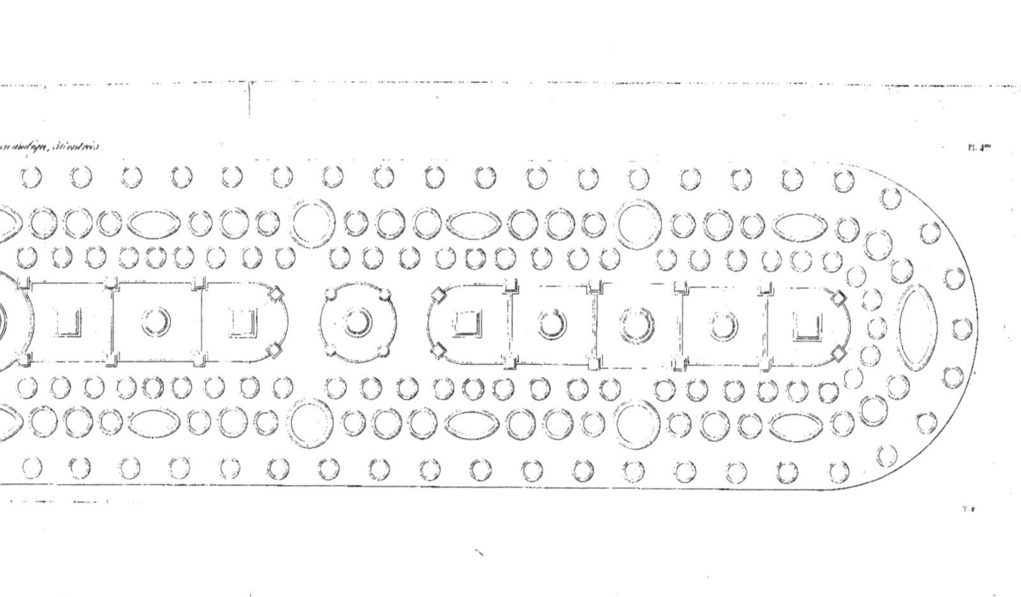

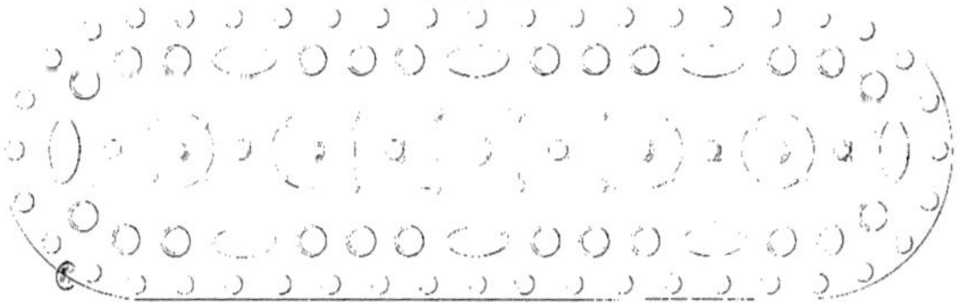

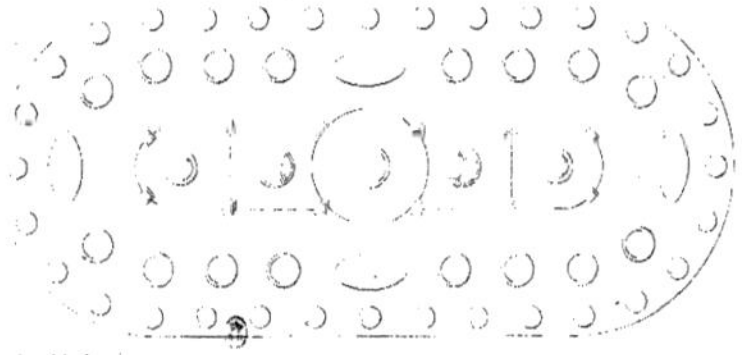

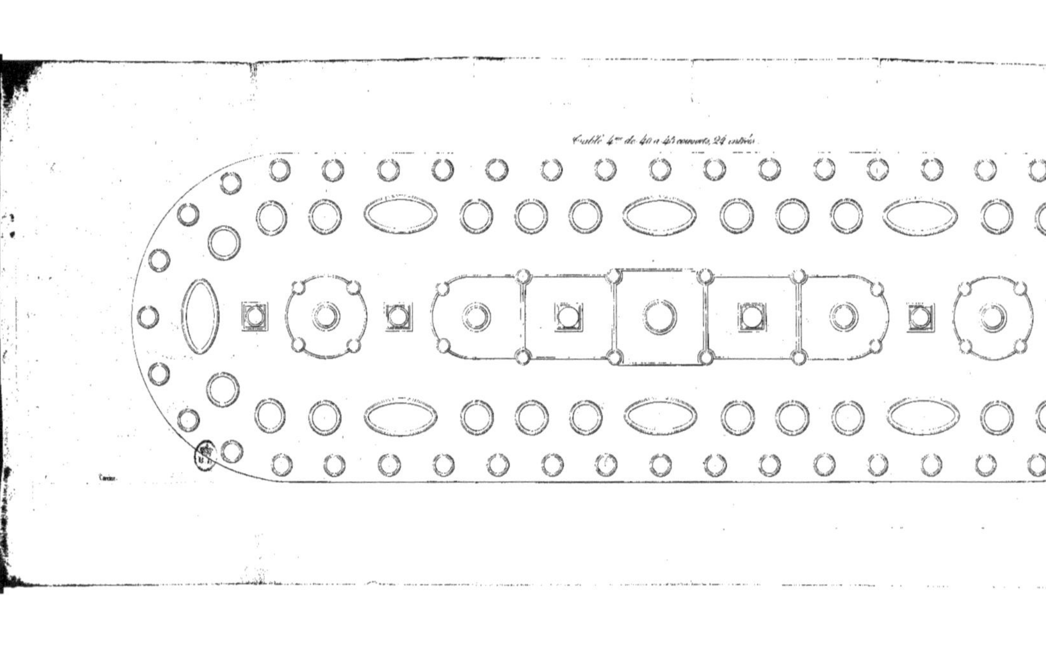
Table 4me de 40 à 45 couverts, 24 entrées

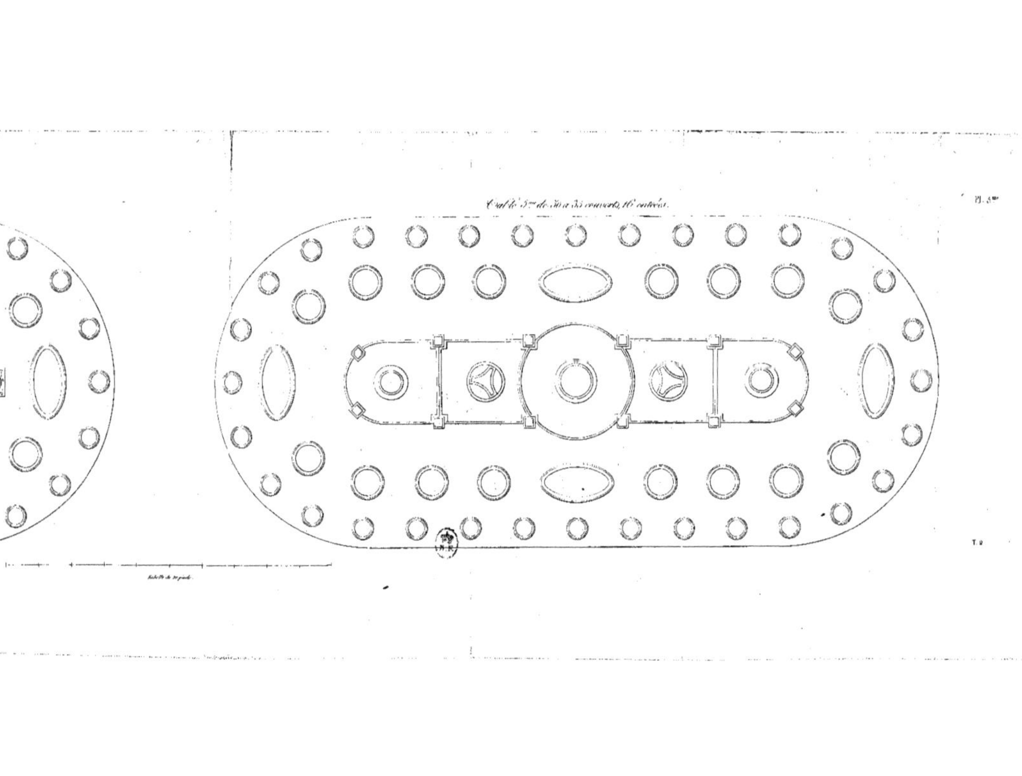
Ovale 3me de 30 à 35 couverts, 16 entrées.
Pl. 3me
Echelle de 30 pieds.
T. 2

www.ingramcontent.com/pod-product-compliance
Lightning Source LLC
LaVergne TN
LVHW020538230826
846091LV00002B/317

* 9 7 8 2 0 1 4 4 4 9 1 1 2 *